福井康太

Niklas Luhmanns Theorie des Rechts
FUKUI Kôta

法理論のルーマン

勁草書房

まえがき

　本書に「法理論のルーマン」というタイトルをつけた。なるほど、やや奇をてらったところもある。しかし、「人目を引く」というだけの理由でこのタイトルを選んだわけではない。周知のとおり、ニクラス・ルーマン（Niklas Luhmann 1927-1998）の著作はあまりにも膨大であり、かつ多方面にわたっている。その全体像は容易に把握しがたい。そこで、彼の理論に取り組む場合には、どうしても「ひとつの側面」にのみ光を当てることになる。本書もまた、法理論という「ひとつの側面」からルーマンの社会理論に取り組み、その「最善の姿」を明らかにしようと試みるものである。そこで、「法理論の視座から見たルーマン」という意味を込めて、私は本書に「法理論のルーマン」というタイトルをつけた。

　考えてみれば、そもそもオートポイエティック・ターン以降のルーマンの試みそのものが、それぞれの社会的（法的、経済的、科学的、宗教的……）観点から見た「全体社会 Gesellschaft」の理論的記述である。『社会システム理論 Soziale Systeme』の出版（一九八四年）以降続々と世に送り出された『社会の〇〇』シリーズは、法や経済、科学といった「特定の観点」から全体社会をながめた場合、それがどのような姿で立ち現れてくるかを詳細に論ずるものである。その意味で、本書の試みは、ルーマン自身の理論構想にも合致していると言いうるであろう。

　ここでルーマン自身の理論構想について少し敷衍しておこう。他の領域でもそうだが、法理論の領域でもまた、

i

まえがき

ルーマンの理論の基本的意図はしばしば大きく誤解されてきた。彼の理論は、たとえば「人間無視のテクノクラート的社会工学」を目指すものと断ぜられたり、システムの閉鎖性を絶対視する「法実証主義のニュー・バージョン」と目されたり、さらにはオートポイエシス・システムなる生物学上の概念を直接社会に適用する「社会有機体説」の一種と見なされたりと様々な仕方で誤解され、そのたびごとに否定的なラベリングが行われてきた。しかし、ルーマンの理論はそのようなことを論ずるためにうち立てられた理論体系ではない。そうしたラベリングは「言われのない濡れ衣」である。

ルーマンの「オートポイエシス的社会システム理論」はコミュニケーションの成立可能性についての理論なのであり、その根幹には「かく成立が困難なコミュニケーションが全体社会レベルで成功するのはいかにしてなのか」という問いが置かれている。ここにコミュニケーションの成立が困難であるとはつぎのような意味である。コミュニケーションが成立しうるためにはまず、向かい合っている当事者同士で相手がどのような態度に出るのか互いに読めない状態（ダブル・コンティンジェンシー）が克服されなければならない。これに加え、接続されるコミュニケーションのアイデンティティー（同一性）が保証されなければならないのだが、その同定過程には「自己言及パラドックス」がひかえている。たとえば、法的コミュニケーションが再生産されるためには、法的コミュニケーションに適切に接続され続けなければならないが、そこには「法が法であることを決しうるのは法だけである」という自己言及がひかえている。そして、そのような自己言及パラドックスを克服できなければ、全体社会レベルでコミュニケーションは成立しえない。全体社会には、自己言及パラドックスを克服しコミュニケーションを可能にするための、ある種の構造（メディアやゼマンティク）がいくつも存在しており、それぞれ「独自の論理」を備えている。ルーマンの理論構想は、そうした「独自の論理」によって方向づけされたコミュニケーシ

まえがき

ョンのまとまりを「社会システム」として描写すること、そしてさらに、全体社会をそのような諸々の社会システムの総体として描き出すことに向けられている。その際、全体社会の相貌は、「一見とらえどころがないが、同時に秩序でもある」、いわば「ヤヌスの顔」をもつものとして描き出されることになる。

若干内容に踏み込んだが、ルーマンの理論の基本構想はもっぱらこのようなものであって、概念法学のバージョン・アップを図ったり、社会有機体説を現代に復権しようとするような意図はない。

本書は、そのような意味においてルーマンの基本的意図に忠実に、本書を通じてルーマン法理論の「最善？の姿」を明らかにしたつもりであるが、本当にそうであるかどうかは本書をお読みのうえでご判断いただければ幸いである。

部分的にそのように見えることがあったとしても、理論構想自体との関係では二次的意味しかない。私自身としては、本書を通じて法的コミュニケーションの成立可能性と裁判制度との関わりについて論ずるものである。

法理論のルーマン 目次

目次

まえがき

序論：いま社会理論と法理論に求められるもの ……………… 1
  1　現代社会の相貌：その二面性　1
  2　現代社会と法理論　3
  3　なにゆえにルーマンの社会理論・法理論なのか　4
  4　本書の構成　10

第Ⅰ部　オートポイエシスの法理論

第一章　ルーマンの社会システム理論 ……………… 15
  1　社会システムとはなにか　15
  2　社会システムの要素　25

目次

- 3 社会システムの構造　27
- 4 社会システムの自己構成　30
- 5 社会システムの機能分化　33
- 6 小括　39

第二章　法システムの理論 ……… 41

- 1 法システムの分出　41
- 2 法システムの機能　46
- 3 コードとプログラム　53
- 4 法システムの自己観察　58
- 5 小括　64

第Ⅱ部　裁判の法理論

第三章　法システムにおける裁判の位置 ……… 69

- 1 立法と裁判のヒエラルヒー　70
- 2 司法拒絶の禁止　74
- 3 中心と周辺　79

目次

第四章　決定作用の脱構築 …… 87
　4　小括　84

第五章　法的論証 …… 109
　1　問題の所在　87
　2　事象次元　89
　3　時間次元　93
　4　社会次元　98
　5　小括　106

第六章　裁判の手続 …… 129
　1　論証をどう規定するか　109
　2　論証と法素材　114
　3　論証の他者言及　121
　4　小括　127

　1　法の自己言及と手続　129
　2　手続固有の論理と拘束性　134
　3　判決受容の可能性　139

viii

目次

第Ⅲ部　法とその外側

 4　小括　143

第七章　法の構造的カップリング …… 147

 1　構造的カップリングについて　147
 2　法と政治との構造的カップリング　148
 3　法と経済との構造的カップリング　155
 4　法と心理との構造的カップリング　164
 5　小括　173

結語：オートポイエシスの法理論の可能性 …… 177

 1　裁判とルーマンの法理論　177
 2　法のコードとプログラムの貫徹　180
 3　開放性の法理論　187

目次

註
あとがき

〈凡例〉

典拠の引用・参照の仕方については、対照の便宜を図るべく、ルーマンの主要な著作は文中で（ ）を用い付記した。その他の典拠については、後註にて取り扱うことにした。ここに言う「ルーマンの主要な著作」とはつぎのとおりである。

① 『社会システム理論』
Soziale Systeme: Grundriß einer allgemeinen Theorie, Suhrkamp, Frankfurt a. M. 1984. 本書では *SS* として略記する。同書の邦訳としては、佐藤勉監訳『ニクラス・ルーマン 社会システム理論（上）（下）』恒星社厚生閣（上巻一九九三年、下巻一九九五年）がある。

② 『社会の法』
Das Recht der Gesellschaft, Suhrkamp, Frankfurt a. M. 1993. 本書では *RG* と略記する。

③ 『法社会学』
Rechtssoziologie, 2 Bde., Rowohlt Taschenbuch Verlag, Reinbeck bei Hamburg 1972 (3. Aufl., Westdeutscher Verlag, Opladen 1987). 本書では *RS* と略記する。頁の参照は第三版による。同書の邦訳としては、村上淳一・六本佳平訳『N・ルーマン 法社会学』岩波書店（一九七七年）がある。ただし、この訳は初版のものである。

④ 『手続を通しての正統化』
Legitimation durch Verfahren, 1. Aufl., J. C. B. Mohr, Neuwied-Berlin 1969

(Suhrkamp-Taschenbuch Wissenschaft; 443, 3. Aufl., Frankfurt a. M. 1993). 本書では LV と略記する。頁の参照は、Suhrkamp-Taschenbuch 版による。同書 Suhrkamp 版の初版邦訳として、今井弘道訳『手続を通しての正統化』風行社（一九九〇年）がある。
⑤『法システムと法教義学』
Rechtssystem und Rechtsdogmatik, Verlag W. Kohlhammer, Stuttgart／Berlin／Köln／Mainz 1974. 本書では Dog と略記する。同書の邦訳として、土方透訳『法システムと法解釈学』日本評論社（一九八八年）がある。
⑥『社会の社会』
Die Gesellschaft der Gesellschaft, Suhrkamp, Frankfurt a. M. 1997. 本書では GG と略記する。

序論：いま社会理論と法理論に求められるもの

1　現代社会の相貌：その二面性

「現代」は、社会の「複雑さ」がとくに際立つ時代である。現代社会は、しばしば「混沌に近いもの」として、私たちの前に立ち現れてくる。それは容易な把握を許さない存在である。現代社会を一つの「社会原理」のもとに捉えようと試みても、多くの場合、それは過度の「切り詰め」を意味するだけである。それは概して「適切な社会(1)把握」として意味を成さない。「大きな物語」の時代が終わったと言われるのにはそれなりに理由がある。このことに関連するが、現代を生きる人々は不確実感に翻弄されている。かりにある時点で「説得性」は確たる裏づけをもたず、急速に色あせていく。「社会主義圏の崩壊」を引き合いに出すまでもなく、だれしもが現代社会はひどく移ろいやすく、不確実だと感じている。なにが真理なのか、正義なのか、問えば問うほど私たちが混乱に陥ってしまうのは、現代

1

という時代を特徴づける、この「複雑さ」と「不確実さ」のためである。

しかし、現代社会は、それと裏腹な存在でもある。現代社会は実際、私たちに対して「秩序と安定」、そして「絶大な処理能力」をもたらしている。捉えどころがないまでに複雑で不確実であるにもかかわらず、(むしろそうであるがゆえに)それらについて高度に自由な変動を許容しているにもかかわらず、「秩序と安定」がもたらされているというわけである。そうした「秩序と安定」を基礎として巨大な産業が維持されている。また、高度のテクノロジーによって結ばれた情報や流通のネットワークは、きわめて緻密な「秩序」を成している。そもそも社会それ自体の「秩序化」が、前世紀を通じて著しく進行してきているように感じられる。現代社会の行き着く果て」として理解されてきた。いずれにせよ、現代社会は「秩序と安定」を私たちにもたらし、その基盤のうえに「グローバルな世界社会」と「人々の活動能力の拡大」が可能になっているのである。もちろん、この「秩序と安定」は、つねに「崩壊のリスク」にさらされ続けているのであるが(4)。

このように、現代社会の相貌には、「不確実だが確実だ」というような、いかにも両立しそうにない(ありそうにない unwahrscheinlich)二側面が備わっている。これまで多くの社会理論は、この両立しがたい二側面のどちらか一方に傾斜して理論構築する傾向があった。あたかも、どちらが「主」で、他方は「派生物」であるというふうにである。なかでも、社会の「安定」に重点を置いて静止的な社会秩序を構想し、それに反する要素を「変則的要素」としてできるかぎり排除していこうとするアプローチがかなり優勢であった(5)。もっとも、このような傾向に反発する立場も有力であった。そのような議論状況のなかで、モダンの社会理論とポストモダンの社会理論という対立軸が浮かび上がってきた(6)。しかし、「どちらか一方」というのは過度の単純化である。現代社会の相貌のいず

序論：いま社会理論と法理論に求められるもの

れの側面も「誤り」ではない。どちらかが「主」であるとも言えない。以上を念頭に置けば、目下社会理論に期待されるのは、現代社会の相貌の両立しがたい二側面を丸抱えにして説明できることである。そのような社会理論は、もはや「社会原理」に依拠するものではなく、「社会原理」そのものをも説明の対象にしてしまうような、「機能主義的」理論になるだろう。

2　現代社会と法理論

　現代社会の「ありそうにない」性格に対応して、法についての理解ないし把握（法理論）も、かなり困難な位置に置かれる。法理論もまた、「現代社会における」法の理論であろうとするなら、その「ありそうになさ」に対応するのでなければならないからである。

　なるほどあいかわらず、法には「法規範」ないし「法原理」の統一体であることが期待されている。ドグマティークが存在しうるためには、法はそのような「統一体」でなければならないというのである（法の統一性）。また、人々は、法が内容的に「一定」しており、「いつどこでだれに対しても等しく」妥当するものだと信じている（法の一般性）。そのようなものとして、法は「全体社会の安定化機能」を担うことが期待されている。人々は、法が「恣意的」に適用されることを許さない、というのも、恣意的でない場合にはじめて、法は社会一般の人々から、「法制度」としての信頼を得ることができるからである。法理論は、そうした信頼を無視することはできない。

　しかしながら、法の真実を見極めようとする探求者の目には、もはや法は「法規範」や「法原理」の統一体として映ずることはない。内容的な「一定性」も「一般性」も見いだすことは困難である。このことは法分野ごとに

3

「概念」が異なっているというレベルに留まらない。法はそのつど「個別的」なものとしてのみ登場する。法は個々の場面ごとにバラバラの内容をもつものとして立ち現れてくる。そのままでは受け入れられない。法が「いつどこでだれに対しても等しく」妥当するという見方は、そのままでは受け入れられない。たとえ「所有権」のような、きわめて強く「一般性」が求められる権利でさえ、その実体を子細に見ると、援用される場面ごとに、それぞれ異なる意味内容で立ち現れてくる。[7] いまや、法の全体を「一般的な統一体」として捉えることは絶望的に困難である。

もはや、このような状況の下で法理論に期待されることは、新たな「一般的な統一体」を構想することではない。それはもとより無理な話である。むしろいま法理論に期待されることは、「場当たり的」で、たえず「移ろって」いるにもかかわらず、人々の目には「統一的」で「一般性」を備え「確実」なものであると映じ、その反射として社会の「安定」に一定程度貢献するような、「パラドクシカルな法モデル」を打ち立てることだということになろう。

3 なにゆえにルーマンの社会理論・法理論なのか

私は、ここに述べたようなような期待に応えることのできる社会理論・法理論として、ニクラス・ルーマンの「オートポイエシス的社会システム理論」[8]、およびそれにもとづく彼の法理論（法システム論）を挙げることができると考える。私の見るかぎり、ルーマンの社会システム理論・法理論は、右で述べたような期待に応えることに、かなり成功している。基本概念の掘り下げはのちに行うので、簡略化しつつ若干の解説を加えておこう。

序論：いま社会理論と法理論に求められるもの

1 一般理論に関して

ルーマンの理論的主張の核となるのは、「社会というもの Gesellschaft」（全体社会）を組成している、もろもろの社会システムの「自己関係性」である。より詳しくは、社会システムの「自己創出」と「自己言及」、そして「自律性」である。テーゼ風にまとめておこう。

① ルーマンによれば、社会システムはコミュニケーションから成っている。社会システムの「自己創出」とは、コミュニケーションの「まとまり」であるところの社会システムが、コミュニケーションによって自己を内容規定するとともに、そうしたコミュニケーションに触発されて自己に属するコミュニケーションを再生産するということである。社会システムは、コミュニケーションとそれに触発されて生じてくる同種のコミュニケーションの連続体にほかならない。コミュニケーションがコミュニケーションを生み出し、それによって社会システムが形作られるのである。コミュニケーションの継続的な接続、それもどのように接続していくか不確実であるような接続が、社会システムの存立の基礎を成している。社会の移ろいやすさ、捕えどころのなさを取り扱うには、社会をコミュニケーションによるコミュニケーションの創出として捉えなおすことが鍵になる。

② 移ろいやすく、捕えどころがないとは言っても、コミュニケーションにはそのつどなんらかの意味づけがなされている。「それであって他ではない」という意味づけ（同一化）である。システムがコミュニケーションのまとまり、つまり「システム」たりうるのは、この「意味づけ」の結果である。ここで登場してくるのが、システムの自己言及の問題である。「システムの自己言及」とは、システムが、自らに属するコミュニケーションをほかの種類のコミュニケーションから区別するのに、自己以外にその手がかりがないということである（Vgl. SS, S. 59. 邦訳五二頁）。このまま

ではシステムの再生産の方向づけは確保されない。その方向づけを裏づけるものがないからである。ゆえに、システムの再生産は安定しない。システムの再生産は、いつでも自らの方向づけを失って「混沌」のなかへと消失してしまう危険にさらされている。これが社会システムの存立の基礎にひかえている「自己言及パラドックス」である。

もっとも、社会システムは、そうした自己言及パラドックスの存立をひかえてはいない。むしろそれを「創造的」に利用する。大幅に単純化した説明をすると、システムが「自己同一的」であるためには、自己言及パラドックスを「見えない部分」に追いやってしまえばよい。そして、もっぱら「見える部分」がシステムの自己であり、「見えない部分」(10)は存在しないかのように装えばよい。そうすれば、システムの自己が端的にそこに成立しているかのように見せかけることができる（脱パラドックス化）。他方、「見えない部分」は、システムの自己言及パラドックスを圧殺したりはしない。むしろそれを「創造的」に利用して、時宜に応じて利用できる。それは決して無意味な部分ではない。このような「脱パラドックス化」によって、システムは「自己同一性」を確保しつつ、同時に自らを可動的にし、また複合化する。システムの存立の「危機」は、ここにおいて「創造的」に昇華される。

③「自己言及」は、システムの「自律性」にも関連している。それは、システムが「自己創出」するにあたって、自己「のみ」に依拠するということを意味するからである。システムは、少なくとも「見える部分」においては高度に自己完結している。(11)そもそも真に外部的なものはシステムのなかには存在しえない（自己言及の論理的帰結）。

その意味で、システムにとって「外部からの距離」(12)は必然である。この点は重要である。システムは「外部からの距離」ゆえに自らの作動の自由を確保できる。なぜなら、撹乱要因を可及的に排除できるからである。そうではない。逆説的に聞こえるかもしれないが、システムはその自律性ゆえに内部に閉ざされてしまうのであろうか。そうではない。逆説的に聞こえるかもしれないが、システムの自律性の強化は、システムの外部性への対処能力をも高度化する。なぜなら、システムがその外部性を対処可能な形に翻訳する（内部化する）余地は、意外に大きいからである。それゆえ、システムの「自律

序論：いま社会理論と法理論に求められるもの

性」は単なる閉鎖性を意味するものではない。むしろ、それはシステムの開放性の条件である。現代社会は、そのような「部分システム」が無数とは言わないまでも、数多く存在することによって特徴づけられている。付け加えて言えば、高度の処理能力を備えた社会システム（部分システム）が数多く存在することで、それに関わる人々（個々の意識）の「選択の自由」が飛躍的に拡大されていることが看過されてはならない。人々は、なにかを行うにあたって、法的に振る舞うことも、経済的に振る舞うことも、政治的に振る舞うことも、それらを組み合わせて戦略的に振る舞うこともできる。

「社会というもの」（全体社会）は、ここに述べたような意味において「自己創出的」で「自己言及的」で「自律的」な社会システムが、複合的に組み合わさって構成されている。「オートポイエシス」という用語は、ここで述べた「システムの自己関係性」一般について、マトゥラーナやヴァレラの用語を借りて、ルーマン自身が与えた特(13)別の名称である。(14)

2　法理論に関して

このような社会理論を前提として、法はどのように論じられるのか。ルーマンによれば、法的コミュニケーションもまた、オートポイエシス的な社会システム（法システム）を構成する。「自己創出」「自己言及」「自律性」といった「自己関係性」に関する諸テーゼは、法システムにも基本的にあてはまる。ルーマンの法理論に関してとりわけ注目すべき点は、法システムへの洞察と、法の「自己言及パラドックスの創造性」の分析である。彼によれば、法システムは「法／不法」の二分コードの「自律性」についてルーマンがどのように洞察しているかである。この二分コードは、抗事実的に安定化された予期（規範的予期）から成る。特殊な二分コードにもとづくコミュニケーションから構成されるとい

7

うことによって、法システムは他の社会的文脈から分出する。つまり、他の社会的文脈から距離を作り出している。法システムは、法/不法の二分コードに乗らない要素は、さしあたり外部性として「見えない部分」へと追いやってしまう。そして、「見える部分」では、二分コードを一見整合的であるように配列する。こうすることで、「見える部分」に限っていえば、法システムは自己完結的となる。法システムは、あたかも法/不法の二分コードの整合的配列において完結した「統一体」であるかのように映ずるようになる。

この点、たとえば「この土地は俺のものだ」「いやちがう私のだ」という争いがある場合に、それが法的コミュニケーションであるためには、その基底において当該土地の所有「権Recht」の帰属が問題となっているのでなければならない。つまり、当該所有権が誰に帰属されるのが整合的であるかが問題になっているのでなければならない。こうした要素は少なくとも「見える部分」からは排除される。法システムはそうした要素を直接には扱わない。法システムは、そのようにして外部性から距離をとるが、それによって法システム内部における処理能力は飛躍的に増大する。法システムは、特殊な二分コードに依拠したコミュニケーションによって、その「自己同一性」を確保すると同時に、自らの内部で高度の処理能力を達成するわけである。

ここまでの話では、法システムは閉鎖的でいかにも融通の利かないシステムだということになってしまいそうである。これではルーマンが、法実証主義の「硬直性」をひたすら擁護しているかのようである。そこでつぎに、ルーマンによる「法の自己言及パラドックスの創造性」の分析を見てみよう。しかし、それは誤解である。先に述べたように、法システムは自らを法/不法の二分コードにもとづくコミュニケーションから組成する。しかし、法システムがそのようなコミュニケーションによって自己完結しうるのは、あくまで「見える部分」についてだけである。法/不法の(16)法システムは、なにが法の側に属し、なにが不法に属するか、究極的なところでは決定できない。

序論:いま社会理論と法理論に求められるもの

区別は、「法は法であり、不法は不法である」というように、「同語反復的」に規定されるにすぎない。法／不法の区別は、自己言及的な循環のもとに置かれている。つまり、この法／不法の区別は、法／不法の内容について、本来なんら明らかにしない。したがって、二分コードにもとづく、一見拘束的で確固たる外観を備えた法的やり取り(とりわけ「法的決定」)も、一皮むけば非規定性によって支配されている。法システムには、せいぜいのところ、拘束的な法的決定が可能であるとの「外観」を取り繕うことができるのみである。

法システムは、この「ハンディーキャップ」を逆手にとる。法による拘束的な決定が可能であるという「外観さえ」確保できればよいというようにである。逆説的だが、このように開きなおることで、法システムのポテンシャルは飛躍的に拡大する。一見「拘束的な外観」のもとに、実はきわめて自由にものごとを決することができるのだから、法システムはあたかも「なんでも決定できる」かのように振る舞うことができるのである。かくして、法システムの作動の基礎にある自己言及パラドックスは、創造的に「脱パラドックス化」される。

法システムは、このようにして自らの作動のポテンシャルを大きく増大させる。ほとんど「場当たり的」に流されている操作を、一見「拘束的な外観」を取り繕うことによって、あたかも一貫した決定連鎖であるかのように映しだす。かくして法システムは、本質的には「場当たり的」でつねに流動しているにもかかわらず、多くの人々の目に「統一的」で「一般性」を備えているように映じ、全体社会の「安定化」に一定程度貢献することができるということになる。

　　　　＊

私はもとよりルーマンの社会理論、法理論の説明力の高さに惹かれるものであり、それゆえにこそ、本書でルーマンの社会理論・法理論に取り組んでいる。本書で展開する議論は、多分にルーマンの社会理論・法理論について

9

の私の「創造的解釈」[19]である。しかし、創造的要素が介在しているにせよ、本書は基本的にルーマンの社会理論・法理論の素描を超えるものではないと信ずる。そうした素描の範囲を超える私の持論は、本書の「結語」の部分で、ルーマン法理論のより大きな可能性を引き出すための指針として明らかにしたい。

4　本書の構成

本書は三部から成っている。まず第Ⅰ部においては、必要なかぎりで「オートポイエシス的社会システム理論」に遡りながら、ルーマンの法理論一般を明らかにしている。そこではまず、「ありそうにないこと」としてのコミュニケーションがいかにして可能にされ、「社会システム」が構築されるのかということを問い（第一章）、その一環として、全体社会のなかで「法システム」という部分システムがいかにして構築され、存続するにいたるのかという問いに取り組んでいる（第二章）。

第Ⅱ部では、法システムにおける「中心的観察拠点」としての裁判（所）の位置づけについて検討したうえで（第三章）、法的決定（終局判決）にともなって表出してくる法の自己言及パラドックス（決定パラドックス）を脱パラドックス化するために、裁判（所）はいかなる操作を行っているのかについて論じている（第四章）。これに続く二つの章では、決定パラドックスを脱パラドックス化するための社会的メカニズムとして、「法的論証」と「裁判手続」とについて論じている。「法的論証」は、「根拠の問いの無限遡行」という形で表出してくる決定パラドックスの処理に関わる社会的メカニズムである（第五章）。これに対して、「裁判手続」は、「紛争ポテンシャル」の処理に関わる社会的メカニズムである（第六章）。

序論：いま社会理論と法理論に求められるもの

第Ⅲ部では、法システムが、他の社会システムや心理システムとどのような仕方で結合するのかについて、すなわち、法システムと政治システム、経済システム、そして心理システムとの「構造的カップリング」について論じている（第七章）。

最後に結語では、私の持論を交えながら、オートポイエシスの法理論の可能性がどこまで及びうるかを検討している[20]。

第Ⅰ部　オートポイエシスの法理論

第一章 ルーマンの社会システム理論

第Ⅰ部では、ルーマンによるオートポイエシスの法理論の全体像を明らかにする。このためにはまず、彼の「オートポイエシス的社会システム理論」について一般的に解明しなければならない。なぜなら、法システムもまた「オートポイエシス・システム」の一つだとされるからである。まず第一章においては「オートポイエシス的社会システム理論」について明らかにする。

1 社会システムとはなにか

1 社会システムの成立

(a) ダブル・コンティンジェンシーからの出発

ここで解明すべき最初の課題は、序論で述べた、社会システムの「自己創出」である。繰り返すが、社会システ

ムの「自己創出」とは、システムがコミュニケーションによって自己を内容規定するとともに、そうしたコミュニケーションに触発されて、自らに属するコミュニケーションを再生産するということである。もっとも、「コミュニケーションの基礎に、ダブル・コンティンジェンシー（二重の不確実性）がひかえられない不可避なテーマである（Vgl. SS, S. 149. 邦訳一五九頁）。なぜなら、理論的に見るかぎり、ダブル・コンティンジェンシーのもとでは、人々の「社会的なやり取り」（有意的なコミュニケーション連鎖）が成立しないはずだからである。ダブル・コンティンジェンシーとは、もともとつぎのような状態をいう。ある者（以下X）が一定の態度決定をするにあたって、相手方（以下Y）の態度決定に依存しているような状態のことである。Xが最初に態度決定しないかぎり、他方でYの態度決定もまたXの態度決定に依存しているようとしても、Yが態度決定しないことには自らの出方を決することができない。これではある種の「両すくみ」状態となり、なんのアクションも生じない。つまり、「社会的なやり取り」がはじまることはない。社会のなかで人々がやり取りできるためには、この「両すくみ」はいかなるメカニズムによって「切断」されるのか。

(b) 二つの「ブラックボックス」

「切断」メカニズムを論ずる前に、ダブル・コンティンジェンシーについてのルーマンの理解をもう少し検討しておこう。ルーマンによれば、ダブル・コンティンジェンシーは、二人のアクターの態度決定の「相互依存」に限定される概念ではない。むしろそれは「期待されるのとは別様にも振る舞いうる」ところの、互いに不透明な自我ego／他我 alter ego の間での、相互の行動予期の困難さに関わる問題とされる。つまりこうである。XとYは、互

第一章　ルーマンの社会システム理論

いに相手が自分と同じく様々に経験し判断する、独立した存在であると想定している。Xから見ればYは「もう一人の自我」である。Yから見た場合のXも同様である。XはYの意識を直接知ることはできず、YもまたXの意識を直接知ることはできない。結局、XもYも互いに相手を「ブラックボックス」として念頭に置かなければならない（Vgl. SS, S. 156. 邦訳一六八頁）。

互いに相手が「ブラックボックス」であるとは、アクター相互で相手の態度決定について「見通す」ことが不可能だということの言い換えである。相手は自らの期待に添うようにも、期待に反するようにも行動しうる。このような状況のもとでは、XもYも相手の選択を確実に予期できない以上、相手の態度選択があるまで自らの態度を確定できない。Xの態度選択は、Yの態度選択によって規定される。同様にしてYの態度選択もXの態度選択によって規定される。XとYの態度選択は「循環的規定関係」に置かれることになる。

(c)　「両すくみ」を破る

XとYは「両すくみ」状態にある。しかし、この「両すくみ」は、「循環的規定関係」のなかに、なんらかの「非対称性」を持ち込むだけで、比較的に容易に破られる。XもYも、まさに「両すくみ」状態にあるゆえに、相手がどのような行動に出るかについてきわめて敏感になっている。「はじめはどんな小さなきっかけでもよい」（Vgl. SS, S. 184. 邦訳二〇四頁）。しかし、アクターのどちらかが、なにかの拍子に行動を起こした場合には、他方はそれに敏感に反応して態度選択をする。そのようにしてきっかけが与えられれば、XとYの態度選択は、「循環的規定関係」にあるがゆえに、お互いに相手の選択を前提としながら、次々と態度選択を連鎖させていく。その際、XもYも、相手の態度選択にうまく合致するように態度を選択できる場合もあるし、うまく選択できない場合もある。ただ、XもYも、それぞれ自らのパースペクティブから観察されるものに対して、自らの振る舞いを通じて影響を与えようと試みることができるし、また、そのフィードバックを通して学習することができる。XもYも、こ

17

の試行錯誤の繰り返しのなかで、当初「不透明」で見通すことのできなかった他我、つまり「ブラックボックス」を、その態度選択に関するかぎりで、ある程度見通すことができるようになる。自らがどのような態度をとれば相手とうまくやり取りできるかを予期することができるようになる。このようにして二つの「ブラックボックス」は、交渉するに十分なまでに互いにとって「透明化」される (Vgl. SS, S. 156f. 邦訳一六八頁以下)。

もちろん、これによってダブル・コンティンジェンシー状態が消滅してしまうわけではない。Xにとっても、Yにとっても、相手はいまだ「別様にも振る舞いうる」存在である。それが「不確実」であることに変わりはない。このようにしてしかしながら、互いにやり取りすることが可能な程度に、この「不確実性」は縮減されている。

「社会的なるもの das soziale」の成立がようやく可能になる。

(d) 「社会システム」の成立

このようにして、「両すくみ」は破られ、「社会的なやり取り」が可能となる。アクターたちの態度選択における二重の「不確実性」が、試行錯誤の結果として、社会的なやり取りの「確実性」を生み出しているのである。この「確実性」は開かれた性質をもつ。なるほど、XとYのやり取りの不確実性は、それまでの積み上げのなかである程度まで縮減されているが、それでもなお「別様な振る舞い」へと開かれている。XとYのやり取りは、周囲の様々の偶発的出来事に柔軟に対応しながら展開されることになる。その時々に偶発する出来事に反応しながら、XとYのやり取りのようなやり取りの連鎖こそが「秩序」なのである。ルーマンはこのようにして成立する「創発的秩序 emergente Ordnung」を「社会システム」と名づける (Vgl. SS, S. 157. 邦訳一六九頁以下)。

ところで、ここに言う意味での「社会システム」は、最も「基礎的」なレベルにおけるそれである。こうした「基礎的メカニズム」がそのままあてはまりうるのは、せいぜいのところ、アクターが「居合わせている人々」に

18

第一章　ルーマンの社会システム理論

限られている「相互作用システム」だけである。現実の社会は、ほとんど無数にそうしたやり取りが複合的に重なり合って構築されている。ある程度以上複合化した社会は、こうした「基礎的メカニズム」だけで十分に存立しうるわけではない。つぎに述べるような、独自の問題に対処しうるのでなければならない。

2　「包括的な社会システム」にともなう問題

ある一定レベル以上に複合化した社会（包括的な社会システム）においては、それぞれのコミュニケーションを端的に同定することが不可能となる。高度の複雑性のため、人々のやり取り連関の全体を見渡すことがもはやできないゆえ、当該のコミュニケーションがどのようなコミュニケーションであるか端的には識別不能になる。そうした社会システムは、コミュニケーションの「場当たり的」な接続だけで自らを組成し、再生産することはできない（コミュニケーションの不可能性）。個々のコミュニケーションが「混沌」に陥ることなくうまく接続し続けるとはとうてい期待できないからである。コミュニケーションの連鎖の複雑性に抗して、システムがコミュニケーションを、いわば「自覚的」に同定（自己と他者を区別）し、内容規定しなければならなくなる。よって、ここで取り組まなければならない問題はまず、複合化した社会では避けることのできない高度の「複雑性 Komplexität」をどのようにして対処可能なものにするかという問題である。つぎに、システムが自己を同定するにあたって「自己言及」することによって生じてくるパラドックス（自己言及パラドックス）をどう処理するかという問題である。順次論ずる。

（a）高度の複雑性への対処

「包括的な社会システム」は、それぞれのコミュニケーションを端的に同定することができないほどに複雑である。だからといって、そうした複雑性に対処することができずに社会が「アナーキーな状態」に陥っているとも言

19

い難い。それは日常人々が経験している事態に反する。そこで、包括的な社会システムが高度の複雑性を対処可能にするところのメカニズム（複雑性の縮減）が明かされなければならない。その前提として、まず複雑性の意味を解明する必要がある。

ルーマンは、「〔仮想的に〕すべて〔の要素〕がすべて〔の要素〕と結びつけられるとすれば生起してくる把捉不可能な複雑性（〔 〕内は引用者による。以下では、これを単に「未規定な複雑性」と呼ぶ）と、一定の構成的観点のもとに整序されている「構成された複雑性」とを区別するところから出発する(8)(Vgl. SS, S. 49f. 邦訳四一頁以下)。

「構成された複雑性」は、要素の結合能力の「内在的制約」のゆえに、もはやそれぞれの要素がそれ以外のすべての要素といかなる時点においても結びつくことができない場合に、現に結びあっている諸要素の集合として問題となる複雑性である(Vgl. SS, S. 46. 邦訳三七頁)。これは、「システムが複合的 komplex である」という場合に念頭に置かれる複雑性である。ここに「内在的制約」というのは、要素の結合について、なんらかの「構成的観点」が介在していることを意味している。そうした構成的観点は、区別によってもたらされる。その最も基本的なものは、システム／環境（自己と他者）の区別である。システムは、自らを他と区別するまさにその区別を用いて複雑性を整序し、それに形を与える。「混沌」に秩序をもたらすのである。自己の内側にある複雑性についても同様に、その外側たる環境のなかにある複雑性についても同様である。「構成された複雑性」のもとでは、ありとあらゆることが生ずるわけではない。「構成された複雑性」を取り扱うことは、システムにとって比較的に安全である。

これに対して、「未規定な複雑性」は、現実に認識把握される複雑性ではない。現実に認識把握されるのは「構成された複雑性」だけである。事態がなんらかの仕方で把捉されている場合には、すでに一定の構成的観点からする「単純化」が介在している。「単純化」を経ない事態把握はありえない。「未規定な複雑性」は、「可能態」とし

第一章　ルーマンの社会システム理論

てのみ問題化される。だからといって「未規定な複雑性」が無意味なのかといえば、決してそうではない。「構成された複雑性」のもとでも、あいかわらずそれは「別様であることの可能性」（コンティンジェンシー）として否定されえない契機である。「未規定な複雑性」は「コンティンジェンシー」として潜在化されている。「未規定な複雑性」は、直接扱いようがないという意味で、システムにとって脅威であり続ける。確認までに繰り返すが、この「未規定な複雑性」と「構成された複雑性」の区別は、システム／環境の区別とは別のレベルの区別である (Vgl. SS, S. 45. 邦訳三六頁)。システムの内部にも環境の側にも「未規定な複雑性」はあるし、また「構成された複雑性」もある。

ここに来てはじめて、システムが複雑性をどのようにして対処可能にするのか、そのメカニズムをある程度明らかにできる。システムは、対処不可能な「より大きな複雑性」を、対処可能な範囲にある「より小さな複雑性」に転化する (Vgl. SS, S. 49. 邦訳四〇頁)。これが「複雑性の縮減」である。ただしそれは、「構成された複雑性」と「未規定な複雑性」の区別にもとづいて、二つのレベルにわけて考えられなければならない。

第一のレベルは、「未規定な複雑性」を「構成された複雑性」へと置きかえるレベルである。ここでは「未規定な複雑性」に区別を投入し、対処可能な形を与える操作が行われる。これは、複雑性に対処するために不可避的に強いられる「選択」の操作である。ここで投入される区別は、システム固有の構成的観点から成っている。システムにとって「可視的な自己」ないし「可視的な環境」が構成されるというわけである。

第二のレベルは、「構成された複雑性」を前提として、システムと環境の間に複雑性の落差が構成されるレベルである。それぞれのシステムから見れば、その環境は、システム自体よりも複雑であるように構成される。複雑性との関連では、システムは「環境との間の複雑性の落差」によって定義されることになる。システムは、自らに属する要素とそうでない要素を選択し、区別し続けることで存立する。その際、環境は、システムが自らの状態を変

更し、動的に展開していくための「必要な多様性」のストックであるようにしつらえられる（Vgl. SS, S. 47f. 邦訳三九頁以下）。また、環境は、なんらかの不都合な事態がシステム内で生じた場合に、その原因を帰属するための好都合な場（外部性）という意味も備えるようになる。システム／環境の間の複雑性の落差の創出は、それゆえ、システムが存立していくための「生存戦略」として位置づけられる。

以上を前提に、「縮減の不可避性」という視点から、複雑性の概念を、システム自身ないしその環境を把握し描写できるために必要な情報がシステムに欠けているということの尺度として理解しなおすこともできる（Vgl. SS, S. 50f. 邦訳四二頁以下）。システムは、そのシステム自身のなかにある（未規定な）複雑性を十分に把握することはできないのだが、「リスク」などと命名し、それを安全な形に加工したうえで「問題として取り上げる problematisieren」ことはできる（Vgl. SS, S. 51. 邦訳四三頁）。そしてそれは、システムの状態を変更するきっかけとして適宜利用される。このようにしてシステムは、「高度の複雑性」を対処可能なものへと転化するばかりでなく、それを自らの存立について「創造的」に利用するのである。

(b) 自己言及パラドックスの処理

「包括的な社会システム」におけるシステムの自己同定に関わるつぎの問題は、システムが自己に言及 referieren することによって生じてくる「自己言及パラドックス」である（Vgl. SS, S. 57f. 邦訳五〇頁以下）。というのも、システムが自己を同一化するための手がかりは自己しか存在しないからである。この点について、より詳しく掘り下げてみよう。

自己は他者との関係でのみ、自己としての「位置価」を得る。これをシステムにあてはめてみれば、システム（自己）は環境（他者）との区別においてのみ自己を同定するということである。システムは、自己を環境から区別する作動によってはじめて、自己構成のための方向づけを得る（Vgl. SS, S. 35. 邦訳二四頁）。しかし、ことはそ

第一章　ルーマンの社会システム理論

れほど簡単ではない。環境は、当該システムから区別される場合にのみ立ち現れてくるところの、「当該システム固有」の環境である。環境はシステムごとに、システム自身によって規定される (Vgl. SS, S. 36. 邦訳二五頁)。この意味で、環境は当該システム自らの影なのであり、システム自身が「反面虚像」としての自己自身に陥っている。自己同一化に際して参照する対象が「自己自身」であるということは、論理的に見れば「自己言及パラドックス」にほかならない。「座標軸」自体に照準して「座標軸」の位置を定めることはできないということである。

この自己言及パラドックスを前にしてなんらの措置も講じないとすれば、システムは自己同一化のオリエンテーションを喪失し、その再生産の基礎を欠くことにもなりかねない。なぜなら、コミュニケーションの「任意な」接続が可能になってしまうからである。そうなればシステムは「混沌」に帰する。ことに「包括的な社会システム」の場合にはそうであろう。しかし、ルーマンによれば、システムの自己同一化メカニズムに自己言及パラドックスが含まれているからといって、即座にシステムの存立が脅かされるということにはならない。システムが自己同一性を確認する場面で、自己言及パラドックスが表出してこなければよい。とすれば、自己言及パラドックスを「見えない部分」に追いやってしまい、「不可視化」すればよいのである。ルーマンは、この「解毒」メカニズムを「脱パラドックス化 Entparadoxierung」(Vgl. SS, S. 59. 邦訳五一頁) と呼んでいる。

それではシステムは、自己言及パラドックスをどのような形で処理し、脱パラドックス化するのであろうか。それをどうやって「見えない部分」に追いやるのか。そのための戦略はいくつか考えられる。そうした戦略は、基本的にはシステム／環境の区別の「同語反復」的な繰り返しを断ち切るということに関連している (Vgl. SS, S. 631ff. 邦訳八五〇頁以下)。

まず、その最も主要な方策は、「時間の不可逆性」を利用することである。すなわち、「過去における自己」と

第Ⅰ部　オートポイエシスの法理論

「現在の自己」という区別を、自らのうちに投入することである。これによって、「言及される自己」と「言及する自己」との間に「距離」が生み出され、自己言及パラドックスの表出は回避される。システムは、この「距離」を利用して、自己同一性を維持しながら自己を変動させていく自由を得る。システムの高度の動態性は、システムが自己を時間的に「ずらし」ていく可能性によってもたらされると見てよい。

もう一つの主要な方策は、システムが自らの内部に別の区別を読み込んで、「自己像」を多重化することである。例を用いて説明しよう。「法システム」の自己言及は、究極的には、ある事態が適法であるか不適法であるかについて決定することを不可能にする。「適法なこと」が「不適法ではない」ということを保証するものは、本来なにもない。適法と不適法は任意に接続されうる。しかしこれでは法システムの作動は行き詰まってしまう。法システムは、そうした事態を避けるために、法の効力に順位づけをしたり、「原則／例外図式」を導入したりする。こうすることで、適法なことが不適法であるという事態の発生を、できうるかぎり回避し引き延ばす。いずれの方策を用いるにせよ、システムは自己言及パラドックスを「創造的」に発展させ、自らの区別の読み込み(15)という方策は、システムの複合度を増大させ、ここでもまたシステムの状況への対処能力の拡張をもたらす。(14)このような「別の区別の読み込み」という方策は、システムの複合度を増大させ、ここでもまたシステムの状況への対処能力の拡張をもたらす。いずれの方策を用いるにせよ、システムは自己言及パラドックスを「創造的」に発展させ、自らの能力を拡張しているのである。

　　　　＊

このようにして、「包括的な社会システム」が、その高度の複雑性にどのように対処するかという問題、そして、「包括的な社会システム」が端的に存立するものだと容易に言えない以上、その「実在的側面」をどのように理解するかについて、とくに取り上げて論ずることも必要であろう。そこで、今度はそのような社会システムの実在的側面を

24

2 社会システムの要素

社会システムは、単なる観念的な対象ではない。コミュニケーションの有意味な「まとまり」として、一定の「社会的実在性」を備えている(16)。ここまでのところ、そうした社会システムの「要素 Element」である「コミュニケーション」(Vgl. SS, S. 192. 邦訳二一六頁)がいかなる実在なのかについてなんら説明なしに議論を進めてきた。しかし、このままではルーマンの社会システム理論が把捉しようとしている「社会システムのダイナミズム」の核心が明らかとはならない。そこで本節では、システムの「要素」たるコミュニケーションの性質について解明しよう。

1 モノ的実在観の否定

なんらかのシステムの「要素」を語る場合に、しばしば「それ以上分解できないもの」(アトム)が「実体的・存在論的性格」をもつものとして念頭に置かれる。つまり、「モノ的実在」として捉えられるのである。たとえば、個々の「人間」を社会の「単位要素」と捉えるように(17)である。これによれば、システムはあたかもブロック(単位要素)を組み上げるようにして構築されることになる(18)。しかし、そもそも単位要素が「それ以上分解できないもの」かどうかは観点相関的である。そのような単位要素を「モノ的実在」として捉えるのは適切ではない。いささか循環論めくが、単位要素を「単位」として規定しているのは、それによって構成されるところのシステ

2　出来事としての要素

少なくとも現代社会を対象とする理論は、かような静止的限界を帯びていてはならない。現代社会は、たえず動的に変転している。社会システムの要素は、そのようなダイナミズムを把捉しうるような形で構想されなければならない。「モノ的実在」観から出発してはならないのである。ルーマンは、そうした理論的要請を受けて、システムの要素を、システムの再生産プロセスのなかで生起し、一瞬しか持続しないような「出来事 Ereignis」として理解する。それはほんの一瞬の間だけ存在し、たちまち消滅する (Vgl. SS, S. 77ff. 邦訳七三頁以下)。社会システムの要素たるコミュニケーション以外のなにものでもない (Vgl. SS, S. 199. 邦訳二三五頁)。というのも、そのような「出来事」たりうるだけの持続性をもたないからである。それは、「モノ的実在」たりうるだけの持続性をもたないからである。社会システムは、そのような性質の「出来事」たるコミュニケーションによって構成される。コミュニケーションがモノ的性質をもたないとされていることは、コミュニケーションが、情報／伝達／理解というに三極構造をもつ過程の統一体であるとされている点にも表れている (Vgl. SS, S. 194ff. 邦訳二一九頁以下)。いわば、それら三つの過程が一瞬の間だけ生起させる統一（一瞬の出来事）がコミュニケーションなのである。情報／

ムの方である (Vgl. SS, S. 42. 邦訳三三頁)。要素が体系（システム）を規定するのではなく、体系が要素を規定するのである。ここから翻ってみるに、「アトム」的なモノ的性質をもつ単位要素だとする見方は、静止的・持続的体系観によって限界づけられてしまっている以上、当然のことながらそうした単位要素から成る体系はスタティックなものたらざるをえない。そうした体系は創発性を欠いている。問題なのは、そのような体系（システム）観によっては、現代社会の高度の動態性を十分に把捉することができないということである。

伝達/理解という三つの過程は、それぞれ選択性をともなっている。情報と伝達行為はズレを生じ、伝達された情報と受け手の理解の間にもズレを生じる。コミュニケーションが成立するのは、情報と伝達（とりわけ情報と伝達のズレ）が受け手によって理解され、受け手の態度選択の基礎となる場合だけである (Vgl. SS, S. 196. 邦訳二三一頁)。このように、コミュニケーションはそれぞれ「創発的」な過程の瞬間的な統一体なのであり、その本質は「関係」のなかにこそ存している。

コミュニケーションがモノ的性質をもたないために、人はそれを直接に把捉できない。それは、なんらかの社会的観点、言い換えれば社会システムを構成する観点から意味づけされてはじめて、把捉できる対象となる。こうして意味づけされた対象が「行為 Handeln」である。それゆえ「行為」とはシステム相関的な事象なのである。

いずれにせよ、社会システムの作動は、基本的には、出来事たるコミュニケーションの瞬間ごとの再生産という形で行われるということになる。社会システムは、このような意味における「要素の時間化 Temporalisierung der Elemente」[20] (Vgl. SS, S. 77. 邦訳七四頁) を通じて、きわめて暫定的な様相をあらわにする。

3　社会システムの構造

社会システムの要素を、前節で述べたように極度に暫定的なものと理解する場合に、はたしてシステムの持続を問題にすることができるだろうか。前節で述べたことを前提とするならば、システムの持続はいかにもありそうにない。しかし、冒頭でも述べたように、現代社会は、高度に動態的であるにもかかわらず、私たちにある程度の安定と秩序をもたらしてくれている。システムは持続的な対象として一定の実在性をもつ。ルーマンも決してこれを

第Ⅰ部　オートポイエシスの法理論

看過してはいない。ならば、ルーマンの社会システム理論において、システムの持続はどのようにして担保されているのか。

1　再生産と構造

前述の如く、システムの要素はコミュニケーションという「出来事」として瞬間的に存在するにすぎない。ゆえに、「要素の持続」にもとづいてシステムの持続を問題にすることはできない。ルーマンは、システムの要素（コミュニケーション）の「再生産 Reproduktion」によってのみ図られるとする（Vgl. SS, S. 79. 邦訳七六頁）。すでに定義することなしにこの用語を用いているが、ここに言う「再生産」とは、一定のコミュニケーションが発して、同種のコミュニケーションが継続して産出されることである（Vgl. SS, S. 61f. 邦訳五五頁）。接続可能性の特定種類への限定こそが、システムに属するコミュニケーションのそうした再生産を可能にするのが、社会システムの「構造」である。

構造概念は、再生産に絡めて言えば、コミュニケーションが後続するコミュニケーションに有意的に、つまりランダムにではなく接続されるということに関わっている。有意的な接続のためには、後続するコミュニケーションの接続可能性が、当該システムにおいて許容される範囲に限定されなければならない（Vgl. SS, S. 384. 邦訳五三〇頁）。接続可能性のほとんどすべてが排除されることによってはじめて、コミュニケーションの再生産にとって重要でありうる。有意的な接続は、このような選択的限定作用の成果である。要するに、システムの構造とは、コミュニケーションの再生産を選択的に方向づけし、後続するコミュニケーションが「混沌状態」に陥ることを防ぐものである。

2　予期としての構造

つぎに問題となるのは、そうした「選択的限定」を行うものはなにかである。ルーマンはこのような選択的限定は「予期 Erwartung」が行っているのだとする (Vgl. SS, S. 397. 邦訳五四七頁)。つまりこうである。ある人Xが相手方Yになんらかのはたらきかけをする場合には、Xはそれに対するYの反応にあらかじめ一定の予期を抱いている。その時点ですでに、XがYに行いうる選択肢は大きく限定されている。Xは限定された範囲内のはたらきかけをYに対して行う。これに対して、Yが予期に応じた反応をするときには、Xは自らの予期を実現し、それを前提としてYに再反応する。Yが予期に違背した反応をする場合には、Xは自らの予期を改める選択肢も、当初のXの予期によって限定されている。予期違背についての反応の選択肢も、当初のXの予期によって限定されている。予期違背への反応には、大きくわけて、Xが自らの予期を改める場合と (認知的予期)、改めずに貫き通す場合 (規範的予期) とがある (Vgl. SS, S. 436ff. 邦訳五九三頁以下)。いずれにしても、あらかじめ予期がはたらいているために、一定のはたらきかけに対してあらゆる反応が後続するということにはならない。

3　反復可能性の条件としての構造

社会システムのこのような構造は、時間の不可逆性に抗して、「可逆性」(反復可能性) をもたらす条件となる。すなわち構造は、コミュニケーションの接続可能性を特定のものへと限定することによって、反復的な接続可能性を提供する (Vgl. SS, S. 73f. 邦訳六九頁以下)。構造のおかげで、同種のコミュニケーションが反復されうる。もちろん、構造が予期から成る以上、予期 (=構造) 違背の可能性は排除できない。したがって、同種のコミュニケーションが必ず反復されるとは限らない。しかし、そのような限定がない場合に比べれば、はるかに反復可能性が高

まっている。

構造は、コミュニケーションの反復可能性を高めることで、システムの「不変性」を可能にしている。しかし、構造も予期から成るものである以上、それ自体変動することは否定できない(Vgl. SS, S. 470ff. 邦訳六三五頁以下)。後述するが、「認知的予期」であればもちろん、後続するコミュニケーションに対して、「規範的予期」でさえ、予期は状況に応じて変更されるからである。あるコミュニケーションが予期に反する形で繰り返し接続されるなら、システムの構造は変動する。それでもなお構造は、一瞬しか存在しえない要素に比べれば、かなり大きな持続性を保持している。そのような構造が要素の反復的な結合を可能にし、それによって状況適応能力を高度化している。構造による安定化機能も相対的なものでしかない。それゆえ、ここで問題となっている安定性はあくまで「静的安定性ではなく、動的安定性」(Vgl. SS, S. 79. 邦訳七六頁)である。

4　社会システムの自己構成

ここまで論じてきたところから明らかにされたことは、社会システムがどのようにして成立し、どのようにして複雑性に抗しつつ自己言及パラドックスに対処しているか、またそのようにしてあるシステムがいかなる性質の要素から成り、いかなる性質の構造を備えているかということだけである。いまだそのつど行われているシステムの自己同定メカニズムを詳細には解明していない。そこで本節の課題は、システムがどのようにして「自己

第一章　ルーマンの社会システム理論

1 システムの自己観察

　ルーマンは、システムの自己同定の作動を「自己観察」と呼ぶ。ルーマン独自の用法によれば、「観察 Beobachtung」とは「区別し unterscheiden 指示する bezeichnen こと」である。観察とは区別を設けること、その際に区別の一方の側を指示することである。自己観察も、こうした区別の作動として行われる。すなわち、「自己観察とは、システムのなかへ、システム／環境の区別を導き入れることである」（Vgl. SS, S. 63. 邦訳五七頁）。言い換えれば、自己観察とは、システム／環境の区別を用いて構成されているシステムのなかで自己を指示する自己言及的な作動のことである。問題は、そのメカニズムの詳細である。
　だれかが社会のなかで有意味なやり取りを行おうとする場合には、すでになんらかの「社会的観点」が前提とされている。というのも、コミュニケーションが有意味な連鎖を形成するためには、その接続可能性を限定すること が必要であり、そのために一定の「社会的観点」（予期）が手がかりにされる必要があるからである。たとえば、二者の間で「この土地は俺のものだ」「いやちがう私のだ」という言い争いが成立している場合であれば、彼らはその言い争いに対処するにあたって、多かれ少なかれ「所有権」なる権利が念頭に置かれている。そうでなければ、この言い争いは狂人の戯れにしかならないだろう。ところで当事者のこの態度選択を、当事者パースペクティブから、「社会的観点」の方を主語とする別のパースペクティブに置きかえて眺めなおしてみよう。すると その態度選択は、「社会的観点」（たとえば法的観点）が、やり取りの当事者を通じて、そこでまさに行われるところのコミュニケーションを自らに帰属させる（もしくは排除する）作動であるということになる。そうした「社会

的観点」が行う作動によって、コミュニケーション連鎖が有意味なまとまりを成す。このかぎりで、「社会的観点」は自らにコミュニケーションを帰属させる（もしくは排除する）ところのこの「主体」である。このようにして「社会的観点」によって整序された有意味なコミュニケーションのまとまりこそが、社会システムである。それゆえ、社会システムの自己観察は、現実の当事者の態度選択を介してなされるところの、システムによるコミュニケーションの自己帰属の作動であると理解される。

社会システムは、このような帰属の作動を繰り返し行うことによって、自己を環境との区別において同定し、自らの同一性を保持するのである。このように、自己観察は、一種の「構成的」作動である。社会システムは、未規定のコミュニケーションを自己に属するものとそうでないものに区別し、もってそれに規定性を与え、自らを構成するのである。このような「帰属メカニズム」を通じてコミュニケーションの接続可能性が確保されるのであり、社会システムは一つのまとまりの体を成すようになる。

2　自己観察と構造

システムの自己観察は、しばしばシステムの内部で反復的に記述され、システムの自己像が「自己記述 Selbstbeschreibung」という形で明確化される。その記述は単純化されたシステムの自己像である（Vgl. SS, S. 228f. 邦訳二六二頁）。さて、そうした自己像はシステムの「構造」としての性格を帯びる。このような自己像には様々な内容が読み込まれることになるが、多くの場合機能的に特定のコミュニケーションの接続にとって重要な役割を果たすようになる。システムの機能分化についての説明を若干先取りすることになるが、コミュニケーションの接続を容易にする媒体として、主要な社会システムは、機能分化にともない、真理や愛、貨幣や権力、法といった「シンボルによって一般化されたメディア」を発達させる(28)（Vgl. SS, S. 222. 邦訳二五四頁）。これらの媒体には「社会的

第一章　ルーマンの社会システム理論

観点」が化体されている。また、それらの社会システムは、コミュニケーションを容易ならしめるためのテーマのストックをも備えている。このストックをルーマンはゼマンティクと呼ぶ（Vgl. SS, S. 224. 邦訳二五七頁）。ゼマンティクも「社会的観点」を化体する媒介物と見てよい。いずれにしても、そうした媒介物の助けを借りて、システムはより多くのコミュニケーションを自己に属するものとそうでないものに区分し、自らの存続を確保しているのである。

このようなメカニズムを通じて、社会システムの「自己同一化」が可能となる。コミュニケーション連鎖は「有意味なまとまり」として存続し続けることができ、そうした「まとまり」は一定の実在性を備えるのである。

5　社会システムの機能分化

1　全体社会と部分システム

ルーマンのオートポイエシス的社会システム理論一般について解明すべき最後の論点は、「全体社会 Gesellschaft」と、そのなかで分化した「部分システム Teilsystem」との関係、および、そうした「部分システム」相互間の関係である。ここで唐突に「全体社会」と「部分システム」という概念が登場している。全体社会とは、さしあたり社会システムの最も包括的な概念であると理解してよい（Vgl. SS, S. 555. 邦訳七四三頁）。あらゆるコミュニケーションの総体が全体社会だからである。他方、部分システムとは、全体社会の内部で一定の社会的観点によって「特定化」されたコミュニケーションのまとまりのことである。たとえば法システムは、法的観点によって特定

2 部分システムの「分化」と「分出」

　では、部分システムはどのようにして生じてくるのか。部分システムは、全体社会のなかで、当該のシステムがそれぞれ固有の環境から自己を区別すること（システムの自己観察）によって生じてくる。これが「システム分化 Systemdifferenzierung」である。全体社会の内部でシステム／環境の区別が生じ、システムが自らの側を指示している場合には、すでにシステム内部でシステム分化が生じていると言える。そこでは、なんらかの特定化が行われているからである。「システム分化は、システム内部で〔下位の〕システム形成が繰り返されることにほかならない」（Vgl. SS, S. 37. 邦訳二七頁）。そうした特定化は、現代社会においては機能に関して行われる(30)（Vgl. SS, S. 261ff. 邦訳三〇一頁以下）。それぞれの部分システムは、機能に応じた構造（とりわけシンボルによって一般化されたメディア）を発達させる。法システム、経済システム、政治システム、科学システムといった、もろもろの部分システムは、このようなメディアに依拠した「機能分化 funktionale Differenzierung」によって成立するのである。

　部分システムは、分化によって、それぞれ固有の「境界」(31)をもつようになる。境界が形成されると、システムと

第一章　ルーマンの社会システム理論

環境とを結びつけている諸過程が中断される。つまり、境界が引かれることでシステムは自律化し、因果的連関は二つの部分に区分されることになる。二つの因果的連関は、境界を通していったん分離されたうえで、再度結びつけられる（Vgl. SS, S. 51ff. 邦訳四三頁以下）。注目すべき点は、この境界によって、システムのはたらきが増強されるということである。境界は、システム／環境の相互依存とシステム内部での相互依存を分離したり、関係づけたりすることで、システムの外部への対処能力を強化する。区別が明確化されることで、手の込んだ使い分けが可能となるからである。境界がシステムの外部への対処能力を強化するというこの事態を、ルーマンはシステムの「分出 Ausdifferenzierung」と呼んでいる（Vgl. SS, S. 54f. 邦訳四六頁）。これは、システムの自律性（閉鎖性）の強化によって、開放性が強化されているということを意味している。

3　閉鎖性による開放性の強化

システムの自律性の強化は、別の角度から見てもシステムの開放性を強化するものだと言える。分化したシステムは、多かれ少なかれ固有の自己を備えた「自己言及的システム」となる。自己を（環境を媒介にするとはいえ）自己のみに照らして同定する自己言及的システムは、固有の作動のレベルに限ってみるかぎり、閉鎖的システムである。こうしたシステムは自己において閉じられている。システムの「閉じた境界」は、自己言及的な自己構成（自己観察）の帰結である（自己言及的閉鎖性）。

自己言及的閉鎖性は、システムの作動に関して言えば、システムが「外部から距離をとることができる」ことによって、自らの固有の論理を自由に展開できるようになる。このことは、なんらかの品物（まだ商品としての規定さえ受けていない）を取引するに

35

あたって、あらゆる撹乱要素が介入してくる任意のやり取りを通じてまったくのゼロから価値内容を決めていくということと、すでに貨幣によって一定の価値内容を表示され、任意のやり取りの必要が大幅に縮減されている取引を取引する場合の能率の違いを考えてみればわかるだろう。ところで、閉鎖的なシステムも外部性を受けつけないわけではない。むしろ逆である。そうしたシステムは、自らの固有の論理への翻訳能力を強化することによって、外的事象をより多く処理できるようになる。外的事象も、そのうちのかなりのものが、システム固有の論理に翻訳可能である。たとえば法システムは、ある事業者の支払いが滞っているという経済的な状態を「破産」というように定義し、「破産手続の開始」という形で対処することができる。「自己言及的な作動様式の閉鎖性は、環境との考えられうるコンタクトを拡大するための一形式なのである」(Vgl. SS, S. 63. 邦訳五七頁)。このような形でもたらされる環境コンタクトの拡大は、システムによる複雑性処理の高度化の前提条件を成している。

4 相互浸透と構造的カップリング

分出した部分システムは、選択能力を強化された自らの境界を利用して、他のシステム(ここに言う「システム」には社会システムのほか、心理システムも含まれる)の内部の「構成された複雑性」を利用することができるようになる。部分システムが境界を用いて外部と距離を保つことで、直接には自他の区別を危うくするがゆえに取り扱い困難な、他のシステムのもつ「構成された複雑性」を、安全な形で用いうるようになるからである。ルーマンは、こうした形態の相互依存を「相互浸透 Inter-penetration」と呼んでいる。「相互浸透は、〔中略〕二つのシステムが、あらかじめ構成されている自らの複雑性を

その時々の他方のシステムに提供することを通じて、そうした二つのシステムがそれぞれ相手の可能条件になることによって成立する」(Vgl. SS, S. 290. 邦訳三三六頁)。相互浸透は、システム相互の距離を置いた結びつきゆえ、いずれのシステムの自律的作動も損なうものではない。

相互浸透を前提として、システム相互が相手の構造を利用して一時的に結合すること、つまり「構造的カップリング strukturelle Kopplung」が可能になる(Vgl. SS, S. 298f. 邦訳三四七以下)。先に述べたとおり、システムは自己を再生産する際に、つねに構造を選択し状況に適応するよう強いられている。相互浸透のもとでは、(全体社会の)部分システムと部分システムとの間の、また社会システムと心理システムとの間の共存が強く求められる。それゆえ、それぞれのシステムが相手のシステムの可能条件になっているからである。それぞれのシステムに対して、構造を選択し状況に適応することへの要請が、強くはたらいている。システム同士が相互に相手のシステムの構造に適応していてはじめて、それぞれの相手のシステムの構造に適応させる。システムは、こうした構造選択・状況適応の要請ゆえに、自らの構造を分化・発展させて、それぞれの相手の構造に適応させる。それぞれのシステムは相手のシステム構造を時宜に応じて利用し、複雑性への自らの対処能力を高度化する(36)。

構造的カップリングが行われる場合にも、それぞれのシステム固有のオートポイエシス(要素の自己再生産)が損なわれるということはない。まず、構造が外部適応的に変化しても、システム自身が自己を構成する要素を規定し、再生産することに変わりはない。そうした構造を利用してシステム同士が一時的に結びついたとしても事情は同じである。構造的にカップリングしあうシステム同士が、要素の再生産のレベルでは互いに距離をとり区別を維持しながらも、相手の構造に自らの構造を噛み合うようにし、そのことを通じてお互いの結合を可能にしているからである。法的コミュニケーションと経済的コミュニケーションが、自らの構造を相手の作動の条件とし、それぞ

れ固有性を損なうことなく一時的に結びつきあうこと（「取引活動」）とはまさにこのことである）を考えてみるとよい。

構造的カップリングについて語りうるのは、あるシステムが環境のなかにある他のシステムの構造を、継続して前提にしている場合である (Vgl. RG, S. 441)。たとえば、法システムと経済システムとの双方において、貨幣が通用するということや、所有権が保障されているということが、継続的に前提とされていなければならない。そのように継続して前提とされるような構造は、カップリングされるシステム同士の接点として、特別な装置となる。後に扱うが、たとえば法システムと他のシステムとの構造的カップリングのための装置の例として、「憲法」「所有権と契約」「（主観的）権利」といったものが挙げられる (Vgl. RG, S. 443; GG, S. 781ff)。これらの装置は、他方のシステムが当該システムに及ぼす影響を選択的に制限するが、それと同時に、制限された範囲においては当該システムがそうした影響について、より敏感に反応できるようにする。これによって、それぞれのシステムは自己の作動を損なうことなく、他のシステムと頻繁に結びつくことができるのであり、他のシステムとの共同作業を通じて、きわめて大きな複雑性に対処しうるようになる。構造的カップリングのメカニズムを通じて、現代社会の諸システムは、それぞれの自律的な作動を損なうことなく、その他の多くのシステムとの共同作業によって、複雑性の処理能力を大きく向上させている。構造的カップリングは、接触しあうそれぞれのシステムの相互依存・相互補完性を強化し、しかも同時にそれぞれのシステムにいっそう大きな自由度をもたらす。

話を本節の課題に戻そう。相互浸透、そして構造的カップリングを通じて、もろもろの部分システムされた、つまり独自の機能を備えた社会システムであると同時に、そうした機能を損なうことなく他の部分システム（もしくは心理システム）に依存結合し、現代社会に見られる高度の複雑性の処理にあたることになる。法、政治、経済や科学などの部分システムは、相互に連携しながら、全体社会のなかでそれぞれ特定の機能を担うことに

なる。全体社会は、部分システム相互（もしくは心理システムと）の構造的カップリングを通じて、もはや見渡しえないほどに複雑であるにもかかわらず、コミュニケーションの有意的なまとまりとして、安定した実在性を保つことができるのである。

6 小括

要するに、ルーマンの社会システム理論によれば、社会システムは瞬間瞬間の出来事であるコミュニケーションを要素とする統一体（ないしはその複合体）として構想されている。社会システム（ここでは「包括的な社会システム」を念頭に置いている）は、未規定のコミュニケーションを、そのつど自己に属するものとそうでないものに区別すること（自己観察）で規定的なものとし、自らを自己創出的に構成する統一体だとされる。その安定持続は、同種のコミュニケーションが再生産されることにほかならず、それを担保するのは予期から成る可変的な「構造」だけである。それゆえ、社会システムの安定性は動的安定性以外のものではない。

この統一体は、大きな複雑性に対処しながら、むしろそれを創造的に利用して、自己の同一性をダイナミックに保つものである。そうしたシステムは自己同定に際して直面せざるをえない「自己言及パラドックス」の表出を回避すべく、時間の不可逆性に自らの要素の再生産をゆだね、また自らの内部に非対称な下位区分を作り出す。このことは、社会システムのダイナミズムと「創発性 Emergenz」の基礎である。

包括的な社会システムは、「システム分化」を通じて、機能的に特定化された様々の部分システムを形成する。そして、社会システムは、コミュニケーションの総体である「全体社会」とその内部の「部分システム」とに分かれる。そ

こでは、個々の部分システムが形成する「システム境界」がとくに重要な役割を果たす。閉じられた境界によってシステムの対処能力が強化される（分出）。もろもろの部分システムは、境界を利用して、自らの自律的な作動を損なうことなく、（意識システムを含むところの）他のシステムの「構成された複雑性」に依存しあうのみならず（相互浸透）、構造を利用して相互に時宜に応じて結合することで、自らの対処しうる複雑性を増大させる（構造的カップリング）。

　　　　　　　　＊

冒頭で、社会理論に目下期待されているのは、一面で捕えどころのないまでの複雑さ、移ろいやすさ、他面で安定性と秩序という、現代社会のもつ両立しがたい二つの側面を丸抱えにして説明しうることだと述べた。ここまで見てきたかぎりで、ルーマンの「オートポイエシス的社会システム理論」は一応その基準を満たしているのではないかと思う。もっとも、その説明力の射程はまだ十分に測られてはいない。それは、個別の社会システムについてどれだけの説明力があるか、ということにかかってくるだろう。以下ではとくに「法システム」を素材としてその説明力を検証していく。

第二章　法システムの理論

前章において、ルーマンの法理論の全体像を解明する前提作業として、「オートポイエシス的社会システム理論」を一般的に概観した。そこでは、ルーマンの社会システム理論が、「複雑で不確実であるが、同時に安定している秩序をもたらす」という、現代社会のもつ両立しがたい側面を丸抱えにして説明できる、「優れた社会理論」であるということを示したつもりである。それでは、そうした社会システム理論を前提とする場合、法理論はどのようなものとなるのか。本章では、ルーマンの「法システム論」の一般的論点を素描し、「裁判」に関するさらに個別的な論点については、第II部において論ずることにしたい。

1　法システムの分出

1　一般的問題の特殊な現れ

すでに述べたとおり、法システムもまたコミュニケーションからなる一つの統一体、すなわち「社会システム」

とされる。そこで法システムにも、社会システム理論について一般的に述べられたことが基本的にあてはまる（Vgl. RG, S. 30）。すなわち、自己関係性に関する諸テーゼ、複雑性への対処の問題、システムの要素、構造に関わる問題、そしてシステムの自己構成のやり方など、包括的な社会システム一般に言えることが、基本的に法システムについてもあてはまる。

しかし、だからといって、社会システム一般について述べられた事柄がすべて、そのままの形で立ち現れてくるわけではない。法システムは、全体社会のなかの特定化された「部分システム」である（Vgl. RG, S. 33f）。すなわち法システムは、機能的に特定化され、他の社会的文脈とは異なる特性を備えるにいたっている。これにともなって、一般的な問題も法システムに「特殊」な現れ方をする。法システムは分出した部分システムである。まず、自己関係性に関する問題を本節で論じ、法システムの機能、構造特性、自己観察に関する特性については次節以降で検討する。

2　法システムの自律性

(a)　法規範としての自律性

オートポイエシス的社会システム理論との関係で、とくに法学の世界において「法は規範の体系であって事実とは異なる」という命題と結びつけて、繰り返し議論されてきた。法は法規範の体系であり、法規範において閉じられているテーマとは「法システムの自律性」である。このテーマは、法学の世界において関心を引くテーマから出発しよう。そのテーマとは（かりにこれを「規範テーゼ」としておく）というのである。

しかし、全体社会のなかで、法規範と事実を「実在的」に区別することはできない。容易にわかることだが、この区別は法システムの外部に対応物をもたない。かりに外部で同様の区別が問題になるとしても、それは法システ

第二章　法システムの理論

ムにおいて問題にされる場合と意味を異にしている。たとえば、もっぱら貨幣の支払いの有無にのみ関心をもつ「経済システム」のコミュニケーションにおいては、「法規範と事実の区別」など非問題である。また、当該の事柄が真理であるか否かをめぐってやり取りする「科学システム」においても同様である。

要するに、規範テーゼが問題にされうるのは、もっぱら法システムの内部においてである（Vgl. *RG*, S. 33）。このテーゼは、「法が法であることを規定するのは法である」という、「法システムの自己言及性」の別表現である（Vgl. *RG*, S. 15）。ここで明らかになるのは、規範テーゼが法システムのなかで描出される法システムの自己像（自己記述）以上のものではないということである。「法規範の自律性」をいくら強調したところで、法システムが全体社会のなかで「自律的」であることについてなんら語ることにならない。それは、法システム内在的な、ある種の「フィクション」に留まる。
(3)

全体社会における法の「法規範としての自律性」は、法システム内在的な、ある種の

(b)　法システムの機能的特定化と自律性

だからといって、規範テーゼが二次的意味しかもたないということにはならない。法を論ずるにあたって、それはあいかわらず看過できない。なぜなら、規範テーゼは法システムの「機能的特定化」の表現形式だからである。機能的特定化は、法システムが分出し、閉じられるための重要な条件である（Vgl. *RG*, S. 60）。規範テーゼは、法システムの機能的特定化に関わる「自己記述」としては、なお重要である。すぐあとで詳述するが、法システムは、決定を通じて予期を抗事実的に安定化させることで、全体社会の安定化に貢献する。予期をこのような仕方で安定化することが「規範的」なのである。そして、「規範は違背が生じても貫かれなければならない」という要請が少なくとも「建前」として成り立つ場合にはじめて、法システムはここに述べたような機能を全うす

第Ⅰ部　オートポイエシスの法理論

ることができる。

だが、そういうことであれば、全体社会のなかには法システムと同様の機能を担う「機能的等価物」が他にも存在する。たとえば、ある種の「道徳規範」は、人々の道義的非難を通じて同様の機能を担いうる。全体社会のなかに機能的等価物がいくつも存在するとしたら、法システムはその機能においては閉じられることはなく、自律的であるとは言えない。

(c) 法システムの作動上の閉鎖性

では、法システムはなにによって閉じられ、自律的となるのか。ルーマンによれば、法システムは、法的な作動 Operation（つまり法的コミュニケーションの再生産）を継続することで、「作動のうえで」閉鎖的となる（Vgl. RG, S. 57）。もって、法システムは自律化する。そうした「法的な」作動を特徴づけるのは、「法 Recht／不法 Unrecht」の二分コードである。当該のやり取りの基礎に「これは私の権利だ／いやちがう」とか、「おまえのやっていることは違法だ／いやちがう」というような対立的観点が介在していてはじめて、それは法的コミュニケーションと言える。ここにおいて法システムは分出し、閉じられることになる（Vgl. RG, S. 60f.）。

法システムは、特殊な二分コードに依拠したコミュニケーションから自らを構成することによって、「システム境界」を作り上げ、他の社会的文脈から距離をとることができるようになる。法システムは、法／不法の二分コードに乗らない要素は、さしあたり外部性として「見えない部分」へと排除する。だからこそ、システムが「見える部分」において閉じられるのである。こうした仕方で、法システムは、外部性による撹乱を受けることなしに、固有の複雑性を「手の込んだ形で」組み立てることができるようになり、大量かつ迅速な問題処理ができるようになる。

「システム境界」を作り出すメリットはこれに留まらない。さらに、これによって、法システムは他のシステム

44

第二章　法システムの理論

と構造的にカップリングすることができるようになる。つまり、カップリングする相手の構造を利用して、自らの複雑性への対処能力を大きく向上させることができる。区別を明確にしない場合には、法システムが他のシステムと不用意に接触することは、自らの作動に混乱をもたらし、問題処理を滞らせる結果にもなりかねない。しかし、たとえば「契約」のような、特殊な「装置」を前提とした法システムが経済システムと連携する場合には、それぞれの構造を用いて法システムが経済システムと連携する能力を生み出すことができる。すなわち、契約を用いることで、経済システムにおいては、長期の支払いと短期の支払いとを組み合わせて、より複雑で手の込んだ投資活動が可能になる一方で、法システムにおいては、定型的で大量の債権債務関係が生み出され、盛んにやり取りされることになる。

3　法システムの自己言及の特殊性

さて、「法が法であることを規定するのは法である」という、「法システムの自己言及性」について述べた。この自己言及性は、法システムが法／不法の二分コードに依拠したコミュニケーションから組成されることによって、特有の現れ方をする。

法／不法の二分コードに依拠することによって、法的なやり取りは「私が権利者だ／いやちがう」「おまえのやったことは違法だ／ちがう」といった対立関係として構成される。法は、そうした対立関係について、拘束的に確定することを期待される。しかし、法／不法の二分コードは「法は法であり、不法は不法である」という語反復的に述べるだけである。法と不法の内容についてはなにも規定しない。そこで、同一の事象が法であることも不法であることもありうる。法／不法の区別はなんでも包含しうるのであり、本来的にはなにも排除しない。かりになにかを排除しているとすれば、どこかに「ごまかし」がある。少なくとも、そのような排除には根拠がない。

45

第Ⅰ部　オートポイエシスの法理論

この無根拠性は、とりわけ「法的決定」との関連で問題化してくる。なぜなら、決定はなにかを排除することによって成り立つのであり、そうした排除の際に根拠を示すことを求められるからである。そして、そこに「根拠がない」とすれば、当該決定は（決定不能の）パラドックスに陥る。法システムは、このパラドックスを様々な方法で「脱パラドックス化」する。まず根拠は「捏造」される。根拠の捏造は、決定を「可能化」するばかりではない。それは法システムの「決定能力」を大きく拡大しさえする。法システムが、あたかも社会で生じてくるあらゆる問題について決定でもって対応できるかのようにである。より詳しくは後述する（第四章第2節）。

2　法システムの機能

1　全体社会の時間問題への対処

ルーマンによれば、全体社会のなかの部分システムは機能的に「特定化」されている。それでは、法システムは、全体社会において、いかなる機能を担うのであろうか。

先にも少しふれたが、ルーマンは、法システムが関わるのは全体社会の時間問題であるとする (Vgl. *RG*, S. 125)。なるほど、人々のやり取りを時間的に拡張させるためには、行動に関する予期を時間的に拘束するというやり方は効果的である。そうすれば、時間的に間を置いたやり取りが可能になるからである。しかし、未来は不確実である。そこで、予期を時間的に拘束し持続させる場合には、この未来の不確実性ゆえに、つねに「予期はずれ」という時間問題が生じてくる。法コミュニケーションの接続は偶発的なのであり、「未来の不確実性」は避けようがない。

46

第二章　法システムの理論

システムはこの「予期はずれ」の問題を処理するのである。一方で、予期を時間的に拘束するためには、人々が様々の偶発事態に抗して予期に依拠し続けることが必要である。しかし他方、そうした予期は「実在的な対応物」をもつわけではない。人々は予期にもとづいて行動する場合もあるが、予期に反して行動することもある。人々の行動は偶発的なのであり、自然現象のようにはいかない。だから「実在的な対応物」によって予期を安定させることはできない。むしろ、予期の時間拘束のためには、なんらかのメカニズムを通じて、随時生じてくる違背に耐えさせなければならない（Vgl. RG, S. 129）。そしてそのためには、予期が貫徹されるであろうという「見込み」が、人々に対して与えられ続けなければならない。

「予期の貫徹の見込み」は、さしあたり「決定」によってもたらされる。つまり、違背に対して決定がなされ、サンクションが加えられるということによってである（Vgl. RG, S. 135）。もっとも、それは当該予期が実現されることについての「現実の保証」である必要はない。そんなものは望めるはずもない。望めるのは、せいぜい同種の事案について先例が確立されていて同様の決定が期待できるなど、「シンボリックな見込み」でしかない。とはいえ、それでもかなりの効果はあろう。未来は不確実であり、不可視である。そこで、そうした「見込み」を当てにすれば、人々は、なんの前提もないところから出発するときに必要とされる膨大な時間と労力を大幅に削減できる。それゆえに、決定によってサンクションが加えられる場合には、大多数の人々が当該予期に依拠して行動することが期待できる。だから、貫徹の見込みは「現実的」なものである必要はなく、シンボリックなものであれば足りる（Vgl. RG, S. 129f.）。まさに、法システムの機能は、決定を通じて予期をシンボリックに安定化することにある。もって、全体社会の安定性は向上される。

2 規範的予期と認知的予期の区別

そのような仕方で抗事実的に安定化された予期を、ルーマンは「規範的予期」と呼ぶ。規範的予期は、予期はずれの場合にも抗事実的に貫徹されるとの見込みをともなっており、人々の行動に比較的安定した前提をもたらす。法(的予期)とは、全体社会のなかで規範的予期が「いつどこでだれに対しても同様に適用されうる」ように一般化されるにいたったもののことである。ここに言う「規範的予期」は重要な概念なので、少し踏み込んで検討しておこう。

規範的予期は、予期はずれの場合に変更されてしまう予期、つまり「認知的予期」の相関概念である (Vgl. RG, S. 134; SS, S. 436f. 邦訳五九三頁以下, RS, S. 42. 邦訳四九頁)。規範的予期と認知的予期を区別するメルクマールは、予期はずれの「事後処理の仕方」である。この区別はもっぱら予期はずれの処理についての様式に関する区別であって、内容に関する区別ではない。当該予期をどのような観点から眺めるかによって、規範的予期と認知的予期は相互に移行可能である。ある人にとって規範的に予期されている事態が、別の人にとって認知的に予期されるということは十分にありうることである。また、二つの予期の中間領域といったものも存在している。

そうだとすると、この区別は内容空虚な「あいまい定式」にすぎないかのように思えてくる。しかし、この区別について、なおつぎのような意義を否定できない。この区別は、なにゆえに行動についての人々の関心が規範的予期に集中されるのか、その理由を明らかにする。なるほど、ある行動が規範的に予期されるからといって、人々が当該予期どおり行動することが約束されるわけではない。しかし、全体社会は、規範的予期を認知的予期にしたがって行動する者を保護する。人々は、規範的予期に同調してよい。つまり、社会的な支援の点で、規範的予期に同調する方が、認知的予期に同調するよりも得るところが大きい。このメリットゆ

第二章　法システムの理論

しばしば「規範」的なものとして理解されるのは、それなりに理由がある。

3　「組織化された決定システム」と信頼

話をもとに戻そう。法システムの機能によって、人々は抗事実的に安定化された予期（法的予期）を前提として行動することができるようになる。人々は、どのような予期に関してなら社会的な支援を当てにしてよく、どのような予期に関してはそうではないのかということを知ることができる。少なくとも、大多数の人が依拠するであろう予期を知ることは可能である。人々が当該の予期を前提として行動する場合には、予期への「信頼」について語りうる。信頼は、人々がやり取りをするにあたって投入しなければならないコストを節約するのに役立つのであり、複雑性に対処するための重要なメカニズムである。[10]

もちろん、法（的予期）だけが規範的予期なのではない。言うまでもなく、「道徳規範」をはじめとして、法的性質をもたない無数の規範的予期が存在している (Vgl. RG, S. 136f.)。信頼はそうした他の規範的予期についても問題になりうる。しかし、法システムは、法的予期を全体社会においてシンボリックに貫徹するための「組織化された決定システム」（裁判[所]）を備えている (Vgl. RG, S. 144f.)。法的予期に違背する行動に対しては、組織化された決定システムによってサンクションが加えられる。他の規範的予期に対しては、同様の支援を期待することはできない。全体社会レベルで、大多数の人々が依拠することが期待されるのは、ほとんど法的予期に限られてくる。それゆえ、法的予期は他の規範的予期から際立った存在となるのであり、人々はとりわけ法的予期に関心を払

えに、多くの人々の関心は、こと社会行動に関するかぎり、規範的予期に集中される。他方、認知的予期には、そのような関心が集中されるわけではないために、予期を加工する自由が許容される。つまり「試行錯誤」を行ってよい。[9] このようなわけで、人々は社会行動に関しては規範的予期に関心を集中させるのであり、全体社会の構造が

49

っていればよいということになる。これによって人々の日常生活上の負担は大きく軽減される。法的予期への信頼の信頼によって、人々は、個人レベルや相互作用レベルにおける信頼メカニズムによってはもはや対処できないほどに複雑となった全体社会のなかで、どうにかやっていくことができるようになるのである(Vgl. *RG*, S. 132)。

4 法の遂行

(a) 機能と遂行の区別

法システムの機能を論ずる場合に、「行動制御 Verhaltenssteuerung」や「コンフリクトの解決 Konfliktlösung」という論点を無視することはできない。もっとも、ルーマンは、こうした論点を扱うために、「機能 Funktion」とは別の概念を導入するのが有益であるとする。機能は、法システムの固有性を標識づけるものである。これに対して、行動制御やコンフリクトの解決に関わる概念であり、法システムの「機能的等価物」をもっている。たとえば、経済における「競争」も、また政治における「影響力の行使」も、いずれも行動を制御できるし、コンフリクトの解決をもたらすこともできる。そのようなものを法システムの「機能」に含めるとすれば、機能によって法システムの特定性を表示することが困難になるばかりである(Vgl. *RG*, S. 135f.)。

そこで、ルーマンは、「法の機能」と「法の遂行 Leistung des Rechts」を区別し、行動制御やコンフリクトの解決といった問題は後者に属するとする[12]。

ここに「法の遂行」というのは、法システムが全体社会のなかの他の社会システム(相互作用システム、組織システム、部分システム)に対してもたらすはたらきのことである。法システムは、人々に対して行動のための前提をもたらす。そして、人々が法的予期を行動前提としてやり取りするということは、他の社会システムが自らを組

50

第二章　法システムの理論

成するコミュニケーションを整序する場合に、いわば「間接的前提」を成す。行動の制御やコンフリクトの解決は、こうした「間接的前提」を形成する一環として行われるのである。

(b) 法による行動制御

法的予期どおりの行動が実際になされることは、他の多くの社会システムにとって重要な関心事である。たとえば、ホテルのチェックアウトのときに代金支払義務が履行されること、交通ルールの円滑な作動が可能になる。とりわけ、他人を物理的暴力によって威嚇することがさし控えられることなどは、（部分的にではなく）一般的に欠けていれば、社会は大混乱に陥り、崩壊の危機に瀕することになろう。そうした法的予期の遵守が法的予期をシンボリックに貫徹することは、このかぎりで他の多くの社会システムのコミュニケーションを整序する一助となるのであり、他の社会システムに属するやり取りを「制御」すると言える (Vgl. RG, S. 157)。

しかしながら、法による行動制御は、法に対してなんら「優越的位置づけ」を与えるものではない。法は全体社会のすべてを規定し尽くすことはできない。いくら規定しようと努めたところで、他の社会システムや個人の心理システム固有の条件に立ち入らず、距離を保ちつつ自らの条件の範囲内で代わることはできない。むしろ、そうした他の領域に立ち入らず、距離を保ちつつ自らの条件の範囲内で「制御」を行うところに、法による行動制御の核心がある。このことの裏返しとして、法的予期が提示する一定の条件さえ満たせば、法はそれ以上要求することはない。残された余地は自由として残される (Vgl. RG, S. 158)。法的予期が提示する一定の条件さえ満たせば、法はそれ以上要求することはない。残された余地は自由として残される。そうした自由は、他の社会システム、あるいは各個人の心理システム固有のやり方で条件づけされうるのである。

(c) コンフリクトの解決

コンフリクト（紛争）の処理についても、法による行動制御について述べたのとほぼ同様のことがあてはまる[14]。

第Ⅰ部　オートポイエシスの法理論

全体社会のなかの他の社会システムにおいて、人々のやり取りがうまくいかなくなり、コンフリクトが発生した場合には、法システムが介入することが期待される。取引活動において支払いが滞ったり、職場での差別待遇が問題化したり、夫婦関係が破綻したりした場合には、法システムは法的予期を貫徹するという固有の機能をもってこれに対処することが求められる。

しかしながら、法システムは当該コンフリクトを無条件に解決するわけではない。法システムは「なまの姿」のコンフリクトに対処することはできない。法システムは法固有の条件にしたがって作動する。法固有の条件が他の社会システムの条件になり代わることはできない。そこで、法システムは、本来そうであったはずのコンフリクトを解決するのではなく、法的に構成した構築物としてのコンフリクトのみ解決する (Vgl. RG, S. 159)。したがって、日常のコンフリクトの深層構造やその動機はなんら顧みられず、また「だれがきっかけを作ったのか」という問題も考慮の対象とはならない。それゆえ、法的決定が「本来そうであったはずのコンフリクト」にいかなる影響を及ぼすかを、法によってコントロールすることは困難である。これに加えて、紛争の当事者が問題を法的解決にゆだねようとしない場合には、そこに法システムが介入することは許されない。法システムが真にコンフリクトを解決できる局面は想像以上にわずかである。コンフリクトの処理にあたっては、様々な機能的等価物をあわせて用いるのでなければ、なんら実効性はない。

52

3 コードとプログラム

1 不変性と適応性

(a) 適応の要請

先述のとおり、法システムは、予期をシンボリックに貫徹し、それを抗事実的に安定化させることをその機能としている。もって、全体社会の安定性の向上に寄与するのである。しかし、予期の抗事実的安定化（つまり固定化）を過度に貫徹すると、予期は状況への適応性を失いはじめる。それゆえ、予期を貫徹することが、社会の安定化どころか混乱をもたらすようになってしまうのである。人々がそれを行動前提とすることがなくなるおそれさえ出てくる。そうすると、法システムは、自らに属するコミュニケーションを再生産することができなくなりかねない。そこで、法システムは、自らの構造に「可変性」を組み込み、自らを全体社会の変化に適応させるメカニズムを備える必要がある。つまり、不変であると同時に可変的であるという、そのままでは矛盾してしまう要請に応えられねばならない。では、それはどのようにしてなされるのか。

(b) 法の構造の「二分コード化」

法システムの作動上の閉鎖性との関連で、法の「二分コード化」については、すでに若干説明した。今度はそれを「法の構造」という観点から掘り下げ、検討する。さて、人々のやり取りのレベルで見れば、法の規範的予期は、

満たされるか裏切られるかのどちらかである。もちろん、人々のやり取りの未来はオープンなのであり、実際には事態は様々な方向で進展していくだろう。しかし、もっぱら論理のレベルでそれを捉えれば、法の規範的予期はなお肯定されるか、否定されるかのどちらかである。このことに対応して、法の構造は二値的なものとしてコード化されて組み立てられるのである。これが「二分コード化 zweiwertige Codierung」である(Vgl. RG, S. 166)。

現実の二分コード化のプロセスは、そう単純なものではなかったはずである。その成立にはなんの必然性もない。それはきわめてありそうにないことだと言うほかない。かりに「二項対立関係」そのものは比較的に自然なものであるとしても、そこから第三項を排除するということは導き出せない。「あれかこれか」という過度に単純化された論理的思考の伝統を背景とするのでなければ、二分コード化の成立を説明することは困難である。しかし、二分コード化の成立を歴史的に探求するというのでなければ、それほど意味のある作業とは思われない。法的なやり取りが、実際に「これは私の権利だ/いやちがう」とか、「おまえのやっていることは違法だ/いやちがう」という二項対立関係を基礎に構成されるようになったという事実を確認しておけば足りる。二分コード化の成立プロセスについてはカッコに入れたまま話を進めよう。

(c) 法の構造の二重化

二分コード化によって、法的なやり取りは法と不法の「割り振り」をめぐって行われるようになる。もっとも、法の構造が「二分化」されたからといって、それが時間的に見ればコードは不変なままに留まる(Vgl. RG, S. 187)。法の構造に可変性・適応性を組み込みえない。しかしながら、法の二分コードそれ自体に、直接に可変性を組み込もうとすると、それが「合法」であるものを「不法」化し、また「不法」であるものそれぞれを「合法」化することを意味しうるがゆえに、そうした過程で「法と不法

第二章　法システムの理論

の同一」という破壊性の強い自己言及パラドックスを招きよせる（Vgl. *RG*, S. 188）。そうなっては法システムの自己再生産は滞ってしまう。「この出来事は不法だが合法だ」というのだから、法的コミュニケーションの円滑な接続は阻害され、大混乱が生ずるだろう。それゆえ、法システムは、自らのなかに可変性を組み込むに際して、そのようなパラドックスを回避するために、「手の込んだ」方法を用いなければならない。それでは、どのような方法を用いるのか。

ここで自己言及パラドックスを回避する最も有効な方法は、法／不法の二分コードを繰り返し「同語反復的」に参照するという操作に、「新たな区別」を投入することである。すなわち、法システムの構造を区別し、コードとプログラムへと二重化することである。ここに「プログラム」というのは、法と不法の価が正しく帰属されているのか、それともその帰属は誤っているのかを明らかにし、さらにその理由について示す付加的ゼマンティクであるが（Vgl. *RG*, S. 189f.）。法の構造の二重化によって、いまや法／不法の二分コードの配分は、コードそれ自体によって関係づけられることはない。そのかわりに、プログラムがコードの配分を関係づけする。

法システムは、コードではなく、プログラムを可変的なものとする。コードの側には不変性をゆだねる。コードは不変のまま留まり続けてよい。変化するのはプログラムである。法の構造は、法／不法の二分コードとしては不変である。しかし、その配分は可変的である。プログラムを変更すればよいのである。法システムは、これによって自己言及パラドックスに陥ることを回避しつつ、自らの構造に可変性を組み込む。立法手続によるにせよ、いわゆる裁判官の法創造 judge-made law によるにせよ、法プログラムは可変的である。ここにおいて法システムは、一面において一貫性・不変性を保ちながら、同時に他面において可変的となるのであり、その可変性において社会の変化に適応しうるようになるのである（Vgl. *RG*, S. 193f.）。

55

2 条件プログラムと目的プログラム

(a) 条件プログラム

ここで問題となっている法システムのプログラムは、すべて「条件プログラム Konditionalprogramme」であるとされる (Vgl. *RG*, S. 195)。条件プログラムとは、「Wenn／Dann」(もし～ならば……がもたらされるべし) という図式にしたがって、一定の原因を、一定の効果の発動要因（条件）として確定するプログラムのことを言う (Vgl. *RS*, S. 88, 227ff. 邦訳一〇〇頁、二五〇頁以下)。条件プログラムは、法システムが自らの「環境」に接続することを可能にする装置である。というのも、なまの出来事を直接に法的コミュニケーションに接続するのではなく、「当該の事態が法律要件（条件）を満たすか否か」というところに、間接的に取り扱うことができるからである。適法か、不適法かというやり取りがなされようとしているところに、唐突に「人殺しだ！」と叫んでみたところで意味はない。そのようなコミュニケーションを混乱させるだけである。当該「人殺し」が殺人罪（刑法第一九九条）の構成要件にあてはまるか否かを慎重に問いうる場合にはじめて、円滑な法的コミュニケーションが可能になる。法システムは、条件プログラムという定式を用いることで、規範的予期の貫徹という態度を保ちながら、同時に環境に対して開かれている。つまり「認知的」であることができる (Vgl. *RG*, S. 195f.)。

法システムにとってとりわけ大きなメリットとなるのは、条件プログラムのもとでは、「現在における条件の有無」のみ考慮すればよく、「未来の予見不可能な派生的結果」を考慮する負担が免除されるという点である (Vgl. *RG*, S. 197f.; *RS*, S. 231. 邦訳二五三頁)。その分、法システムは自らの作動の自由を得ることになる。つまり、法システムは、プログラムを相対的に安定したものとして保持しつつ、その条件（要件）に組み入れられる「事実」を

（b）目的プログラム

条件プログラムの対義的概念は、「目的プログラム Zweckprogramme」である。目的プログラムとは、一定目的（結果 Folgen）の実現に向けて、もろもろの行動を整序していくプログラムのことである (Vgl. *RS*, S. 88, 邦訳一〇〇頁)。このプログラムは、たとえば投資の決定や、行政当局によるプランニングなどに適している (Vgl. *RG*, S. 195)。目的プログラムを用いる場合には、「現時点における未来」と「未来における現時点」が分裂しているこ とからもたらされるリスクを現在において引き受けなければならない (Vgl. *RG*, S. 199)。現在から見るかぎり、未来はつねに不確実である。それゆえ、「未来における現在」は現在の時点で未来として想定されているものとは一致しないかもしれない。こうした不一致が生じさせる社会的リスクを引き受ける準備があるのであれば、目的プログラムの定式を用いて自らの態度を整序するということも可能である。たとえば、流動資金の積み立てなどによって、リスク・マネージメントの方法が比較的に確立されている投資活動の場合には、目的プログラムを用いることが積極的意味をもちうる。また、目的追求のための手段にも事欠いている法システムの場合にはそのような状態にはない。裁判官は社会的リスクを抗事実的に安定化すると言っても、未来がそれに適合することは決して保証されない (Vgl. *RG*, S. 379)。したがって、法が規範的予期を目的プログラムに定位することは、少なくとも著しい困難を抱え込むことを意味している。
もちろん、法システムが結果を参照することが一切ないということでは断じてない。法が「法律効果 Rechtsfol-gen」を考慮することは当然である。さらに、法的に見て生ずることが想定されるような結果についても考慮の範

囲に含まれよう。というのも、条件プログラムの形式によって定められるのは、法／不法をめぐる決定に際して、決定時点でまだ確定されていない未来の事態は「決め手にならない」ということだけだからである（Vgl. RG, S. 198）。逆に、「決め手にならない」というかぎりで、結果の考慮はなされうるし、実際になされている。そうした結果の考慮は、裁判官に要求される通常の判断能力と当該事態（および類似の事態）に関する常識にもとづいて行われる（Vgl. RG, S. 206f.）。そのような意味にまで結果を考慮せず、条件のみを問題にして決定を下すことなど許されない。

さらに、経験上、法のなかに目的プログラムがあるかのような決定プログラムも多々発見されるという反論がなされうる。しかし、そうした、見かけ上「目的プログラム」であるかのような決定プログラムも、「真正の」目的プログラムではない。なぜなら、その場合でも、なにが合法でありなにが不法であるかは、未来になってはじめて決せられるというわけではないからである(20)（Vgl. RG, S. 200）。法の決定枠組は基本的に目的プログラムではない。法の作動は、条件プログラムに依拠し、少なくとも予見不可能な未来の派生的結果から距離をとりうる場合にのみ、安泰でありうる。

4　法システムの自己観察

法システムの場合も、その自己同一性の再生産は、社会システム一般について言えるのと同様に、「自己観察」という構成的作動を通じて行われる。確認までに繰り返すが、ここに「観察」というのは、システムが自らの内部で、自己と非自己をそのつど区別し、自己を指示する作動である(21)。「自己観察」とは、システムが自らの内部で、区別を設け、その際に区別の一方の側を指示することである。

第二章　法システムの理論

1　観察パラドックス

(a)　観察の自己言及性

ここでいったん法システムから離れて、「観察の自己言及性」という論点について一般的に考えてみたい。観察は、当該観察自身を「直接に」は観察できない。というのも、それでは当該区別にその区別自体を直接に適用することになり、自己言及パラドックスに陥るからである（観察パラドックス）。たとえば、「真である／真でない」という区別によって、「真である／真でない」という当該区別を観察するとしよう。この場合に問題となるのは、「真である／真でない」という区別は「真である」のか、「真でない」のかである。そして、いずれの答えも許容されてしまう。他方を排除する理由はないからである。まさに自己言及パラドックスである。

では、観察パラドックスはどのようにすれば回避できるのか。ここで問題となっているのは、観察パラドックスの「脱パラドックス化」である。脱パラドックス化の方策としてさしあたり有効と考えられることは、観察という操作のなかに、当該観察とは区別された別の観察を組み込み、観察をループさせるというやり方である。先ほどの例で言えば、「真である／真でない」という区別に、「説得的である」のかという、別の観点にもとづく観察を接続するのである。このようにすれば、説得的でない」のかという、少なくとも当該観察に関しては、回避されることになる。

(b)　観察レベルの区別

そこで、自らを構成する区別にその区別を適用することになる自己観察は、観察をループさせることによって、はじめて可能になる。ところで、観察をループさせるということは、システムの自己観察について言えば、「観察

59

レベル」を区別することである。それは、たとえば「言明の真理値は真理性判断の審級において判断される」というように、一つのシステムのなかで「観察される観察」と「観察する観察」の「審級」（レベル）を区別することである。(26)

観察レベルはつぎのような仕方で区別できる。まず、事態を端的に観察するだけの直接的な観察レベル（ファースト・オーダー）である。ここでは、無自覚なままに当該区別が事態に適用される。観察パラドックスは、この「無自覚性」ゆえにのみ、背後に隠れている。他方、このレベルでは、まだシステムが閉じられることはない。なぜなら、当該区別が無自覚なまま用いられるために、その区別が当該システムを構成する別の区別に接続される可能性が開かれているからである。

つぎに、そのようなファースト・オーダーの観察を観察する観察レベル（セカンド・オーダー）が区別される。(27) このレベルでは、ファースト・オーダーの観察レベルでどのような区別が用いられているかについて、「自己言及に陥る」ことなく、自覚的に観察できるようになる。なぜなら、「観察される観察」と「観察する観察」とが同じであることがもたらす「自己言及」を回避できているからである。この結果、このレベルの観察では、当該の区別がきちんと接続されているかどうか、チェックできるようになる。ここにおいてはじめてシステムを構成する区別がシステムを構成する別の区別とは異なる別の区別に接続される可能性が開かれる。システムは閉じられうる。システムの「閉じ」に関わる操作が行われるという意味で、この観察レベルは、システムの自己観察にとって、とくに重要なレベルである。(28)

さらに理論上は、セカンド・オーダーの観察を観察するところの観察レベル（サード・オーダー）や、それより高次の観察レベルも区別されうる。そうした高次の観察レベルでは、当該システムの作動をさらに距離をとって眺めることができる。もっとも、社会システムにおいてそうした高次の観察レベルが用いられるのは例外的である。(29)

なお、こうした観察レベルの区別は、「観察する観察」と「観察される観察」の間に、ヒエラルヒー的な上下関

第Ⅰ部　オートポイエシスの法理論

60

第二章　法システムの理論

係をもたらすものではない。ある観察が「観察がいかに観察しているのか」を問う場合には、いつでもそのような観察レベルへの「移行」が生じる(30)。観察レベルの区別は観点相関的にのみ問題にでき、実体的に固定できるものではない。

2　法システムの自己観察の特色

(a) ファースト・オーダーの観察レベル

法システムの場合にも、観察パラドックスの問題は当然生じてくる。法システムの自己観察もまた、自己の内部で自己と非自己を区別し、自己を指示することだからである。

法システムは、法／不法の二分コードに依拠したコミュニケーションから組成される。そこで、法システムの自己観察は、法／不法という二つの値をめぐるコミュニケーション（たとえば真理をめぐるコミュニケーション）とを区別することによって行われる。

ところで、法的やり取りはふつう、人々の間で無自覚なままに展開される。「これは私の権利だ／いやちがう」とか、「おまえのやっていることは違法だ／いやちがう」といって争っている最中に、「はたしてこのやり取りは法的と言えるだろうか」と問われることはない。そんな余裕はないだろう。このように「余裕」のない、いわば「泥沼の争い」こそが、ファースト・オーダーの観察レベルでの典型的な法的やり取りである。

たしかに、このレベルでも、「法的なもの」と「法的ならざるもの」の間で、無自覚なまま取捨選択は行われている。したがって、端緒としてなら自己観察は行われていると言える。しかしなお、そこでは当該のコミュニケーションが法／不法をめぐるコミュニケーションにおいて閉じられているかどうか、確定できない。なぜなら、当該のコミュニケーションに、法的ならざるコミュニケーションが接続される可能性を排除することはできないから

61

である。

(b) セカンド・オーダーの観察レベル

当該のやり取りを法／不法という二つの値をめぐるコミュニケーションであると性格づけ、もっぱら法システムの作動として同定しうるためには、どのようにすればよいのか。ここでもまたセカンド・オーダーの観察レベルが特別な役割を果たす (Vgl. RG, S. 71)。

すなわちこうである。法システムの作動の同定（自己観察）は、「これは私の所有物だ／いやちがう」というやり取りが、たとえば「私の言っていることが真理だ／いやちがう」という別異のやり取りへと流されることなく、きちんと法的やり取りに接続されるかを確認することによって行われる。この確認に際しては、法システムの自己観察が観察パラドックスに陥ることのないように「観察する自己」と「観察される自己」が同じということになるからである。観察パラドックスを回避するためには、法システムが「泥沼の争い」（ファースト・オーダー）の観察レベルと「判断のコミュニケーション」（セカンド・オーダー）の観察レベルを区別し、後者のレベルを自己観察に用いうるようにすればよい。

これには二重のメリットがある。一つは、法システムが、自己観察に際して観察パラドックスを免れることができるということである。もう一つは、法システムの自己観察が「泥沼の争い」から一定の距離をとることができるということである。この「距離」によって、法システムは、「法律要件／法律効果」（条件プログラム）にもとづいて、慎重かつ冷静に、合法か不法かを判断することができるようになる。これによって、法システムは、観察パラドックスに陥ることなく、また「理性的」に自己の作動を同定できるようになる。かくして法システムは、セカンド・オーダーの観察レベルにおいて、自己自身を制御できるようになり、作動において閉じられる。

（c）法システムの自己観察の拠点

もっとも、セカンド・オーダーの観察レベルが法システムにもたらすものは、これだけに留まらない。そうした「制御可能性」を前提に、法システムの内部に、法的拘束力をもつ決定のための、より狭い領域（観察拠点）が成立することになる (Vgl. RG, S. 145)。つまり、「立法」と「裁判（所）」（ないし司法）である。立法は、決定にもとづいて法プログラムを定立し、また変更する。裁判（所）は、決定を通じて、法のコードとプログラムを全体社会レベルでシンボリックに貫徹する。いずれも「組織化された決定システム」を形成するのであり、法システムの自己観察の拠点として不可欠である。

実際上、法システムのなかには、立法と裁判のほかにも、様々の役割をもつ観察拠点が存在する。しかし、立法と裁判の二つがとくに重要な観察拠点であることは、沿革上言うまでもない。立法と裁判は、セカンド・オーダー全体社会の機能分化と連動した、法システムにおける「進化的成果」である。立法と裁判という観察拠点をより徹底させるための条件である。それは、法／不法の二分コードと、その配分を決するプログラムが、全体社会レベルで「一般的」に貫徹されるために不可欠である (Vgl. RG, S. 145)。法システムが「予期の抗事実的安定化」というその機能を十分しうるためには、法的コミュニケーションとそれ以外のコミュニケーションを、ただ区別できるというだけでは十分ではない。さらに、法／不法という値の配分関係について「一般的」に確認し、また適宜それを変更していくために欠くことができない。それゆえ、立法と裁判という観察拠点は、法システムの自己観察を完全なものとしていくために欠くことができない。

これに関連して、立法や裁判といった観察拠点の成立と並行して、法システムが「規範化の規範化」（手続の規範化）を進めてきたことには注目する必要がある。法システムは、法プログラムを操作する手順についても法プログラム化している (Vgl. RG, S. 145f.)。立法は憲法上の法制定手続にもとづいてのみ有効に行われる。裁判は、「民

第Ⅰ部　オートポイエシスの法理論

事訴訟法」や「刑事訴訟法」などの手続法にもとづいてのみ有効である。こうしたのは、観察拠点の内部において、「観察の対象となる法的作動」と「観察する法的作動」とが、明確に区別されることによってである。というのも、それによって法の作動のなかに観察パラドックスに陥ることなく法を投入できるようになるからである。こうして法システムは、自己の作動を自ら再帰的にコントロールできるようになる。法システムの操作はより手の込んだものとなり、法システムが事態に対処するにあたっての安全度は大きく向上するのである。

5　小括

本章の冒頭でも述べたように、法システムもまた「社会システム」の一つである。それゆえ、基本的には社会システム一般について述べたことがあてはまるであろう。問題の現れ方にいくつか重要な特徴があることは、本章においてこれまで述べてきたところから明らかであろう。確認までに、あらためて要点を整理しておこう。

法システムは、予期の抗事実的安定化という機能において特定化され、法/不法の二分コードを用いることで分出する。分出した法システムは、経済システムや政治システムのような他の社会システムから距離をとり、自律したやり取りの領域を確保する。法システムは、シンボリックに予期を貫徹するというその機能によって、人々に行動前提を提供し、もって全体社会の安定化に寄与する。

法システムは、法/不法の二分コードにもとづくコミュニケーションによって組成される。しかし、コードをただ同語反復的に繰り返すだけでは、状況の変化に適応することができない。「不変である」というあり方に、「状況

第二章　法システムの理論

適応的である」という矛盾するあり方を組み込まなければならない。そのためには、なんらかの「工夫」が必要である。ここで登場するのがコード自体とそれを配列する補助的ゼマンティク（プログラム）を区別するのである。法システムは、前者に「不変性」をゆだね、後者に「適応性」をゆだねる。法システムは、これによって法的予期のシンボリックな貫徹という自らの社会的機能（不変性）と状況適応性を両立させることに成功する。

法システムは、自己観察をセカンド・オーダーの観察レベルで行う。自己観察を、観察パラドックスに陥ることなく行いうるためである。これによって、法システムは自らの作動を制御できるようになるが、さらにこの制御可能性を前提として、立法や裁判といった固有の観察拠点を自らの内部に形成する。これによって法システムは自らの自律性を強化することができ、きわめて手の込んだ仕方で事態に対処できるようになる。私たちが社会のなかで「法というもの」を特別視することがあるとすれば、それは、法システムのこのような高度の対処能力によると思われるのである。

第Ⅱ部　裁判の法理論

第三章 法システムにおける裁判の位置

 前章で述べたが、「裁判（所）」は法のコードとプログラムを全体社会レベルでシンボリックに貫徹するという機能を担っている。この機能こそが規範的予期に「法」としての性質をもたらしている。その意味で、裁判（所）こそが法システムの「構造」を支えているのである。それゆえ、法システムは、裁判（所）がそうした機能を担いうるように、裁判（所）に特別の位置づけを与えている。したがって、法システムにおける裁判（所）の位置づけについての検討は避けて通れない。

 この点、本章で注目するのは、「法システムの自己記述」である。法システムの自己記述とは、言うなれば反省的に構成され、単純化された「法システムの自己像」である。それは、セカンド・オーダーの観察レベルで構成され、さらに理論化されて（広義の）「法理論」の形をとる (Vgl. RG, S. 498; SS, S. 621. 邦訳八三六頁)。ここでは、そのような「法理論」を手がかりに、法システムが「裁判（所）の位置づけ」について、なにを「見える」ようにし、なにを「見えなく」しようとしているのか明らかにしようと思う。以下では、ルーマンの述べるところにしたがって、「立法と裁判のヒエラルヒー」という伝統的定式を検討するところから出発し、法システムの中心的観察拠点としての裁判（所）の機能へと問いを進める。[1]

1　立法と裁判のヒエラルヒー

1　非対称性の導入

法システムにおける裁判（所）の位置づけを検討していくに際して、まず手がかりとして与えられるのは、「立法と裁判の区別 Unterscheidung von Gesetzgebung und Rechtsprechung」である。この区別は、法システムの全体社会レベルでの分出に連動して登場してきた区別であり、法システムの自己記述のなかで際立っている（Vgl. *RG*, S. 299）。近代的な法理論は、ほぼ例外なく、なんらかの仕方でこの区別を用いており、その意味で、この区別は「近代法制度」を構成する「基本的区別」と言ってよい。

立法と裁判の区別を考えるにあたって、その「根源」に遡ることはしない。そのかわりに、法の作動の「論理学的根源」に遡る。法システムの自己観察は、法的やり取りが法のコードとプログラムに依拠して行われているかどうかをチェックし、必要あればそれをシンボリックに貫徹する。「法システムの自己観察」である。法システムの自己観察は、法的やり取りが法のコードとプログラムに依拠して行われているかどうかをチェックし、必要あればそれをシンボリックに貫徹する。

そうしたチェックは、法プログラムを時間を超えて貫くばかりでなく、状況適応的に変更するという機能をも、同時に担っている。いずれの機能も、まさに法システムの自己観察によって実現されるのであり、本来的には一つである。なるほど歴史上、立法と裁判のいずれもが「裁判権 iurisdictio」の二つのヴァリアントと見られ、一元的に政治権力によって握られていたとされるが、このことは示唆的である（Vgl. *RG*, S. 300）。

第三章　法システムにおける裁判の位置

しかし、そうだとすると、「判断者が判断基準をも定めてしまう」ゆえに、観察パラドックスを回避できない。そこで、「基準定立者」(立法)と「基準適用者」(裁判)とを区別し、法システムの自己観察のなかに、(セカンド・オーダーの観察レベルにおける)法システムの自己観察に組み込まれた「最初の区別」である。この区別は、法システムの自己観察に、つぎのような仕方で非対称性を組み込む。「法を定立し変更するのは立法(所)である。他方、法を適用するのは裁判(所)はもっぱら法適用に徹しなければならない。立法と裁判のいずれの側からも非対称性を用いることが可能だからである。これでは容易に観察パラドックスが表面化しかねない。「基準定立者」と「基準適用者」が同一視されてしまえば、もとの木阿弥である。

2　非対称性の強化

二つの観察(拠点)の非対称性を強化するための方策として、かつて立法と裁判のヒエラルヒーもうと試みられた。「立法と裁判のヒエラルヒー」という、大陸法系の憲法理論にはなじみのある定式の登場である(Vgl. RG, S. 302)。この定式は、「立法は法律を通じて裁判に対し命令を与え、裁判はその命令に拘束されるのであり、裁判が行いうるのはもっぱら法律の執行だけである」とするものである。これによれば、法システムにおける裁判は、立法に対して「従属的位置」に置かれることになる。

この定式を用いることで期待されるのは、観察パラドックスをより遠くに追い払うことである。この定式は、二

71

第Ⅱ部　裁判の法理論

つの観察拠点の間の「性質の違い」を際立たせ、明瞭化する。「基準定立者」が上位で、「基準適用者」が下位といたり法システムの自己観察において、観察パラドックスが表出することはなくなる。だから、観察パラドックスをより遠くへと追い払う結果になる。

しかし、この定式は所詮、「実在的対応物」をもつものではない。あくまで、観察拠点の非対称性を強化するための概念装置、換言すれば「補助的ゼマンティク」以上のものではない。それは、法システムの「自己記述」のなかにのみリアリティーをもつ。そうした自己記述は、法システムの再生産をゆるやかに方向づけするものの、それを拘束してしまうことはできない。

3　ヒエラルヒー定式の限界

自己記述を取り払って実態を見る場合、両者の関係はどのようであるのか。たしかに、立法は裁判の変更の原因を作る。立法が法プログラムに変更を加えた場合、裁判もこれにもとづいて多かれ少なかれ自らの態度を変更せざるをえない。裁判が法律にもとづいて行われているということは、もちろん否定できない。

しかしながら、裁判も立法の変更の原因を作ることができる。裁判は法規の解釈について固有の裁量権をもつ。解釈という権能が与えられているかぎり、裁判が一方的に立法に拘束されるということはない。多くの法規が用意されていればいるほど、解釈の幅が広がりさえする。法規の拘束をかいくぐることなど、さほど困難なことではない。他方で、なんらかの事件が頻発する場合に、裁判所が立法にとって、それらの「相互関連性」を理由に、法解釈にとって、あえて特定の解釈論をとり続けるということがしばしば見られる。とりわけ「法の欠缺[7]」が語られる意味を込めて、法解釈を促す場合がそうである。その結果として、立法はしばしば、裁判によって態度の変更を強いられる。そもそ

72

第三章　法システムにおける裁判の位置

も、立法が裁判の動向と無関係に自らの態度を貫徹できるはずなどない (Vgl. *RG*, S. 303)。

このように、立法と裁判のいずれもがもう一方の変更の原因を作りうる以上、両者の「指示関係」は、一種の「サイバネティックな循環関係」にあるというべきである。裁判官は、立法者がなにを意図し世界をどのように観察しているか知ろうと努めなければならないが、しかし他方で、立法者もまた、裁判所において事案がいかなる形式において申し立てられ、検討の対象にされ、処理されるのか観念しうるのでなければならない (Vgl. *RG*, S. 302)。このようなことが、時代とともに、しだいに明らかにされていく。いくら「見えなく」しようとしても、これを見えなくすることはできなくなる。「立法と裁判のヒエラルヒー」を用いた非対称性の強化策は、社会的支持を失っていく。

さらに、これに輪をかける事態が同時進行する。法を生み出す拠点の多様化である。いまやこの事態は明らかである。立法に由来する法も、契約に由来する法も、裁判に由来する法も、そして行政に由来する法も、法システムにおいて、同様の性質のものとして「妥当」している (Vgl. *RG*, S. 324f.)。そしてだれもがそれを、当然のこととして受け入れている。それゆえ、法創出に関して立法に特別の優越的位置を割り当てるという方策は、もはやそれほど意味を成さなくなってしまう。そこで、法システムにおける裁判（所）の位置づけに関し、「立法と裁判のヒエラルヒー」という不十分な定式を乗り越えるため、さらに別の定式が模索されることになる。

73

第Ⅱ部　裁判の法理論

2　司法拒絶の禁止

1　非対称性の新たな強化策

ヒエラルヒー定式が、法システムの観察拠点の非対称性を強化する方策としてもはや社会的支持を失っている以上、「立法は法律を通じて裁判に対し命令を与え、裁判はその命令に拘束される」という仕方で、二つの観察拠点の非対称性を確保することはできない。そうなってくると、法システムの自己観察にともなう観察パラドックスを「不可視化」するために、非対称性の新たな強化策をどうするかが課題となる。ルーマンは、そうした方策を考えていくための手がかりとして、「司法拒絶の禁止 Verbot der Justizverweigerung」(Vgl. *RG*, S. 310) を挙げる。

司法拒絶の禁止とは、「裁判所に対して適法な訴えがなされた場合には、裁判所はこれに応ずることを拒むことができない」という原則のことである。この禁止は、「拒否することの禁止」であり、法システムが紛争当事者の法的救済のために設ける自己強制である。近代的な司法制度を設けている諸国であれば、例外なくこれを建前としている。この禁止は、法システムがあらゆる法的事案について、決定をもって対処することができるという「宣言」である。法システムが一般的に妥当し、全体社会レベルで決定能力を保持しうるためには、なんらかの「制度的配慮」が必要である (Vgl. *RG*, S. 313)。この宣言は、法システムがそうした制度的配慮はできていると胸を張ってみせているに等しい。

もちろん、司法拒絶の禁止もまた、法システムの自己記述に書き込まれた、一つの「建前」以上のものではない。[9]

[8]

74

第三章 法システムにおける裁判の位置

しかし、この禁止が裁判のみに課され、立法には課されていないということは、二つの観察拠点の間で非対称性を際立たせるための手がかりには十分なりそうである。

2 法システムの包括性がもたらす困難

ここで、裁判（所）という観察拠点が抱えている困難について確認しておこう。法システムは、全体社会の「部分システム」である。とはいえ、その「部分」という意味は「領域的」に理解されてはならない。法システムは、その妥当範囲が全体社会の全領域に及ぶ「包括的社会システム」である。

この「包括性」ゆえに、法システムは、「法的」処理になじまない事柄、つまり、法／不法のコードとプログラムを用い、必要とあれば決定によって対処するというやり方が困難であるような事柄をも、そのなかに含んでいる。普段はそれが問題化されないだけである。だが、裁判がそうした事柄に対して、決定の形で介入しなければならない場合もしばしば生じてくる。

裁判（所）にのぼってくる事案は、訴えが提起されるにあたって「事件構成」されるために、外観上ほぼ例外なく「権利義務の争い」の姿をとる。それは一見、「法的」処理に適するかのように見える。しかし、そうした紛争であっても、一皮めくってその「なまの姿」を見れば、多くは法的処理に適しないところを含む。たとえば、一見株式会社の支配権をめぐる「ビジネスライクな法的紛争」であっても、実際には親子きょうだいの愛憎に関する「家族紛争」であったりする。後者のような「社会的実体としての紛争」と法的処理の間には、埋め合わせようもなく大きな乖離がある。そして、「社会的実体としての紛争」への配慮を欠いた、いわば「短絡した」法的処理を行えば、かえって問題を紛糾させてしまうことさえある。

そうした乖離を生ずる事案は「例外的」なものにすぎないと見る向きもあろう。しかしそうではない。実のとこ

75

第Ⅱ部　裁判の法理論

ろ、裁判（所）に持ち込まれてくるほとんどすべての事案が、程度の差こそあれそのような事案であると言った方が正しいのである。

3　決定パラドックスの脱パラドックス化

次章で詳しく論ずるが、そもそも「決定する」ということ自体、一つのパラドックス（決定パラドックス）である。決定はなにかを排除することによって成り立つが、そうした排除を裏づけるものはなにもない。それは本来いつでも覆されうる。そこで、決定は「脱パラドックス化」（裏づけの捏造）によってはじめて「可能になる」と言いうる。

だがしかし、「社会的実体としての紛争」と法的処理の間にある乖離は、脱パラドックス化のために要する裁判（所）の負担を激増させる。裁判（所）が、持ち込まれてきた事案に対して不用意に「法的」介入を行うことは禁物である。「社会的実体としての紛争」は、わずかのきっかけで、偶発的にどのような方向にでも流動する。それは、法的決定の意図しない方向に、いくらでも流れていく。こうした事態に陥れば、裁判（所）は自らの非力さ、決定能力のなさをあらわにしてしまう。かりにそうした「失態」が続けば、裁判（所）が観察拠点として担っている、「法のコードとプログラムを全体社会レベルでシンボリックに貫徹する」という機能に対する人々の信頼は急速に失われてしまうだろう。法システムは、社会的支持を失い、その妥当の基礎を危うくすることにもなりかねない。では、そのような事態を回避しつつ、決定パラドックスを脱パラドックス化するには、なにが必要なのか。

4　法システムの一般的な妥当の条件

法システムにとっては、自らの機能に対する「システム信頼」を確保することが、まず先決問題である。そうで

第三章　法システムにおける裁判の位置

あってはじめて、法システムは自らの一般的な妥当基礎を安定化することができるからである。そこで必要となってくるのが「裁判（所）はなんでも決定できる」という外観である。

先述したように、司法拒絶の禁止は、法システムがあらゆる法的決定によって対処するという「宣言」である。つまり「裁判（所）はなんでも決定できる」という宣言である。決定によって対処できない、まさにそのための条件である。この妥当基礎は、人々が問題にしないがゆえに継続している「虚像」にすぎない。しかし、たとえ虚像であっても、法はそれによって「自らを出発点とする閉じられた宇宙」となる (Vgl. RG, S. 317)。この宇宙は、法的な事柄において閉じられているにもかかわらず、法的に決しえないことをも含めてきわめて多くの事柄に開かれた「虚構の宇宙」である。

このようにして、法システムは、包括的な社会システムとして、一般的な妥当基礎を得る。司法拒絶の禁止は、まさにそのための条件である。この妥当基礎は、人々が問題にしないがゆえに継続している「虚像」にすぎない。しかし、たとえ虚像であっても、法はそれによって「自らを出発点とする閉じられた宇宙」となる (Vgl. RG, S. 317)。この宇宙は、法的な事柄において閉じられているにもかかわらず、法的に決しえないことをも含めてきわめて多くの事柄に開かれた「虚構の宇宙」である。

5　法ドグマの自由な展開

法システムの妥当基礎が単なる「虚像」であるといっても、それに対して補充的に裏づけを与える操作は、なお不可能ではない。法ドグマ（法の教義）はそのような裏づけとしての役割を十分果たしうる。「法教義学」は、膨

大な数の法規がどのような「相互連関性」のもとに解釈されるべきかについて、柔軟に対処できる方途を整えている。解釈を補完するための概念や法理は、周知のとおり数限りなく準備されている。

さて、司法拒絶の禁止は、そうした法ドグマの自由な展開を可能にする前提条件でもある。[10] 一見逆説的であるが、いわゆる「ハード・ケース hard case」(難件) を手がかりに考えてみよう (Vgl. RG, S. 314)。

ハード・ケースとは、決定に際して、論理的に正しい演繹方法を用いて、すでに確立された明確な法準則を解釈適用しても、一義的な決定を下せないような事案のことを言う。ハード・ケースにおいては、まさに「決定不可能なことを決定する」のだから、決定パラドックスが否応なく表面化してくる。論理的に見るかぎり、決定によってハード・ケースに対処することは不可能なはずである。この点について、[11] この場合「明白でないゆえ判定不能 non liquet」は排除できない。

しかし「決定の強制」が課されているために、裁判 (所) はその場合にもなお、決定を行なわなければならない。「決定を行わない」という態度選択は閉ざされている。このことは、ある種の「論理逆転」をもたらす。すなわち、そのために、決定を可能にするためなら、裁判 (所) は法ドグマをどのように展開して用いてもよいというようにである。そのために、ほとんど恣意的と言ってよいような「カズイスティク」の展開が、正当視される。[13] たとえば裁判 (所) は、当該ハード・ケースに「法の欠缺」を見い出し、現行法規とは無関係な論理を持ち込むことによって、もっともらしい決定を下すことができる (Vgl. RG, S. 315)。その際、たとえば「法的良心」などという、法的であるかどうか疑わしいものが「法的根拠」として用いられたりする。しかし、そのようなことは問題にされない。当該根拠が「法的」範疇に含まれるかどうかを問えば、いくらでも疑問が生じてこよう。しかし、そのようなことは問題にされない。それは、法ドグマの「もっともらしさ」の外観のもと

78

第三章　法システムにおける裁判の位置

3　中心と周辺

1　新たな非対称性定式

　繰り返すが、司法拒絶の禁止は、裁判（所）に対して「最終的に法的なものを画定しうる位置」をもたらす。法システムは、裁判（所）なる審級をもって閉じられる。このことは、裁判（所）という観察拠点に対して、法システムの他の諸領域とは異なる、特別の位置づけを与える。それゆえ、司法拒絶の禁止を基軸として、立法と裁判という二つの観察拠点の間の非対称性を強化することは、かなり有望な方策だと言ってよい。

　に、封印されたまま放置される。この結果、裁判（所）が「法である」ということにした事柄は、それが問題化されないかぎり（滅多なことでは問題化されることはない）、「法」として扱われる。

　このようにして裁判（所）は、ほとんどありとあらゆることに、法ドグマを用いてどうにか対処できると豪語できるところまでたどり着く。このことによって、裁判（所）は、「最終的に決定できる」という宣言は、あながち「虚言」ではなくなってくる。このことによって、裁判（所）は、「最終的に法的なものを画定しうる位置」に立つにいたる。この位置は、法システムが分出を達成し、機能的に特定化された自律的な社会システムであることの条件となる。というのも、そうであってはじめて、法的な事柄についての「それ以上遡ることのできない審級」が確保されるからである。そうだとすれば、裁判（所）に与えられたこの位置を用いて、立法と裁判という二つの観察拠点の間の非対称性を、ヒエラルヒー定式とは別様な仕方で強化できないのか。

それはつぎのような仕方で行われる。法システムは、司法拒絶の禁止を課されている結果「最終的に法的なものを画定しうる位置」に立つ裁判（所）と、それ以外の領域とに区分される。立法は、後者の領域のなかでの一つの拠点となる。立法は、後者の領域のなかでは相対的に優位な位置に立つが、だからといって「絶対優位」の位置には立たない。このことは、いまや明らかに行政や契約、そして裁判さえもが法創出に関わっているという人々の現状認識に対応している。

裁判（所）は、法システムの閉じに関する操作を行う。裁判（所）は、法システム自らが課した「決定強制」にもとづいて、提起されてくるあらゆる訴えに法的決定によって応じなければならない。これに対して、裁判（所）以外の領域では、外部との接触のなかで時宜に応じて法を創出し、法システムの作動を豊穣化することが期待される。

2　中心と周辺の分化

このようにして、立法と裁判という二つの観察拠点の間の非対称性が、司法拒絶の禁止を基軸として、別様な仕方で作り出され、強化される。この定式を、ルーマンは「中心と周辺の分化 Differenzierung von Zentrum und Peripherie」(Vgl. RG, S. 321) と呼ぶ。この分化は、法システムの内部分化として記述される。近代的な司法制度を具備し、司法拒絶の禁止を設けている諸国の法制は、多かれ少なかれすでにこの定式に移行していると言いうる。

「中心と周辺の分化」定式について敷衍しておこう。これまで述べてきたことから容易に推測がつくだろうが、法システムの「中心」とは裁判（所）のことである。中心は、法／不法のコードとプログラムを用い、法的決定を下すことを強制される。それを拒否することは許されていない。だから、ここにおいて法システムの作動は閉じられることになる。「法のコードとプログラムを全体社会レベルでシンボリックに貫徹する」という法システムの基

第三章　法システムにおける裁判の位置

本的な機能は、中心が担うことになる。

これに対して、法システムの「周辺」とは、その操作に強制が課せられていない、立法や行政や契約などの領域のことである。(Vgl. *RG, ebenda*)。なるほど、立法府に立法が強制されるということはない。憲法上個別的に「立法義務」が定められることはあるが、包括的に立法が強制されることはない。いつどのような内容の法律を作るかは、原則的に立法裁量にゆだねられる。また、行政による命令や規則の定立も、必要に応じて任意に行われる。さらに契約の締結が強制されるということもあるが、締結自体は任意である。これは「契約自由の原則」の述べるところである。特定方式による契約が強制されることもあるが、締結自体は任意である。つまり、さしあたりは観察パラドックスが問題にならないということである。観察パラドックスを生じそうな場合には、後続する区別をすり替えればよい。

まさにそれゆえ、周辺は、政治や経済や家庭生活といった、様々の外部領域と法システムの接触領域として適している(Vgl. *RG, S. 322*)。周辺では、様々の社会的利益を持ち出すことができる。また、政治的影響力によってそうした利益を立法化していくことができる。たとえば、政党間の取り決めにもとづいて立法が行われ、あるいは市場の実状に合わせて法が運用され、企業の定めた約款が流通するのは、まさに周辺においてなのである。「法化 Verrechtlichung」現象は、周辺における、政治や経済の影響力による立法の氾濫と裏腹の関係にある。周辺は、法システムが外部の様々の領域と接触し、とりわけ「構造的カップリング」を通じて結合するための重要な領域である。周辺は法システムの「開放性」のための欠くことのできない条件を成すのであり、法システムの作動を豊穣化するうえで重要な役割を果たす。

81

3 これは「司法国家」観なのか

周辺における法システムの作動は、中心たる裁判（所）の高度の決定能力に依存している。裁判（所）が、決定を通じて「法のコードとプログラムを全体社会レベルでシンボリックに貫徹する」という機能を全うしてはじめて、人々は「法的なもの」とそうでないものを、確定的に区別できる。それによって、周辺における「外部領域との接触」が混乱に陥ることが回避される。人々は、明確化された「区別」を前提にして、法、経済、政治その他の手段を使い分けた、複合度の高いやり取りを行うことができる。だから、周辺は「中心に依存している」と言える。

しかし、「中心と周辺の分化」は、周辺を一方的に中心に依存させ、ヒエラルヒー定式を逆転させる定式ではない。それは、ランクづけでもなければ、全体社会における重要性の差異を定式化するものでもない (Vgl. RG, S. 323)。それは、立法中心の国家観を新たに「司法国家」観に置きかえるものではない。なぜなら、「中心もまた周辺に依存している」からである。

中心は、決定強制を課されているゆえ、多様な社会的利益に直接に振り回されているわけにはいかない。ただでさえ決定負担が大きいのに、さらに大きな決定負担を負うことになるからである。そんなことになれば、決定パラドックスの脱パラドックス化など、まったく不可能になるだろう。そこで中心は、外部領域と接触する負担のかなりの部分を、決定強制を受けることのない周辺にゆだねる。たとえば、「環境問題」のように、対処を必要とする新たな社会的問題が生じてきた場合には、まず政治的コンセンサスの形成が期待され、立法や行政がそれに対処するよう促される。他方、範囲が限られていれば、人々が契約を用いてその解（所）は、あえて否定的な判決を繰り返すこともある。

第三章　法システムにおける裁判の位置

決を図ってもよい (Vgl. RG, S. 322f.)。いずれにせよ、裁判（所）がこれに対して、直接に「法創出的」に決定を下すことは、できるかぎり回避される。これによって、中心は自らに課された「決定強制の負担」に「法創出的」にどうにか耐えうるようになる。もって中心は、少なくとも外観のうえでは、もっぱら法／不法のコードとプログラムを適用して問題を処理し、法的予期をシンボリックに貫徹するという役割を果たし続けることができる。

4　定式を置きかえる実質的理由

最後に、定式を置きかえる実質的理由について一言しておこう。「司法拒絶の禁止」を手がかりにして新たな「非対称性定式」を立てることが可能だというだけでは、あえて「中心と周辺の分化」定式を提唱する理由として不十分である。

ルーマンは、現代における「法創出連関の多元化」という法現象が、法システムの自己記述のなかに見い出されはじめているということに注目している。この定式は、なによりもまず、立法によって生み出される法の妥当と、契約や行政によって生み出される法の妥当を、同列的に取り扱う。さらに、それら相互のネットワーク化さえも視野のなかに入れることができる。とりわけ、この定式によって、「組織による法創出」というテーマに光を当てることができるということは重要である (Vgl. RG, S. 324f.)。

つまりこうである。現代社会において、組織は大規模化し、連合体として全体社会レベルに広がりをもつようになっている。そうした組織内部における、もしくは組織相互間に成立する大量的な関係は、契約の形態をとることによって、立法と同様に法的に妥当しうる。それは、全体社会レベルで一般的な拘束力をもちうる。その拘束力を単に「事実上の拘束力」と見るべきかどうかは難しい問題であろうが、法システムはそれを端的に「法である」と見なしはじめている。たとえば、銀行の連合体が定めた「銀行取引約定書」や「当座勘定規定」がそうである。裁

83

判（所）は、そのような契約を考慮して決定を下す。立法も、そのような契約と連携しうるように配慮しながら行われる。このような現象を無視して立法中心の定式を維持することは、もはや非現実的とさえ言えないだろうか。

4　小括

本章では、ルーマンの述べるところに依拠しつつ、「法システムの自己記述」（法理論）のなかに見られる裁判（所）の位置づけについて概観してきた。法システムが「裁判（所）の位置づけ」について、なにを「見える」ようにし、なにを「見えなく」しようとしているのかを明らかにしてきたつもりである。

そこでは、法システムの自己観察という、法の作動の「論理学的根源」に遡り、そこで発生する観察パラドックスをどのようにして回避するかをめぐって、「立法と裁判のヒエラルヒー」と「中心と周辺の分化」という、二つの観察拠点の間の「非対称性」をどのようにして作り出し強化するかが中心問題となった。その際、立法と裁判という二つの観察拠点の定式を検討してきた。そして、結論だけ言えば、「立法と裁判のヒエラルヒー」定式は不十分であり、「中心と周辺の分化」定式を採用することが望ましいというところにたどり着いたわけである。

「中心と周辺の分化」定式は、司法拒絶の禁止に着目することで、裁判（所）に「最終的に法的なものを画定しうる位置」を見い出し、その位置づけをもって非対称性を作り出すための手がかりにする。この位置（中心）に立つことで、裁判（所）は法システムの閉じに関わる操作を行うことができる。「法のコードとプログラムを全体社会レベルでシンボリックに貫徹する」という法システムの基本的機能は、中心である裁判（所）によって実現されることになる。もっとも、ありとあらゆることを引き受けていたのでは、中心における操作は破綻する。周辺にお

第三章　法システムにおける裁判の位置

いて、つまり立法や行政や契約によって、他の社会領域との接触の役割が担われ、中心の負担が軽減される必要がある。そうであってはじめて、中心は自律的に活動できるようになる。あくまで、中心と周辺は水平的な相互依存の関係にあり、いずれが上位の位置に立つというものではない。この定式は「司法国家」を目指すものではない。

第四章　決定作用の脱構築

1　端緒

1　問題の所在

ここまで、ルーマンの述べるところにしたがって、社会システム理論一般について概観し、また、法システムの理論とそのなかにおける裁判（所）の位置づけについて明らかにしてきた。この点、本章の検討にあたってとくに留意しておくべきことは、法システムの自己記述が、裁判（所）を法システムの「自己観察の中心拠点」としているということである。そこでの操作は、法システムに対していかなる可能性をもたらすのだろうか。

さて本章以下では、法システムの自己観察の中心拠点（裁判［所］）において行われている操作それ自体に分析のメスを入れる。本章の課題は、ルーマンの分析枠組を用いて、「法的決定 rechtliche Entscheidung」を「微視的」

第Ⅱ部　裁判の法理論

に検討し、もって私たちが日常漠然と念頭に置いている裁判についての見方を複合化し、「創造的批判」を可能にすることにある。

伝統的な一般論によれば、法的決定（ここでは「終局判決」を念頭に置いている）とは、第三者たる裁判官が、相争う当事者の主張の対立について法規に照らして黒白確定し、当該紛争に解決をもたらす作用とされる。人々は、いったん法的決定が行われれば、そのとおりの法律関係が確定されたと見なし、安心してそれを前提に社会関係を構築する。しかし、そこで「前提」とされているものは捏造されたものではないのか。法的決定について子細に見ていけば、この「一般論」のように容易に言い切ることができないのではないのか。少なくとも、それについてはかなりの留保をつける必要がある。

2　本章の分析の進め方

さて、本章の分析の進め方であるが、「決定作用」は、意味世界をいくつかの次元にわけて分析もそれに依拠して進めることにしよう。ルーマンは、意味世界を「事象次元 Sachdimension」「時間次元 Zeitdimension」「社会次元 Sozialdimension」という三つの次元にわけて検討することを勧める（Vgl. SS, S. 112ff. 邦訳一一六頁）。そこで、ここでの分析もそれに依拠して進めることにしよう。

ここで簡単に意味の三次元について述べておく。事象次元は、「意味 Sinn が指示する対象」の構造に関わっている。この次元は、「意味されるもの」が、「これ」と「これ以外のもの」とに二分されることによって構成される様相を見せる。時間次元は、「過去／（現在）／未来」という時間的分節化に関わっている。この次元は、「それ以前／それ以後」の差異が「過去／未来」という独自の地平に関係づけられることによって構成される（Vgl. SS, S. 114. 邦訳一一八頁）。この次元は、すべての出来事において端的に経験可能な（Vgl. SS, S. 116. 邦訳一二〇頁）。この次元は「いつ」を指示する次元

第四章　決定作用の脱構築

である。社会次元は、ある人（自我）が他の人々と「やり取り」する場合に、そのつど他の人々が「自らと同等」なもの、つまり「もう一人の自我 alter ego」（他我）として受け入れられているということに関わっている。この次元においては、自我と他我の「観察パースペクティブ」のズレが重要なのであり、それゆえにこそ人々の共通了解（コンセンサス）が問題になる (Vgl. SS, S. 119. 邦訳一二三頁)。

もちろん、実際にこれら三つの次元が切り離されて現れてくるわけではない。これらの次元の区別は、分析の出発点を提供するにすぎない。それらはいずれにせよ相互連関的に取り扱われる (Vgl. SS, S. 127. 邦訳一三三頁)。だが、それでもなお、この三つの次元を区分することで、法的決定（終局判決）の興味深い側面が明らかになる。

2　事象次元

1　パラドックスとしての決定

確認しておくが、事象次元では、指示対象は「これ」と「これ以外のもの」とに二分される。ここでは、「これ」と「これ以外のもの」への分節化を通して意味世界が構成されるわけである。ここで問われるのは「決定の自己言及性」に関わる問題である。

（a）決定がはらむ「原理的不可能性」

決定の概念に関わる「原理的問題」から出発しよう。一般論として言えば、決定とは「選択性の否定」である。つまり、「（なお）選ぶことができる」ということを否定することである。この否定が、決定に対して「もはや

89

第Ⅱ部　裁判の法理論

選ぶことができない」という規定性を与える。

しかし、ここで見落としてはならないのは「否定の自己言及性」である。形式論理学的なことを述べると、「〜ではない」は、つねに同時にその反対面の「〜である」を前提として成立する。なぜなら、「〜ではない」と「〜である」とは同一の事象を規定する区別の「ネガの面」と「ポジの面」だからである。「(もはや)選ぶことができない」とは同時にその反対面の(なお)選ぶことができる)を前提に成立するのであり、両者は「表裏一体」の関係にある(Vgl. RG, S. 308)。

循環論めくが、「(なお)選ぶことができる」(選択性)を否定することを通じて「(もはや)選ぶことができない」を規定しようとする場合には、不可避的に反対面の「(なお)選ぶことができる」をも強調してしまう結果になる。少なくとも潜在的にはそう言わざるをえない。この理は、だれかが「もはや選ぶことができない」と言えば、ただちに「なぜそうなのか」という反問が惹起されることを考えてみれば、容易に理解できるだろう。要するに、決定には「(なお)選ぶことができない＝(なお)選ぶことができる」というパラドックス(決定パラドックス)が潜んでいる。決定は、このパラドックスを「見えなくする」ことができてはじめて、「(もはや)選ぶことができない」という規定性を確保することができる。

ところで、決定パラドックスを「見えなくする」(脱パラドックス化する)ものが「根拠」である。決定は「十分な根拠」がある場合にはじめて「可能的」になる(Vgl. RG, S. 309f.)。

(b)　法／不法の二分コードとの関係

より法学的な問題に進もう。法システムは法／不法の二分コードにもとづくコミュニケーションから組成されている。それゆえ、法システムにおいては、根拠もまた「権利があるか否か」「適法か否か」といった仕方で議論される。だから、相争う当事者は「私が権利者だ／いやちがう」「おまえのやったことは違法だ／いやちがう」とい

90

第四章　決定作用の脱構築

うように主張しあい、それについて法/不法の区別を適用することによって根拠（法的根拠）を得ようとする。そこでは、法/不法の区別をめぐる紛争に、法規（法/不法の区別からなる）を適用して、「拘束的」に黒白確定することが期待される。

しかし、これは法/不法の区別に対して、法/不法の区別をじかに接続することを意味している。そのままであれば、自己言及パラドックスがここでも生じてしまう。自己に照らして自己を同定することはできないからである。根拠の問いはどこまでも遡行できる。当該法適用は適法なのか不適法なのか、形を変えてどこまでも問われうる。形式論理学的に見るかぎり（「法学的に」ではない点に注意）、法的主張の対立に法を適用することでは、根拠は得られない（Vgl. RG, S. 310）。法的根拠はそれ自体では決定パラドックスを「見えなくする」のに十分なものでは ない。少なくとも、それが「恣意的である」との疑いを排除することはできない。なにゆえにそこで根拠の問いを止めなければならないのか、まさに「根拠がない」からである。

2　決定パラドックスを見えなくするもの

(a)　信頼性の外観を取り繕う

法的根拠は、決定パラドックスを「見えなくする」に十分なものではないと述べた。なるほど、形式論理学的にはそうであろう。しかし、それでは「法的」決定に対する大多数の人々の期待はどうなるのか。人々は、法的根拠が「十分な根拠」であると信じ、それを前提に社会生活を営んでいる。比較的に無関心な人々はとくにそうである。ならば、時が経つとともに法的根拠は信頼を失い、人々は法など相手にしなくなるのだろうか。社会の実態を見るかぎり、そのようには見えない。だとすれば、なんらかの仕方で「虚」と「実」の間のギャップが埋め合わされているのだと考えなければならない。

第Ⅱ部　裁判の法理論

ここで留意しなければならないことは、たとえその本質からすれば「十分な根拠」とは言えないものであっても、そのような「外観を取り繕う」ことは可能だということである。法的根拠の恣意性が十分に「不可視化」され、それが周囲の無関心なものに対応する実体があるかのように見える。法的根拠の恣意性が十分に「不可視化」され、それが周囲の無関心な一般人に「信頼に足るもの」と安心せしめる程度にまで達しているなら、その本質いかんは問題ではない。もはや「それに反する本質を暴こう」とする方が非難されることになるだろう。

法的根拠を恣意的でないように見せるためには、さしあたり「同一の基準が同様のあらゆる事案に一貫して適用される」というように見せればよい。すなわち、根拠の問いの遡行可能性を、「法的根拠が一貫して適用されること」をもって封じてしまえばよい。当該決定の根拠が先例と矛盾なく、少なくともその見かけのうえで一貫していれば、周囲の一般人は決定された事柄を安心して行動前提にするだろう。同様の事態が起こった場合に同様な決定が下されることを期待するからである。そうなれば、もはや根拠の「恣意的本質」が問題にされることはなくなる。このことは、なにゆえに「先例拘束原理」が求められるのかということにも関わっている。

(b)　「一貫性」を可能にするメカニズム

それでは、いかなるメカニズムによって、法的根拠の一貫性を取り繕うことが可能となるのか。このメカニズムは、前章で述べた「法システムにおける裁判（所）の位置」に密接に関連している。

裁判（所）は、「司法拒絶の禁止」が課されているということによって、法システムの「自己観察の中心拠点」を形成する。裁判（所）は、そのような観察拠点として「法のコードとプログラムを全体社会レベルでシンボリックに貫徹する」という法システムの基本的な機能の中核を担う。このことは、さしあたり裁判（所）のみが、法システムの自己観察を通じて、法的根拠の一貫性をコントロールできることを意味している（法的根拠の一貫性コントロール）。裁判（所）は、その中心的位置ゆえに、決定について周囲の一般人が安心す

第四章　決定作用の脱構築

できる程度の一貫性を取り繕うことができるし、そうする責任を負っている。

このような操作にあたって重要なことは、「一貫性・不変性の要請」と同時に、「適応性・可変性の要請」が満たされていなければならないということである。いくら「一貫性・不変性の要請」が満たされていても、社会の変化に適応できていなかったり、当該事案の個別特性を十分押さえていなかったりすれば、法的決定（終局判決）に対する人々の信頼は失われる。裁判所、とりわけ「最高裁判所」は、当該事案の個別特性を十分に押さえるばかりでなく、全体社会レベルでの人々の選好やニーズの変化を一般的に配慮して、法的根拠の一貫性が十分に維持できているかチェックするのでなければならない。もちろん、それは簡単なことではない。「変異の取り入れ」がそのまま法的根拠の一貫性と両立しない場合には、「変異」をできるかぎり無害なものに加工するとともに、従来の法的根拠連関の体系のどこかに、さりげなく挿入しなければならない。そのために、法的論証コンテクストと当該事案とを往復的に比較参照して行われる法テクストの解釈が重要な意味をもつ。なお、ここで述べた「法的根拠の一貫性コントロール」の詳しい仕組みについては、本書第五章「法的論証」において、異なる観点からさらに検討を進める。

3　時間次元

1　決定の固有時間

先述のように、時間次元はすべての出来事において端的に経験可能な「それ以前／それ以後」の差異が、「過去

/未来」という独自の地平に関係づけられることによって構成される次元である。ここで問題になるのは「判決が過去にもとづいて未来を拘束する」というテーゼである。

(a) ルーマンの「時間の現象学」[9]

しばらくルーマン流の「時間の現象学」につき合ってもらいたい。時間は、未規定のままでは私たちに有意に経験されない。それは「変化」と「持続」の混淆状態であり、いわば「カオス」である。時間は、そうした状態に「区別を投入する」こと、つまり時間連関を「分節化」することによって、はじめて有意に経験されるようになる。

「時間連関の分節化」とは、観察者が未規定な事態を過去／未来の区別にもとづいて整序することである。時間連関の分節化は、自覚的に行われるのであれ、無自覚に行われるのであれ「構成的」性格を帯びる。過去も未来も自明のものではない。その場合、観察する時点が「現在」である。現在は、まさに過去／未来を区別するところの時「点」である。もっとも、その「点」のみが私たちにとって顕在的な「時」である[10]。現在は、顕在的な「点」として、「もはや顕在的ではない過去」から「いまだ顕在化されない未来」への時間的広がりのなかの「盲点 blinder Fleck」を形成する (Vgl. *RG*, S. 308f.)。

ここからすぐにわかることだが、過去も未来もそれぞれの「現」時点でなされる観察による「構成物 Konstruktion」以上のものではない。やや極端な言い方をすれば、A時点も、またB時点も、それぞれ別々の過去と未来（時間地平）をもつ (Vgl. *SS*, S. 131. 邦訳一三七頁以下)。昨日私が観察した過去と未来は、今日私が観察する過去と未来とは異なる構成物であり、また今日私が観察する過去と未来は、明日私が観察する過去と未来とは別の構成物である。

以上述べたことをここでのテーマに引き寄せて言えば、判決（法的決定）を下すにあたって裁判官が語る過去や未来は、いずれも時的観察による「構成物」であり、「それぞれの観察時点にとっての」過去や未来でしかないと

第四章　決定作用の脱構築

いうことになる。実は、このことは法的決定の「可能化」のからくりと密接に関連している (Vgl. *RG*, S. 309)。人々が単純に信じている「過去にもとづいて未来を拘束する」という判決のあり方は、時的観察による構成物にすぎない。

(b) 法的決定と時間地平

まず過去との関係を見てみよう。人々は「決定は過去にもとづいて行われる」と信じている。動かしがたい過去の事案事実に、紛争発生の以前から存在していた適切な法規を適用して決定が行われるというのである。しかし、それは裁判官の時的観察によって「跡づけ的」に作り出された「虚像」である。

裁判官は、判決のための「決定前提」として用いたい事柄を「過去」の側に位置づける。ここで「決定前提」として問題となるのは、当該事案の「事実関係」や「適用規範」である。過去に配属された事柄は「もはや変更されえないもの」と見なされる。だからこそ、それは決定前提たりうる。だが、それらはもともと「もはや変更されえないもの」だったわけではない。まず当該事案の「事実関係」は、多かれ少なかれ「裁判官による事実認定」によってなにがあったかは不問に付される。それはもっぱら当該決定のためにのみ構成された事実である。構成される以前にそこになにがあったかは不問に付される。他方、「適用規範」も裁判官が法規の具体化作業を通じて作り出した構成物である。それは、現在（観察時）から振り返ったかのように語られる。かくして、これら二つの「決定前提」を掛け合わせれば、「法的三段論法」によって判決がそこにあったからそこにあったなものとして紛争発生以前からそこにあったかのように語られることになる。詰まるところ、判決は構成され加工された「当該判決固有の過去」との関係においてのみ判決が導き出されるということになる。時的観察のヴェールを取り去ってみれば、実態はその逆である。つまり、「過去にもとづくもの」として立ち現れるのではなく、「判決が過去を規定している」のである (Vgl. *RG*, ebenda)。

[11]

第Ⅱ部　裁判の法理論

未来との関係についても同様のことが言える。人々は「不確実な状態は決定によって終局する」と信じている。しかし、これもまた裁判官の時的観察が作り出す「虚像」である。裁判官は、判決以前になお不確実であるような事柄を、「未来」の側に位置づける。ここで問題にしているのは「解決されるべき当事者の紛争状態」である。裁判官は、判決にいたるまでは、紛争状態を「いまだ不確実ではあるが決定が下されれば解決されるもの」ということにしておきたいのである。その結果、判決は「当事者の紛争状態を解決すること」に向けて下されるという形をとる。しかし、実際にそれが期待どおりにいくとは限らない。多かれ少なかれその期待とは裏腹に紛争が形を変えて展開し、存続し続けることも十分に考えられる。結局、判決は「固有の未来」との関係においてのみ、「決定」として立ち現れると言うほかない。

このように、「固有の過去」と「固有の未来」（言うなれば「固有時間」）のなかでのみ、判決は「過去にもとづいて未来を拘束する」という「決定らしい姿」で立ち現れてくる。固有時間のなかで、本来「不可能的」であることが「可能化」されているのである。しかし、それは「判決の固有時間が場当たり的に構成される」という代償をともなっている。この「場当たり性」は「判決の固有時間」を共有していない人々には一目瞭然のはずである（Vgl. RG, S. 325）。

2　時間の整合化

(a)　「場当たり性」を見えなくする

その本質を見るかぎり、「判決の固有時間が場当たり的に構成される」ということは避けようがない。だが、たとえ真実がそうだとしても、なおそれを「見えなくする」ことは可能である。この点、判決の固有時間が「周囲の時的観察との間で齟齬を生じる」ことがなければ、「時間構成の場当たり性」はあえて問題化されない。まさにそ

第四章　決定作用の脱構築

れは不可視化される。それゆえ、「判決の固有時間と周囲の時的観察との整合化」（時的観察の「同調 Synchronisation」）が重要になる（Vgl. RG, S. 327）。では、時的観察の同調はどのようにして図られるのか。

判決の固有時間は、ミクロなレベルで「当事者たちの時的観察」、「周囲の関係者たちの時的観察」、「上級裁判所裁判官の時的観察」、「報道が作り出した一般人の時的観察」などによって、また、マクロなレベルで「政治の時的観察」、「経済の時的観察」、「科学の時的観察」などによって取り囲まれている。それらはそれぞれ固有の時的観察であり、端的に重なり合うことはない。その同調は、裁判（所）が「法システムの自己観察の中心拠点」として、「自覚的」に時的観察を操作する場合にのみ可能となる。裁判官は、一方で当該事案の当事者や周囲の関係者たちの時的観察、はたまた上級裁判所裁判官や周囲の一般人たちの時的観察に配慮し、他方で政治や経済の作り出した状況、その時代の科学水準といったものにも目配りしながら、それらが抵触しないように判決の固有時間を構成する。そうした操作の結果として判決が下されるのである。そのようにすることで、判決の固有時間が場当たり的に構成されているという印象は、概ね回避されることになる。ただし裁判官は、そうした操作を前面に出してはいけない。それは目立たないように、慎重に進められなければならない。

（b）「外部性」の考慮にともなう問題

このように述べると、法システムの「閉じ」に関する疑問がわいてくる。「他の時的観察との間で同調を図る」ということは、前に述べた「法システムの作動上の閉鎖性」と矛盾するとも思えるからである。たしかに、法システムを構成するやり取りに、外部的要素が無媒介に入り込んできてよいわけではない。しかし、その「閉じ」において求められるのは、法／不法の区別（二分コード）がやり取りの基礎に置かれているということだけである。その「閉じ」は、法システムが外部から遮断されているとか、外部と無関係であるという意味ではない。法／不法の二分コードがやり取りの基礎になっているのであれば、法システムのなかでも「全体社会の様々な出来事」が幅広

4 社会次元

くテーマにされてよい。たとえば、平均賃金率の変動はそれ自体としては法的事象ではない。もっぱら経済的にのみ問題となる事象である。その際さらに、将来の平均賃金率がどう変動するかを判断するために、政策動向までもが考慮の対象となるかもしれない。[14] 言うまでもなく、そうした考慮は「法システムの作動上の閉鎖性」を損なうものではない。

さて、以上のような操作によって「時的観察の同調」が十分に達成されるとは必ずしも言えない。私たちはしばしば、それらの時的観察のズレを経験している。しかし、異なる時的観察は、厳格に一致しなければならないものではない。もとよりそれは無理である。時的観察の不一致が大きく表面化せず、人々がやり取りするうえで不自由がなければ、それで足りると言うべきである。

1 社会的実体としての紛争

社会次元は、ある人（自我）が他の人々と「やり取り」する場合に、そのつど他の人々が「自らと同等」なもの、つまり「もう一人の自我 alter ego」（他我）として受け入れられているということに関わっている。この次元においては、自我と他我の「観察パースペクティブ」のズレが重要である。このズレを処理し、有意味なやり取りを可能にするのが、この次元における課題である（Vgl. SS, S. 119. 邦訳一二三頁）。この次元で法的決定をめぐって問題になるのは、「紛争解決とはどのようなことか」である。

第四章　決定作用の脱構築

(a)　「相互作用システム」としての紛争

　この問いに答えるためには、「紛争 Konflikt」とはそもそもなんであるのか、あらかじめ明らかにしておかねばならない。それは、一方のはたらきかけに他方が応じるという形（あるいはその複合形）をとるかぎりで、ある種の「相互作用システム」を形成する。紛争もまた「社会システム」（紛争システム）なのである。
　こうした観点に立てば、「社会的実体としての紛争」は、些細なきっかけからはじまった「小競り合い」が、当事者（および周囲の関係者）たちの期待のすれ違いによって複合化され、独自の相互作用システムであるものと捉えることができる (Vgl. SS, S. 530. 邦訳七〇八頁)。紛争は、発生の当初は不安定で移ろいやすいシステムである。突発的に生じて急速に拡大することもあれば、急速に収束してしまうこともある。しかし紛争は、ある程度以上こじれた段階に達すると、外部からそれを標識できるような、なんらかの「テーマ」をもつようになる。紛争は、そうしたテーマのもとに強度に「凝集」する。その結果、全体社会のなかの他のコミュニケーション連関とは明らかに異なる「固有の実体」を備えるようになる。たとえば、ある人が他人の人格を辱めるような発言をし、それによって発生した「小競り合い」がひどくこじれてしまった場合、「名誉毀損」をテーマとする紛争システムが分出する。この段階に達すると、紛争は自らを恒常化し、容易なことでは解消されなくなり、しぶとく存続するようになる。

(b)　紛争の生成・発展過程

　説明が抽象的になりすぎるので、ある人の子供が、よく遊んでいる他の子供に不注意で傷を負わせた場合を例に、紛争の生成・発展過程について考えてみよう。
　傷を負わせた子供の親（以下「加害者側」）が、早い段階のうちに誠意をもって謝りに行き、きちんと治療費等

第Ⅱ部　裁判の法理論

の支払いをすれば、ふつう両当事者間の関係は「大きな紛争」にまでこじれることはない。両当事者に「ことを荒立てたくない」という心理がはたらき、彼（女）らの関係は比較的に容易に修復されるだろう（もちろん確実にそうなるとは限らない）。

だがそれを怠った場合、傷を負った子供の親（以下「被害者側」）の怒りに火がつき、紛争は急速にこじれはじめる。被害者側は加害者側の対応を「不誠実」と受け取るようになる。被害者の知人が下手なアドバイスなどすれば、そうした怒りにさらに火を注ぐことにもなる。他方、加害者側について言えば、事態がややこしくなればなるほど、「誠意を示す」ことが困難になる。むしろ、被害者側が「過剰に」怒っていることに対して怒りを覚えるようにすらなる。そこに、被害者側に対する日頃からの不信感でも介在すれば、怒りは爆発するに違いない。いずれにしろ、黙っていることなどができなくなる。怒りが怒りを誘い、意地の張り合いが意地の張り合いを呼び、それに損得勘定が複雑に絡んで、当初「些細なこと」にすぎなかった紛争は、両当事者の全人格をかけた「人格紛争」に成長してしまう。こうなってしまうと、当該紛争を意図的に収束させることはほとんど不可能になる。当該紛争は、そのポテンシャルを失ってしまわないかぎり、形を変えて存続し、容易なことでは収束しない。裁判所に持ち込まれる紛争は、多かれ少なかれこのようにひどくこじれてしまった「取り扱い困難」な紛争である。

2　決定は紛争を解決できない

（a）「紛争を解決する」とは

ここまで見てきたように、「社会的実体としての紛争」は当事者（および周囲の関係者）たちのやり取りによって構成される相互作用システム（紛争システム）である。法学上しばしば紛争の基本要素と見なされる当事者間の「主張の対立」[17]は、せいぜい紛争システムの動的展開過程の「表面的な現れ」にすぎない。紛争に対処するには、

100

第四章　決定作用の脱構築

その「表面的な現れ」ばかりに目を奪われることなく、むしろ紛争システムの動的展開過程全体を視野に収めることが求められる。

では、紛争を一つの相互作用システムと見なす場合に、「紛争を解決する」とはどのようなことを言うのか。それは外部からの介入によって紛争を収束させることなのだろうか。相互作用システムとしての紛争は、たとえ外部から介入を受けても、そのポテンシャルを失ってしまわないかぎり、形を変えて存続し続ける。このことは、「一つの主張」が判決の「既判力」によって封じられても、争いそれ自体は「主張を変えて」継続されうるという訴訟の現実を見れば容易に理解できるだろう。

もちろん、紛争が勝手に収束することはありうる。しかし、「意図的介入」によって紛争を収束させることができるかと言われれば、話は別である。紛争に意図的に介入したところで「予期せぬ反作用」を生じてしまうのが関の山である。かりにだれかが意図的介入によって紛争を収束させることに成功したとしても、それは当人の特別な「カリスマ」によるか、「偶然」によるかのどちらかである。いずれにしろそんなものは当てにできない。

他方、渦中にある当事者自身がその気にさえなれば紛争は収束するとも考えられる。だが当事者たちがその気になって紛争を収束させようと努力してもしばしば虚しい結果となる。なぜなら、そうした当事者自身の努力が予期せぬ別の形で「反作用」してしまうことが多いからである。それどころか、介入者が説得作業を通じて紛争に巻き込まれてしまうことさえ十分に考えられる。かように紛争とは手に負えないものなのである。

翻って考えれば、「紛争を解決する」とは、介入によって紛争を収束させることではなく、単にそれを「共存可能」な状態に転化させることにすぎなかったのではないかと思えてくる。介入者は、当該紛争に外部的な観点を組み込むことで、紛争システムの動的展開過程をずらすことはできる。紛争システムは、第三者の介入を通じてかに

り違った方向へと展開していくはずである。これとて紛争システムの動的展開過程を「意図した方向」へと誘導できるという意味ではない。ただし、介入によって、紛争システムが当事者（および周囲の関係者）たちにとって耐え難い状態で均衡してしまうのを回避させるだけであれば、なお可能であろう。紛争が「共存可能」な状態に転化されれば、あとはそれが「非問題化」されるのを待てばよい。時が紛争を収束させてくれる。

(b) 「法による紛争解決」の原理的不可能性

ところで、判決はいずれかの当事者の法的主張に軍配を上げるといった仕方で「紛争を収束させる」（法による紛争解決）ものだと考えられている。それが判決に対する一般的な「役割期待」である。これまで論じてきたことから、判決がこの役割期待に端的に応えられないことは、もはや明らかである。

たしかに、訴えの提起、争点および証拠の整理、訴訟の審理といったやり取りに、かなり強い刺激を与えるに違いない。その途上で紛争の渦中にある当事者（および周囲の関係者）たちが「事実の解明」には特別の意味がある。事実が解明されることは十分にありうるだろう。こと「事実の解明」には特別の意味がある。事実が解明されることで、当事者自身において当該紛争を「対象として捉える」ことができるようになる。当該紛争が「対象化」されれば、当事者たちの不安は大きく軽減されるだろう。そうなれば、すでに当該紛争は「共存可能」な状態に移行(18)していると言える。このかぎりにおいて、「判決形成過程」は紛争の解決にとって重要な役割を果たすと言える。

だからといって、「判決によって紛争が収束する」ということが望み薄であることに変わりはない。少なくとも、判決が意図するような仕方で紛争が収束するということは、あまり期待できない。判決もまた紛争への一つの「意図的介入」なのであり、「意図的介入」一般にともなう困難を排除することはできない。それにはつねに「予期せぬ反作用」がつきまとう。そもそも、決定の背後には、事象次元のところで述べた「決定パラドックス」がひかえているのである。だから、「紛争を決定によって収束させる」ということが一般的に期待されているとすれば、

第四章　決定作用の脱構築

3　「法による紛争解決」という虚構

(a)　「法による紛争解決」の作出

私たちはあいかわらず、「判決によって紛争を収束させる」という期待を維持している。それが「期待過剰」であることははっきりしているにもかかわらずである。そうした期待の維持を可能にする「からくり」がどこかにあるに違いない。

確認しておくが、「法による紛争解決」はできなくとも、そのような外観を作出することはなお可能である。それはつぎのような仕方で行われる。当事者（原告）は、弁護士のもとに（本人訴訟の場合には直接裁判所に）「未構成の紛争」を持ち込む。それは、当事者（原告）が自分なりに捉えた、「社会的実体としての紛争」の「一つの相貌」である。しかし、それはなお「法的取り扱い」になじむものではない。それは法/不法をめぐる「主張の対立」という体を成していないからである。訴えが提起されるに際して最初に行われることは、そうした「未構成の紛争」を法的に「許容されたコンフリクト」へと置きかえる作業である。ちなみに、ルーマンの言う「許容されたコンフリクト」(Vgl. LV, S. 100ff. 邦訳一〇五頁以下) は、裁判所法第三条第一項にいわゆる「法律上の争訟」に概ね相当している。

そうした「置きかえ」のために、なによりもまず「訴訟当事者」「法律上の請求」が特定されなければならない。この点「訴訟当事者」は、「社会的実体としての紛争」を構成する実際のやり取りの当事者（および周囲の関係者）と必ずしも一致するわけではない。これを大幅に切り詰めることで「訴訟当事者」は特定される。「法律上の請求」もまた「社会的実体としての紛争」の対応物ではない。それは原告/被告の両当事者およびその弁護士たち、そし

103

て「争点整理手続」等に関与する裁判官の「共同作業による構成物」である。法的決定に向けて、当該紛争はさらに切り詰められていく。「訴えの利益」をはじめとする「訴訟要件」もそのためのフィルターである。その後の「訴訟の審理」に関する手続準則も同様にフィルターの役割を果たす。手続準則にもとづく法廷での主張・立証は、当該紛争から法的決定に無関係な要素をことごとくそぎ落としていく。訴訟過程が進んでいくにしたがって、当該「法的事案」と「社会的実体としての紛争」との乖離は大きくなる。皮肉なことだが、それに対応して当該「法的事案」は「終局判決」への適応性を高めていく。

裁判官は、そうした切り詰めの結果として構成された「法的事案」に対して、法規を解釈適用して終局判決を下す。しかもその際、あたかも当該事案がはじめから法／不法をめぐる「主張の対立」(20)の形で存在していたかのように取り扱う。だから、終局判決は当該事案に「終止符」を打てるわけである。このようにして、外観のうえでは終局判決によって「法による紛争解決」が図られたかのように取り繕われることになる。だが、終局判決が下されたからといって、紛争のもつポテンシャル(19)への対処を可能にするのは「裁判手続の機能」である。裁判手続の機能の社会学的分析は第六章に譲る。いずれにせよ、人々が「法による紛争解決」の外観の背後にあるものを取り立てて問題視するようにならないかぎり、その実際の姿は封印され続ける。

（b）**判決はだれに向けられているのか**

ところで、このようなことならなんのために終局判決が下されるのかという疑問が当然生じてくるだろう。なるほど判決は、まずもって「訴訟当事者」に向けて下される。まさに「当事者間の紛争を解決するために」である。だが判決は、そうした役割期待に端的に応えることはできない。それは「原理的不可能性」をはらんでいるからである。

104

第Ⅱ部　裁判の法理論

第四章　決定作用の脱構築

もっとも、判決に対するもう一つの役割期待がある。法のコードとプログラムを全体社会レベルでシンボリックに貫徹するという役割期待である。これは、法システムの基本的機能に関わっている。法システムは、この基本的機能を全うすることによって、全体社会のなかの「一般の人々」の信頼を集め、自己を維持することができる。それゆえ、裁判所は一般の人々に対する「判決の波及的効果」を考慮せざるをえない。判決は一般の人々に向けても下されているのである。むしろ、法システムの機能との関係では、こちらの方が重要であるとさえ言える。

判決は、一般の人々、とりわけ紛争をできるかぎり回避し何事もなく日々の生活を続けようとしている一般の人々に対して、行動前提を提供する。彼(女)らは、判決が違法であると判断した行動を可及的に避けることで、判決に先だって訴訟当事者間でどのようなやり取りが行われたか、また裁判官がどのような考慮をはたらかせた結果そのような判決内容になったのかということは重要ではない。彼(女)らにとっては、判決そのものの「不確かさ」が除去されたということにもっぱら関心をもつ。しかも彼(女)らは、当該判決によって同種の事案についての「面倒なことに巻き込まれる可能性を大きく減らすことができると信じている。彼(女)らは、判決を引き合いに出さない。逆に言えば、彼(女)らは、自らの行動にとって必要なかぎりで、選択的に事案を参照するのである。彼(女)らにとって、事案とは紛争に巻き込まれないための大まかな指針にすぎない。それに役立てば十分なのである。

この役割期待に応えるためにこそ、裁判(所)は「法による紛争解決」にこだわるのである。判決理由が明確であることが求められるのは、この役割期待に応えるためである。しかし、当事者たちによる紛争解決への期待とこの役割期待との間の乖離は埋まることがないだろう。せいぜいのところ「補償」が可能であるにすぎない。

105

5 小括

本章では、法的決定（判決）のメカニズムを微視的に検討することによって、一見端的に可能に見えることが、実はかなりの「迂路」を経て「可能化」されているということを明らかにしてきたつもりである。意味の三次元の区別にしたがって、三つの「不可能性」が検討の対象とされた。要点を整理しておこう。

まず事象次元では、決定には「（もはや）選ぶことができない＝（なお）選ぶことができる」というパラドックス（決定パラドックス）が潜んでいることが問題となった。法的根拠はその自己言及性ゆえ恣意的であることを避けられない。この外観を確保するうえで、裁判（所）が法システムの「自己観察の中心拠点」として法的根拠の一貫性をコントロールできるということが重要である。

つぎに時間次元では、判決（法的決定）は端的に「過去にもとづいて未来を拘束する」という「決定らしい姿」を現すわけではなく、それは裁判官の「時的観察」が作り出した「固有時間」のなかでのみ可能なのだということを明らかにした。「固有時間」なくして判決は「不可能的」である。しかし、「固有時間」は別の問題を派生させる。それぞれの「固有時間」は「場当たり的」に構成されるからである。そこで、そうした「場当たり性」を見えなくすることができてはじめて、判決は十分な信頼性を確保できるということになる。ここでもまた、裁判（所）が法システムの「自己観察の中心拠点」を成すということが重要な前提となる。

さらに社会次元では、判決はそれ自体では「紛争そのもの」を解決することができないことを明らかにした。社

第四章　決定的作用の脱構築

会的実体として見るかぎり、紛争は一つの「相互作用システム」（紛争システム）を形成するのであり、「主張の対立」に白黒つけるというやり方ではとうてい収束させられるものではない。裁判（所）は、そうした「紛争そのもの」を、それとはほとんど無関係なまでに切り詰められた「法的事案」にすり替え、それに対して「法的解決」を与える。そのような「法的解決」は紛争当事者の期待に添うものとは言い難い。しかし、これによって、裁判（所）は法のコードとプログラムを全体社会レベルでシンボリックに貫徹するという「もう一つの役割期待」に応えることができる。

法的決定の「不可能性」に着目する本章のアプローチの主たる意義は、「不可能性」を（少なくとも見かけのうえで）可能に転ずるための「複数の社会的メカニズム」に目を向けさせるところにある。法的決定の「不可能性」を可能に転ずるためのやり方は必ずしも一つではない。意味次元を異にすれば、そのやり方は別様である。しかも、他の意味次元における社会的メカニズムをもって一つのメカニズムを代替したり、補完したりすることは十分に可能である。たとえば、後に述べるように、「根拠の問いの無限遡行を食い止める」ためには、事象次元に関わる「法的論証」なる社会的メカニズムだけでは負担過剰であり、それとともに社会次元に関わる「裁判手続」なる別の社会的メカニズムを通じて紛争ポテンシャルが対処可能なものに転化されることが必要である。そうした連携のやり方は一様ではない。

法的決定の「不可能性」を出発点とするこのようなアプローチになじんだ法学者たちは、かりにも「思考の前提を構成するもの」を否定する本書のようなアプローチを、素直に受け入れることができないかもしれない。しかし、逆説的だが「不可能性」を出発点にすることで、法的決定のもつ「別様の発展可能性」（複数の社会的メカニズムの別様の連携可能性）を視野に収めることができるようになる。出発点の「不可能性」にふたをしてしまうことで、「創造的契機」を論ずる余地を封じてしまうこ

第Ⅱ部　裁判の法理論

とは、学問の営みとしていかにも愚かしいことである。

第五章　法的論証

ここでの課題は、前章で述べた決定パラドックスの脱パラドックス化のメカニズムをより詳細に検討することである。換言すれば、事象次元で述べた「法的根拠の一貫性コントロール」について、別の角度からさらに分析を進めることである。

1　セカンド・オーダーの観察としての論証

1　論証をどう規定するか

（a）　論証と解釈

「論証」とは、一般論として言えば、なんらかの態度決定を「根拠づけ」する操作である（Vgl. RG, S. 342）。法に関して言えば、法／不法コードの配分に関する判断（法的決定）を法／不法コードに照らして根拠づけする操作

である（法的論証）。

論証はしばしば「テクストを解釈すること」と結びつけて理解されている。とりわけ法的論証においては、法テクストを解釈して事案に適用することが前提となるため、解釈と切り離してそれを理解することは困難である。しかし、論証は解釈とは重要な点で異なっている。解釈はファースト・オーダーの観察レベルにおいても可能な操作である。それは「反省作用」を必要としないからである。ファースト・オーダーの観察レベルにおいて、それぞれの行為者は、なんら「無反省」なまま、各人各様に解釈を行うことができる。それはほとんど勝手にまくし立てられているにすぎない。そのままでは、解釈は「観点の食い違い」をどうすることもできない。ファースト・オーダーの観察レベルに留まるかぎり、解釈について一致を見ることはほとんど期待できない。

これに対して、論証はファースト・オーダーの観察レベルを超えることができなければ不可能である。それは「行為者自身による論証」であれ、「第三者による論証」であれそうである。たとえば第三者たる裁判官が、「私がこの建物の所有者だ／いやちがう」と言い争っている当事者たちと同じレベルで争ってしまっては、論証などできるはずもない。それでは当事者それぞれの解釈からいったん距離をとることができないからである。論証は、それぞれの行為者の解釈からいったん距離をとることができるレベル、つまり「観察を観察する」レベル（セカンド・オーダーの観察レベル）に立ってはじめて、可能になる (Vgl. RG, S. 340f.)。

セカンド・オーダーの観察レベルに立つためには、目下展開されている「熱いやり取り」から一歩引いて、それを眺めることができるようなスタンスが確保されなければならない。もちろん、そのための方策は様々でありうる。「冷却期間を置く」というのも一つのやり方であろう。これは「行為者自身による論証」に適した方策である。しかし法システムは、そうしたスタンスを可能にする自己観察の拠点として「裁判（所）」を備えている。自己観察の拠点化は「第三者による論証」に適した方策である。裁判（所）がセカンド・オーダーの観察レベルを可能にす

110

第五章　法的論証

るための観察拠点であることはすでに論じたところである。

(b) 論証と自己言及

論証する者がセカンド・オーダーの観察レベルに立って、それぞれの行為者の各人各様の解釈から距離をとることができるようになると、そうした解釈の不一致に対処するために、根拠の「説得性 Überzeugungskraft」を問題にすることができるようになる (Vgl. RG, S. 341f.)。では、根拠が「説得的である」とは、どういうことなのであろうか。

根拠が「説得的である」とは、日常的な用法を手がかりとすれば、根拠が「理」にかなっていて、相手ないし一般の人々を「納得させることができる」ことである。しかし、例によって形式論理学的なことを言えば、「根拠の問いの無限遡行」に終止符を打つことである。そこで期待されているのは、「根拠の問いの無限遡行」に終止符を打つことができる「理」にかなった根拠こそが、「理」にかなった根拠と解されるべきである。むしろ逆に、「根拠の問いの無限遡行」を食い止めることができるという捉え方そのものである。

ここで問われなければならないのは、「理」にかなった根拠の登場を排除できない。さらに「理」にかなったところで、「根拠の問いの無限遡行」に終止符を打つことができるなら、「理」にかなった根拠であることが、「理」にかなった根拠であることに照らして判断される。当然これは「自己言及」である (Vgl. RG, S. 343)。そのようにして「理」の参照をいくら繰り返したところで、「根拠の問いの無限遡行」に終止符を打つことはできない。実際、「理」にかなった根拠も、ここに一見もっともらしい根拠をもってくれば、それが「理」にかなった根拠である。あるいは、無限遡行を他の方法で食い止めておいて、そこに「理」にかなった根拠である。根拠の説得性は「作出」されうる。

ところで、「根拠の問いの無限遡行」を食い止めるとは、自己言及パラドックスを「脱パラドックス化」すると

111

いうことである。では、それはどのようにして行われるのか。

2　脱パラドックス化としての論証

議論を法的論証に限定しよう。法的論証とは「法的決定（判決）を法的に根拠づける」作業である（Vgl. RG, S. 347）。言うまでもなくそこには自己言及が見いだされる。根拠の問いの無限遡行に終止符を打つことは、端的に可能なわけではない。

法／不法コードによって構成される法的根拠の連関は、未整序のままでは矛盾に満ちており、根拠相互の関係はあいまいである。まさに法的根拠の混沌状態である。この状態では、当該法的根拠に別の法的根拠が接続されることを妨げるものはなにもない。根拠の問いは無限遡行に対して開かれたままである。こうした状態を打破するために法教義学上用いられてきた基本的なやり方は、「法的根拠連関」を性格を異にする「法準則 Regeln」と「法原理 Prinzipien」とに区別し、前者を後者に結びつけるというやり方である。

(a)　脱パラドックス化のやり方

①法準則と法原理の区別 ‥ まず、法教義学が両者をどのように区別しているかである。それは法テクストの解釈によって導き出される具体的法規範である。法準則とは、事案に直接に適用される法的根拠（適用規範）である。

ここに「法テクスト」とは、基本的に、大陸法諸国においては「制定法」、コモン・ロー諸国においては「判例」でしかない。法準則はそれ自体一つの「解釈」である（以下、大陸法を念頭に置いて説明を進める）。法準則はテクストを別様に解釈することはつねに可能だからである。他方、法原理は「基底的」な法的根拠であるとされる。講学上にいわゆる「規律目的」ないし「趣旨」という疑義を排除できない。「なにゆえにそうなのか」という疑義を排除できない。ままでは「なにゆえにそうなのか」

第五章　法的論証

がそれにあたる。ここに「基底的」であるとは、「なにゆえにそうなのか」という疑義を差し挟まないということ
である(6)。法教義学は、解釈者が法原理を探求することは認めるものの、これに疑義を差し挟むことを極端に忌み
嫌う。

②法準則と法原理との結合：つぎに、法準則と法原理とがどのようにして結びつけられるかである。法準則は
「法テクストの解釈」(7)によって導き出されると述べたが、まさにその解釈作業こそが、法準則と法原理とを結びつ
ける操作である。のちに詳論するが、法テクストの解釈とは、法的論証コンテクストのなかでとくに重要な位置を占めるのが法原理
（規律目的ないし趣旨）である。法テクストの解釈は、実際には、その規律目的ないし趣旨に照らしてテクストの
意味を補充したり、限定したりして行われる(8)。文言のいくつかの可能的な読みは、当該事案の事実関係と法規の規
律目的ないし趣旨との間での視線の往復のなかで絞り込まれていく。そして最後に、具体的な適用規範として法準
則が導き出される。法準則はこの作業を通じて法原理と融合し一体化する。
　法教義学が主張するところによれば、法原理と結びつけられることで、当該法準則についても「なにゆえにそう
なのか」という疑義を差し挟めなくなる。根拠の問いの無限遡行はそこで食い止められる。だから法原理は「理」
にかなった根拠ということになる。
　だが、冷静な観察者の目には、これはまやかしにすぎないと映ずる。ただ法教義学がそのように言い張っている
にすぎないからである。

(b)　疑義を差し挟めない「からくり」

　法原理が「なにゆえにそうなのか」という疑義を差し挟めないものだということは、法教義学においてそう主張
されているにすぎない。法教義学は、それを裏づけるために、一つの「からくり」を用いる。

113

法原理は、同種の事案が問題になるときには、繰り返し同様のものとして参照される (Vgl. RG, S. 349)。少なくともその程度に「安定化されている」というのである。なるほど、法教義学がそのように取り繕うかぎりで、それは「安定化されている」ように見える。安定性は人々にとって一種の「安心材料」である。というのも、安定化された土台から出発するときには、他の人々と前提を共有できる可能性が高いからである。これに加えて、法原理が「よい根拠」としてのイメージを帯びているとすれば、その「安心材料」としての信頼はより増すだろう。そこで、人々は法原理を「無条件の前提」として受け入れはじめる。こうなってくると、法原理にあえて異論を唱えることは容易ではない。反証を挙げる責任はすべて異論を唱える者が負う。しかし、具体的反証をいくら積み上げても法原理自体はなんら傷つかない。それは、具体的反証から切り離されている。その結果、法原理があたかも反証を許さないかのような外観が作り上げられる。「なにゆえにそうなのか」という疑義の問題は、このようにして「人々の受容」という事実をもって封じられてしまう。ここまで来てようやく、法的論証は「根拠の問いの無限遡行に終止符を打つ」と言いうるようになる。

2　論証と法素材

1　法的論証と法テクスト

(a)　「法テクストの意味を明らかにする」とは

それでは、法的論証と不可分の作業である「法テクストの解釈」に検討を進めよう。「法テクストの解釈」とは、

一般に「当該事案に適用できるよう法テクストの意味を明らかにする作業」であるとされる。しかし、そもそも「テクストの意味を明らかにする」とはどういうことなのか。それはどのような条件のもとに可能なのか。

テクストの意味は「書かれたもの Schrift」として固定されている (Vgl. RG, S. 245ff.)。そして社会生活上、通常の理解力をもつ人ならだれでも「書かれたもの」からその意味を「一義的に」読みとることができると期待されている。テクストの意味は端的に明らかであるはずだというのである。しかし、言うまでもなく「書かれたもの」が文字を用いて固定できる意味はごくわずかである (Vgl. RG, S. 255)。「書かれたもの」は、様々な読みに向けて大きく開かれている。「書かれたもの」の読みはそのままでは「恣意的」なままに留まる。「一義的な読み」は端的に保証されるものではありえない。

たとえば「故意又ハ過失ニ因リテ他人ノ権利ヲ侵害シタル」（民法第七〇九条）という文言から、はたしてだれでもが通常の理解力のみ用いて同様の意味を読みとることができるだろうか。「故意」「過失」とはどのような意味か。それらを日常用語の「わざと」や「うっかり」に言い換えてみたところで、かえって意味の不確かさが増すだけである。また「因リテ」「他人ノ権利」「侵害シタル」とはどういうことなのか。いずれにしろ、文言のみから「一義的な意味」を引き出すこと、つまり「別様の読み」の可能性を排除することは、事実上不可能である。

それならテクストの意味はどのようにして「別様の読み」の可能性を排除できるのか。テクストの意味は「読み手に与えられたコンテクスト」によって大幅に補充されている。読み手は、自覚的であると否とにかかわらず、与えられたコンテクストに照らしてテクストの意味を読みとっている。いやむしろ、コンテクストは「テクストの意味を明らかにする」ため[10]に不可欠の前提条件である (Vgl. RG, S. 256)。

ここから考えられることは、テクストの「別様の読み」の可能性を排除するためには、「コンテクストが共有さ

第Ⅱ部　裁判の法理論

れていること」が必要条件になるということである。なぜなら、テクストを補うコンテクストが同じであれば、そこから引き出される意味が同様のものになることは、かなり期待できるからである。もちろん、それは大幅に縮小されるだろう。このようにしてテクストの「別様の読み」の可能性は、なんらかの作為を加えることで「見えなく」することができる。このようにして「テクストの意味を明らかにする」ということがはじめて可能になる（Vgl. RG, S. 363）。

(b) 法的論証コンテクスト

それなら、法的論証の場合における「読み手に与えられたコンテクスト」とはどのようなものなのか。ここで注目する必要があるのは、争いあっている当事者たちに与えられたコンテクストの基本的な性格の違いである。

当事者たちはファースト・オーダーの観察レベルに立っている。そこでは、コンテクストは当事者それぞれのパースペクティブごとに個々別々のであり、しかもそれは常時変化し続けている。なぜなら、現にそこで展開されているやり取りのなかで、コンテクストそのものが再構成され続けているからである。コンテクストが個々別々である以上、そこから導き出される解釈もまた個々別々たらざるをえない。これではとうてい「別様の読み」の可能性を排除することは期待できない。

これに対して、法律家（とりわけ裁判官）が立っているのは、セカンド・オーダーの観察レベルである。そこで問題になるのは、裁判に特化された「特殊な」コンテクストである。便宜上それを「法的論証コンテクスト」と呼んでおこう。法的論証コンテクストには、いわゆる「経験則」や「常識」のように一般の人々に与えられているコンテクストと共通する要素も含まれるが、わけても「法律家の職業的経験」、「関連する法規や先例の知識」、「法解釈の技術的知識」といった特殊な要素が含まれていることが重要であ

第五章　法的論証

る。法的論証コンテクストが法律家に共有されていることで、「可能的な解釈の幅」は大幅に縮小される（Vgl. RG, S. 356）。もって、テクストの「別様の読み」の可能性を排すること（ないし隠蔽すること）はかなり期待可能になる。

（c）法教義学

法的論証コンテクストは、論証の積み上げを通じて、またそれが「学説」として整序されることを通じて、「法教義学 Rechtsdogmatik」として構成されてきた。これまでなんら定義することなしにこの用語を使ってきたが、法教義学とは、法的決定（とりわけ終局判決）を可能にするために用意されてきた「法素材の織物」とでも言うべきものである（Vgl. RG, S. 367）。換言すれば、それは「決定不可能性」を可能に転ずるための「法的根拠と解釈方法の集合体」である。それは、当該事案を法的に整理し、それに対してふさわしい法規を割り当てることを可能にし、さらに、法的決定にいたるまでの論証過程を法的に方向づけする。そのような法教義学の中核を成すのは、当該法テクストの過去の具体的解釈例（法準則）、また、そうした解釈例を整序する規律目的ないし趣旨（法原理）、さらに、法準則や法原理が概念化された結晶物（法的概念）、そして、そうした法素材を柔軟に動かしていくための「解釈の技法」といったものである。法準則もまた法教義学によってはじめて明示化できる知識のみならず、「暗黙知」に属する知識までも含んでいる。すでに述べたが、法準則（適用規範）は、規律目的や趣旨（法原理）に照らして当該テクストを解釈することによって導き出される。そうした解釈を規定するのはまさに法教義学である。法教義学は、テクストの「別様の読み」を排除するにあたって絶大な威力を発揮する。

法教義学は、「法律家であれば法教義学の導入にあたって大きな違いを生じない」という程度に「規定可能」になると言ってよい。法律家は、「法律家としての資質」を疑われることを備えている。法律家は、うっかり突飛な法準則を導出するようであれば、「法律家としての資質」を疑われることになりかねない。

法教義学が威力を発揮するのはそれに留まらない。法教義学は、持ち込まれてくる事案の「事実関係の捉えどころのなさ」をも大幅に縮減する。たとえば「この土地は私のものだ／いやちがう」といって当事者が争っているとしよう。法律家たちは、法教義学の作り上げた「類型」にもとづいて、当該「事実関係」をもっぱら「所有権の帰属をめぐる争い」としてのみ取り扱う。その背景に当事者の先代以来の「全人格をかけたいがみ合い」がひかえていたとしても、そんなことは無関係である。というのも、それは当該事案の「法律要件事実」に含まれないからである。その結果、法律家たちは、もっぱらその「取得原因」や「対抗要件」の有無に関する事実だけを問題にする。たとえば、売買契約ないし贈与契約の成立要件、あるいは遺言の成立要件、さらに、いずれの当事者が先に有効に対抗要件を取得しているかといったことに関する事実のみ問題にするのである。この「絞り込み」は、法教義学あっての成果である。このような役割を果たすがゆえに、法教義学は法的論証において中心的役割を果たす。法教義学を欠いていては、法的論証は「論証の体を成さない」のである。

2　法教義学と論理的推論

（a）法的概念と論証

ここで関連する問題について敷衍しておこう。法教義学は、より抽象的な一般概念（法原理）からより具体的な個別概念（法準則）にいたる理解されてきた。法教義学は、伝統的に「法的概念 Rechtsbegriffe」と結びつけて「演繹的な概念体系」を作り上げており、「論理的演繹」によってあらゆる法準則が導き出されると考えられてきたからである。しかし、「法教義学が法的概念による論理的演繹の体系を構築している」という理解はどこまで成り立ちうるものなのだろうか。

まず検討を必要とするのは、「概念と論証のどちらが先行するのか」ということである。この点、「法的概念によ

第五章　法的論証

る論理的演繹の体系」というテーゼが前提とするのは、法的概念が論証に先行するという見方である。最初に法的概念があって、そこから演繹的に論証が行われるというのである。しかし、その関係は実際には逆である。多かれ少なかれ法的概念の方が論証過程において構成される（Vgl. *RG*, S. 384）。すなわち、論証の形成過程のなかで、当該事案に適した法的概念が徐々に輪郭をはっきりさせ、明確な像を結ぶようになるのである。概念が明確な像を結ぶ以前であれば、別様の論理的演繹は幾通りも可能なはずである。だが、概念が明確な姿を見せる段階に達すれば、そこで「法的概念から演繹的論証が行われた」に創出される。例によって、だれもそれを問題にしない。その結果、「法的概念から演繹的論証が行われた」という外観が「跡づけ的」ということが、そのまま人々に受け入れられてしまうのである。

もちろん法的概念は、過去に繰り返し同種の事案の論証に用いられており、当該事案の論証のため参照されるときにはすでに、ある程度の「規定性」を獲得しているという反論が予想される。だが、「規定性」がもたらすのは、せいぜいのところ論証のための「暫定的な出発点」にすぎない。たとえば、「共同不法行為」（民法第七一九条）という法的概念は、法律家であればだれしもその法律要件を即座に列挙できる程度の規定性を備えている。しかし、それが当該事案に本当にふさわしい法的概念であるか、また、それがふさわしい概念だとすればどのように具体化されるべきか、当初の段階では未定である。そうした事柄は、論証形成がある程度進行した段階で、はじめて明らかになるのである。いずれにしろ、法的概念はそれだけでは法的論証の決め手となるものではない（Vgl. *RG*, S. 387f.）。

（ｂ）　論理的推論に可能なこと

このように、法的概念からの論理的演繹推論は法的論証の決め手とならない。だからといって、法的論証において論理的推論が無意味に帰するわけではない。それは、決して見過ごせない重要な役割を果たす。

まず、論理的推論は「個々の法的論証のコントロール」に威力を発揮する。論理的推論は「論理必然的 logisch zwingend／論理的に誤った logisch fehlhaft」という図式を用いることによって特徴づけられる (Vgl. RG, S. 400)。法的論証は、基本的にこの図式にもとづいて整序される。かりに論理図式にもとづいて整序された法的論証のなかに論理的誤謬が含まれていた場合には、「論理的誤謬」に対する敏感さをもたらす。かりに論理図式にもとづいて整序された法的論証のなかに論理的誤謬が含まれていた場合には、ただちに是正が迫られるだろう。それはただちに明らかになろう。たとえば、それに「論理矛盾」が含まれていた場合には、ただちに是正が迫られるだろう。論理的推論は、法的論証を「反省的にコントロールする」ことを可能にする一つの「技術」として理解できる。

他方、十分に成功しているとは言えないにしろ、法教義学が法的概念による論理的演繹体系の構築に努めてきた成果として、論理的推論は「法的概念の操作」についても一定程度のコントロールの役割を果たしうる。論理的推論は、ある法的概念によって事案に対処できるかどうか疑義が生じている場合に、当該概念を修正するとどのような法的相違が生じるのか、どのような点では相違を生じないのか、そしてどのような弊害を生じるのかといったことについて、ある程度推知することを可能にする (Vgl. RG, S. 401)。たとえば、雇用契約（民法第六二三条以下）の概念に本来的には含まれない「付随的義務」（安全配慮義務）違反にまで債務不履行責任（民法第四一五条）の保護を及ぼすとすると、①「不法行為責任（民法第七〇九条以下）を追及するよりも被害者（被用者）側に有利になる（三年ではなく一〇年の消滅時効）、②かりに債務不履行責任一般の原則にしたがって「義務違反のないことの立証責任」を使用者側に課すとすれば、立証の難易度は不法行為責任を追及する場合とさほど変わらない、③他方、被害者側に「使用者の義務違反があることの立証責任」を使用者側に課すとすれば、立証の難易度は不法行為責任を追及する場合とさほど変わらない、④このような契約責任の拡張は契約の「責任範囲限定機能」をないがしろにするおそれがある等々といったことが、論理的に推知可能である。これによって、当該法的概念をどこまで修正してよいか、その際どのような法的手当てが必要かといったことを問題にできるようになる。

第五章　法的論証

3　論証の他者言及

論理的推論は、ここで述べたような意味においてならば、法的論証のコントロールにかなり有用である。しかし、そうしたコントロールは「論理的推論が法的論証の決め手になる」とする役割期待とは必ずしも一致しない。

さて、法的論証をめぐって縷々述べてきたが、法的論証において「外部性」がどのような仕方で参照されるのかという問題もまた避けて通れない。この問題には、伝統的に連綿と続けられてきた「法の閉鎖性と開放性」をめぐる議論が関わっている。ここでは「結果志向」と「利益志向」について検討する。

（a）　法的論証と「内的結果」

第二章でも述べたが、法プログラム（法準則）は基本的に「条件プログラム」の形をとる。条件プログラムとは、「Wenn／Dann」（もし〜ならば……がもたらされるべし）という図式にしたがって、一定の原因（要件事実）を、一定の効果（法律効果）の発動要件として確定するプログラムのことをいう。条件プログラム化によって、判決の根拠づけするにあたって、裁判官は「過去（基準時）において法律要件が満たされていたか否か」のみ問題にすればよいことになり、判決から派生する「将来の結果」を考慮する負担を大幅に軽減されるというのである。

しかし、裁判官の実際の考慮に将来の結果が含まれていないとはとうてい言い難い。判決が「過去にもとづいて未来を拘束する」ものだと理解されている以上、法的論証にあたって裁判官がなんらかの仕方で将来の結果を顧慮

第Ⅱ部　裁判の法理論

していることは明らかである。裁判官としては、法律要件が満たされているというだけで、期待される結果がまったくもたらされないような判決を下すわけにはいかない。

当然の前提として、裁判官は判決を形成するに先だって「当該事案にどのような法律効果を及ぼすことが適切か」を考慮しているから、適用すべき法準則を取捨選択している。どうしても期待された法律効果を導き出せない場合には、裁判官はそれを「法の欠缺」として、（あるいは創造した）法準則に当該事案の事実をあてはめることで、適切な法律効果を導出するのである。

もっとも、法律効果は、あくまで「当該法準則の適用に対して法が期待する結果」以上のものではない。それは言うまでもなく、経験的意味で問題になるような「現実の結果」（外的結果）ではない。したがって、たとえば債務者が執行を逃れたり、無資力のために期待された給付がなされず、法律効果が実現しなかったとしても、「法的には」困った問題を生じない。法律効果が「現実の結果」から切り離されているところに、条件プログラムの負担軽減機能の核心が存している。

（b）「外的結果」の考慮

では、人々が経験的意味で問題にするような「現実の結果」（外的結果）は、法的には問題にならないのか。法準則が条件プログラムの形をとるかぎり、法が外的結果を考慮する必要はないはずである。もちろん建前としてはそうである。しかし、法準則が外的結果と本当に無関係であってよいわけではない。もしそうなら、法は社会をなんら規律していないということにもなりかねず、だれも法準則を遵守することなどなくなるだろう。少なくとも、内的結果と外的結果は「概ね対応している」（ように見える）のでなければならない。

法的論証において外的結果を顧慮するということは、多かれ少なかれ「判決を目的プログラム化する」ということ

(Vgl. *RG*, *S*. 380f.)。

122

第五章　法的論証

とを意味している。(Vgl. RG, S. 379f.)。「目的プログラム」とは、一定目的の実現を目標とするプログラムである。その典型例は「政治綱領」である。その実現の失敗はただちに直接の責任（この場合には「政治責任」）を生ずる。かりに判決が目的プログラムだとすると、裁判官は判決のもたらす現実の結果に対して、直接に責任を負うことになる。たとえば、裁判官が「被告は原告に対して金一千万円を支払え」と判決したのに、債務者（被告）が無資力であるため給付が得られなかったとすれば、裁判官がその責任を直接に負うということになるはずである。しかし、裁判官は、目的実現のために特別の物理的強制手段を用いることができるわけではないし、リスクをヘッジするための備えもない。そうした手段や備えに欠ける以上、そのような責任を負わされていることには重要な意味があるのである。

しかし、「目的実現に向けての社会的圧力」は、裁判官がそうした立場に留まり続けることを許してくれない(Vgl. RG, S. 381)。とりわけ「公害訴訟」の場合のように、人々が政策目的の実現手段として裁判（所）に大きな期待を抱く場合にはそうである（政策形成訴訟）[19]。政策形成訴訟は、裁判（所）を「政治責任の大波」のなかに連れ出す。そこでは、裁判（所）は一般世論を喚起し、ひいては政府の方針を動かす重要なアクターとして、人々の熱いまなざしを受けることになる。裁判（所）が人々のそうした期待に適切に応えることができれば、その存在を社会に大きくアピールできる。だが他方、裁判（所）が人々のそうした期待を裏切るようなことになれば、人々の期待は大きな幻滅に変わるだろう。だからといって、なにもしない場合にも、裁判（所）の消極的な態度が問題を深刻化させたと、人々に非難される場合もしばしば見られる[20]。

いずれにしろ、「目的実現に向けての社会的圧力」は、裁判（所）をほとんど「八方ふさがり」の状況に追い込[21]んでしまう。それは、裁判（所）を身動きできないようにするだけで、望ましい展開にはつながらない。ここで確

123

第Ⅱ部　裁判の法理論

認されなければならないことは、「目的実現に向けての社会的圧力から距離をとることができること」こそが、裁判（所）の「思い切った判断」の条件を成しているということである。不用意に裁判（所）をそうした圧力にさらすことは慎まれなければならない。

2　「法的論証」と「利益志向」

(a) 「法的論証において考慮される利益」とは

法的概念からの論理的演繹が法的論証の基本に置かれるべきだとする「概念法学」が批判されるなかで、概念よりもむしろ「利益 Interessen」が法的論証の考慮の中心に置かれなければならないとする主張が有力となった。周知のとおり、これは「利益法学」の主張である。たしかに、紛争は多かれ少なかれ「利害の対立」に端を発しているる。また、それは「利害の対立」に翻訳可能である。だから、言うまでもなく判決を根拠づけするにあたって利益を考慮することは必要不可欠である。

では、「法的論証において考慮される利益」とはどのようなものか。しばしば目にするものを例示的に列挙してみよう。一方で、個人的性格を帯びた「生命」「身体」「自由」「財産」「名誉」「静穏な環境を享受する利益」「十分な日照」「プライバシー」といった利益、他方で、公共的性格の強い「公共の福祉」「社会の安寧」といった利益、はたまた取引秩序に関わる「取引の安全」「信頼」といった利益でも法的論証に用いられうる。一見すると、そうした利益の内容はきわめて多岐にわたっており、どんな利益でも法的論証に用いられうるかのようにも見える。そうした利益は「恣意的」に選別されているかのようにも見える。

内容面から出発するかぎり、あらゆる利益のなかから「法的論証において考慮される利益」が恣意的に選別されているように見えるのは仕方がない。もとよりその内容は、ここでの問題を解明する手がかりにはならない。むし

第五章　法的論証

ろ、ここでの目的のために注目すべきなのは、利益の「内容」ではなく、利益が法的論証のなかで果たす「役割」である。この点、利益が法的論証のなかで果たす役割とは、論理的演繹によって適切な結論が導き出せない（その以下では「利益定式」）としての役割である（Vgl. RG, S. 391）。有り体に言えば、比較的に無害なやり方で外部性を参照するための「法の外部規定定式」ような外観さえ取り繕えない）ときに、比較的に無害なやり方で外部性を参照するための「法の外部規定定式」に対処するために引き合いに出される「実質論」としての役割である（Vgl. RG, S. 394）。論証に際して問題とされる外部性は、この定式を通過することで、それぞれ「法的利益」として記述されることになる。その際、法的論証コンテクストに適合しない要素はふるい落とされる。外部性は、論証のなかで参照されるときには、すでに利益の名を借りた一種の「法的概念」に転化されている。

（b）「利益による法的論証」の特色

「利益による法的論証」は、「概念からの論理的演繹」とはかなり異なるやり方で行われる。利益による法的論証と概念からの論理的演繹は、裁判官の実際の作業のなかでは「渾然一体化」しているのだが、あえて前者を純化した形で示してみよう。利益定式は、参照される利益を「より要保護性の大きな利益」（優先利益）と「それに劣後する利益」（劣後利益）とに区別することを求める（Vgl. RG, S. 396）。そのために行われる作業が「利益衡量」である。利益衡量とは、当該事案において問題になる利益のうち、どの要保護性がより大きいかを比較検討し、明らかにすることである。利益衡量によって優先性が認められた利益に対して「法的保護」が与えられることになる。そして、空港利用がもたらす「公的利益」が比較検討される。そして、空港利用がもたらす「公的利益」の優先性が認められれば、（一定の補償のもとに）住民は騒音を受忍しなければならなくなる。[23] 劣後利益もたらす「静穏に生活する利益」と、空港利用がもたらす「公的利益」が比較検討される。そして、空港利用がもたらす「公的利益」の優先性が認められれば、（一定の補償のもとに）住民は騒音を受忍しなければならなくなる。もっとも、いったん劣後利益として結論が出された利益も、以後一切顧慮されなくなるわけではない。劣後利益

第Ⅱ部　裁判の法理論

も、別の観点から要保護性を認められることは十分にある。たとえば、それは「補償」を考慮するための根拠事由となる。また、状況が変化した場合には、優劣関係が逆転する場合も生じてくる（Vgl. RG, S. 396f.）。先ほどの例で言えば、騒音被害によって人々の精神面にもたらされる被害の重大性が科学的に明らかになるなど、住民の「静穏に生活する利益」の重要性があらためて確認される一方、航空需要の分散化等の理由で当該空港における航空機の夜間離発着の必要性が低下したというような事情がある場合には、住民側の利益が優先され、航空機の夜間離発着が禁止されるということもありうるはずである。つまり、概念からの論理的演繹とは異なり、優先利益と劣後利益の衡量結果は、未来に開かれたものとして留保されている。利益による法的論証は、融通性の点で非常に優れた方法である。それは、まさにその融通性によって「形式論」の限界を補うという役割を果たすのである。

（c）「利益志向」の限界

とはいえ、利益による法的論証は、根拠の問いの無限遡行を切断するには、あまりに開放的である。法的論証においてそのような開放性を前面に出すことは禁物である。利益による法的論証が依拠できるのは、争いの当事者や一般の人々による「直接的な了解」ないし「説得力」だけである。言わずもがな、そうした了解や説得力は危ういものである。それは「なにゆえにそうなのか」という根拠への問いを容易に呼び起こす。かりに、利益による法的論証を前面に出してよいときがあるとしても、当事者と一般人による直接的な了解が「確実に」期待され、それ以後も余計な疑義を生ずるおそれがないような特別の場合に限られよう。それは例外以上のものではありえない。利益を法原理の「代用品」として用いることには極めて問題がある（Vgl. RG, S. 397f.）。

翻って考えてみれば、直接的な了解や説得力に依拠することなく論証を行いうるということこそが、概念からの演繹的論証のもたらす「成果」なのである。それは、法的論証を「抽象的な一般概念」（法原理）に依拠せしめることで、人々の直接的な了解や説得力を不問にしてしまう。それは法的論証が了解や説得力のような「危うい

126

第五章　法的論証

の」に依拠することを回避せしめる。利益による法的論証は、この「進化的成果」に対して破壊的な帰結をもたらしかねないという意味で、法的論証の中心にはなりえないのである。

4　小括

本章ではまず、法的論証が「法原理」を用いて根拠の問いの無限遡行を阻止するものであることを示し、そのための「からくり」を明らかにした。続いて、そうした「からくり」と密接に関連する「法テクストの解釈」について論じ、その不可欠の条件としての「法教義学」とはどのようなものか概観した。さらに、「結果志向」や「利益志向」は法的論証にどのような問題をもたらすのかといった、関連するテーマを論じてきた。
法教義学によって方向づけられた法的論証は、法的根拠に関わる自己言及を脱パラドックス化することに、いまのところどうにか対処できているように見える。しかし、法的論証に突きつけられる要求水準は、時代の変化とともにますます高くなっている。求められる柔軟性と多様性は、もはや過大になっていると言ってよい。「根拠の問い」の無限遡行」を食い止める負担は、どうにもならないまでに増しているが、いまやそれは極大化している。「根拠の問い」の問題を「手続保障」の問題に置きかえようとする「手続化 Prozeduralisierung」が盛んに議論されるようになってきたのは、まさにそのためである（Vgl. RG, S. 345f.）。しかし、手続はそのような困難を軽減する「補助的装置」としての役割を十分に果たしうるものなのか、果たしうるとすればどのようにしてなのか、さらに考察を進める必要がある。そこで次章では「裁判の手続」について検討することにする。

第六章　裁判の手続

1　法の自己言及と手続

ここで扱う問題も、法的論証の場合と同様に、決定パラドックスの脱パラドックス化に関わっている。ここで検討の対象となるのは、法的決定（判決）の社会次元における「不可能性」を可能に転ずる社会的メカニズムである。ここでは、第四章で留保しておいた、「社会的実体としての紛争」のもつポテンシャルに対処するための社会的メカニズムを検討する。まさにそのメカニズムが「裁判手続」である。

1　決定パラドックスの時間化

（a）**回答の時間的引き延ばし**

まず一般的な問題設定からはじめよう。だれしも、答えを見いだせない難問に直面したときには、その回答を

第Ⅱ部　裁判の法理論

「時間的に」留保しようとする。それは基本的に「答えを模索する時間を得るため」である。だが、しばしば回答を時間的に引き延ばすこと自体が、一つの「暫定的解決」であることもある。

この「暫定的解決」は、当該の問いが「そもそも回答不能」である場合には、とくに重要な意味をもつ。というのも、その問いについて「いまは時間の制約があって答えられない」という外観を取り繕うことができるからである。そのかぎりで「回答不能性」は無害化される。これに加え、つぎの事情もある。当該問いをめぐる状況は刻々と変化するため、時間を稼いでいる間に問いそのものが人々の関心の対象ではなくなる可能性もある。さらに、その時間を利用して答えを捏造し、それが真の答えであると人々に信じ込ませることもできる。そうした場合には、当該「暫定的解決」は「終局的解決」に転化される。

まさに判決の形成過程において「回答の時間的引き延ばし」は大きな威力を発揮する。判決とは、法/不法をめぐる問いに、法/不法の区別を適用して答えを「確定」することである。しかし、その「答えの確定」は、決定パラドックスに由来する「原理的不可能性」をともなっている。そうした不可能性の「回避策」として用いられるのが「回答の時間的引き延ばし」である。「いまは時間の制約があって答えられないが、いずれは答えることができる」ということにしておく。そうしておけば「回答を時間的に留保しておく」ことを前提に開始されていてはならない（捏造する）ための猶予を与える（Vgl. RG, S. 207）。「回答の時間的引き延ばし」は当分の間無害である。だから裁判手続は、「回答を時間的に留保しておく」ということにあらかじめ原告/被告のいずれの主張に軍配が上がるか確定されていてはならない（捏造する）ための猶予を与える。だがそれは同時に、その答えを当事者に受け入れさせるための時間稼ぎでもある。

（b）「回答の時間的引き延ばし」と手続

このように「回答の時間的引き延ばし」は、裁判（所）が決定パラドックスに対処するための前提となる。裁判

第六章　裁判の手続

（所）は、それを前提として、決定パラドックスを内的に処理するための手順を発達させてきた。その手順こそが「裁判手続」である（Vgl. RG, S. 207f.）。

社会学的に見れば、裁判手続は、両当事者および裁判官による「裁判上のやり取り」の連続体である。その基本型は、原告の訴え提起／被告の応訴によって開始され、争点や証拠の整理を経て、両当事者の主張・立証の積み重ねののち、裁判官による「終局判決」によって終了するというものである。手続は、その開始から終了にいたるまでのそこでのあらゆるやり取りが、当該手続内部の独自の規律に服する。手続は、そのような規律を備えることで、法システムの下位の「独自の相互作用システム」として分出する（Vgl. RG, S. 209f.; LV, S. 59ff. 邦訳六六頁以下）。

手続自体を法的に規律する「手続法」、および、手続規律と実体法上の法律要件とが結合した「証明責任分配ルール」（要件事実論）は、手続の分出のもたらした最も重要な成果の一つである。こうした裁判手続上のルールは、いずれの当事者に法／不法を配分するかについて、裁判官が時間をかけて慎重に検討することを可能にする。原告によって訴えが提起された段階では、実体法上の要件事実についての判断は、すべて白紙の状態である。裁判官は、原告の請求の法廷でのやり取りをじっくり観察しながら、当該要件事実について心証を形成すればよい。裁判官は、当該事案が「訴訟要件」をも満たしていることを条件として、請求認容（原告勝訴）の判断を下せばよい。他方、裁判官がそうした要件事実について十分な心証を固めることができなければ（あるいは権利障害・阻止事実について心証を固めれば）請求棄却（被告勝訴）の判断を下せばよい。実際の判断はここまで単純ではないが、いずれにしろ裁判官は両当事者のやり取りの様子を見て、時間をかけて当該問いの答え（判決）を模索し、機が熟した「頃合い」を見計らって当事者にそれを「受容させればよい」のである。

2 「訴訟が裁判をするのに熟したとき」について

(a) 判決の頃合いのはらむ困難

　判決を出すのに適切な頃合いとはいつのことなのか。その頃合いはどのようにすれば達成されるのか。この点、裁判官が当該要件事実が満たされていることについて心証を形成してしまえば、それは口に言うほどに容易なことではない。だが、それは口に言うほどに容易なことではない。合いはどのようにすれば達成されるのか。この点、裁判官が当該要件事実が満たされていることについて心証を形成してしまえば、それにについて判決を出すことができそうにも思える。たとえば、裁判官が問題となっている要件事実を職権で探知し、それについて心証を形成してしまえば、すぐにでも判決を出すことができそうである。その方が手っ取り早いとさえ思える。しかし、かりにそのようなやり方で裁判官が心証を固めたとしても、なお紛争のもつポテンシャルがコントロール困難で、判決のリアクションが裁判所へとじかにフィードバックされかねないような状態であれば、不用意に判決を出すのは危険である。当該紛争は裁判所を巻き込んで社会化されかねない。そこまでいかなくとも、紛争はこじれるばかりであろう。そんなことでは判決を出すのに適切な頃合いとはとうてい言えない。

　そもそも、紛争に介入する際には、細心の注意が必要である。紛争のもつポテンシャルをコントロールすることは容易なことではないからである。すでに述べたように、裁判（所）に現れてくるのは、「社会的実体としての紛争」のほんの一部分にすぎない。背後に多数の「潜在的当事者」がひかえているかもしれない。裁判（所）に現れてきている事柄が「社会的実体としての紛争」の本質的部分でないことも十分に考えられる。さらに、当該紛争の直接の関係者とまでは言えない周囲の人々、たとえば当事者の家族や親戚、職場の関係者や取引先の人々に不用意に介入すれば、「予期せざる反作用」によって、問題をより複雑にしてしまうこともしばしばある。そこで、判決を出す頃合いに達するためには、少なくとも当該手続との関

(4)

第六章　裁判の手続

(b) 道徳的パッションの切り離し

ここでの課題は「手続の分出」と密接に関わっている。「社会的実体としての紛争」は、手続のなかでは、法／不法をめぐる主張の対立へと「些末化」され、当事者は自らの法律上の主張を裏づけるような「訴訟行為」（申立や事実主張・立証）のみ行ういう。この「限定」は、紛争ポテンシャルを当該手続との関係でコントロールするうえで、重要な機能を担っている。

紛争そのもの、つまり「社会的実体としての紛争」は特定性の低い相互作用システムであり、義憤や正義感のような「道徳的パッション」の表出を当然に含んでいる。むしろ、道徳的パッションの表出の方がその主要素であるとさえ言いうる。この点、訴訟行為は手続が道徳的パッションの表出から距離をとることを必然ならしめる。訴訟行為に期待されるのは、終局判決に向けての直接間接の手続上の効果である。道徳的パッションの表出の場面では極力排除されなければならない。当事者が「熱い思い」を胸に抱いていたり、相手方に「強い憤り」を感じていたとしても、直接それを手続に反映させることはできない。手続はそうした「熱い思い」や「強い憤り」とは無関係に淡々と進められていく。

この過程で、手続上の出来事は道徳的パッションから基本的に切り離される。手続上の形勢の有利／不利は、もっぱら「中立的」な訴訟行為の積み重ねによってのみ決せられる。それは当事者（および周囲の関係者）たちの道徳的パッションを直接反映するものではない（Vgl. LV, S. 105f. 邦訳一一〇頁以下）。かりに一方の当事者の手続上の形勢が不利になっても、それは「中立的」な訴訟行為の積み重ねの結果でしかない。そうした結果に対して裁判所が判決を下しても、敗訴する当事者を「道徳的に断罪」したり、「人格的に否定」したりすることにはならない。

133

第Ⅱ部　裁判の法理論

このような状態にあるかぎり、出された判決に直接に「道徳的非難」が向けられ、裁判所が紛争の渦中に引きずり込まれるというような危険は可及的に回避される。この段階に達すれば、紛争ポテンシャルは当該手続との関係においてはコントロール可能な状態にある。

２　手続固有の論理と拘束性

もっとも、「判決を出す頃合い」を達するためのメカニズムについて、検討すべきことはこれだけに留まらない。さらに、訴訟行為の積み重ねはいかなる仕方で当事者の手続上の形勢の有利/不利を作り出すのか、また、そうした手続上の形勢の有利/不利と「実体法規の適用」はどのようにして適合化されるのか、より踏み込んで検討しておく必要がある。

１　役割行動の拘束性

（a）　手続固有の役割の成立

「手続の分出」の最も注目すべき成果は、「手続固有の役割の成立」である（Vgl. LV, S. 60ff. 邦訳六七頁以下）。手続に関与するに際しては、裁判官も訴訟当事者も全体社会における他の社会的役割とは異なる、手続固有の役割のみ期待される。

裁判官には、手続が公正かつ円滑に進んでいくよう適切な訴訟指揮を行い、慎重に心証形成したうえ、公平な立場で法的判断を下すという役割のみ期待される。言うまでもないことだが、彼（女）の役割は地域社会や党派、家

134

第六章　裁判の手続

庭などの考慮から切り離されていなければならない。当該事案の処理に臨むことは許されない。他方、訴訟当事者には、法律上の主張について攻撃防御し、裁判官に法的判断を求める訴訟手続上の行為者としての役割のみ期待される。当事者についても、全体社会における彼(女)の他の社会的役割は考慮されてはならない。一方の当事者が有力な政治家で、他方がふつうの市民であるからといって、前者が優遇されてはならない。また、一方の立場があまりに悲惨に見えるからといって、他方より手厚く保護されるというようなことも禁じられる。手続内部では、対立する両方の当事者は平等に取り扱われなければならない。

手続において全体社会における他の社会的役割を考慮しないということは、単なる「儀礼的演出」などではない。これは、手続に関与するすべての者を政治や経済の影響、はたまた道徳的パッションの影響から切り離し、もっぱら法/不法の配分をめぐる「法律上の主張の理性的検討ゲーム」に専念できるようにするための「制度的工夫」である。これによって、手続に属するあらゆるやり取りは、政治や経済や道徳など他の社会領域におけるやり取りとは区別された、独自のやり取りとして扱われるようになる。ここで注目されるのは、手続が政治力でも経済力でも道徳的影響力でもなく「手続固有の論理」によってのみ関与者を規律し拘束するということである。それは、「手続上の役割行動」の積み重ねがもたらす独自の拘束力である。

(ｂ)「自己表出」の拘束性

では、手続上の役割行動は当事者をどのようにして拘束していくのか。これは当事者の「自己表出 Selbstdarstellung」の拘束性に関わっている (Vgl. LV, S. 91ff. 邦訳九六頁以下)。手続上の自己表出は、つぎのような仕方で当事者を拘束していく。

当事者の役割行動は、そのつど裁判官をはじめ、相手方当事者、弁護士、書記官等の職員、傍聴人、そして当該

135

事案に関心をもっている周囲の一般の人々による直接・間接の視線にさらされている。そうした視線は、しばしば当事者の些細な自己表出にいたるまで及ぶ。それはとりわけ「矛盾した挙動」へと向けられるのであり、当事者は否応なく「自己表出の整合性」を要求される。手続上行われる申立や事実の陳述、立証活動が前後矛盾に陥ったり、意味不明であったりすることは、極力回避されなければならない。当事者が矛盾した陳述などすれば、裁判官の心証を大きく損ない、また相手方当事者（および弁護士）も黙っていないだろう。それは、当事者自身の立場をいたずらに不利にするだけである。たとえば、交付された金銭の返還が求められている事案で、当初被告が「お金は返した」と争っておきながら、それで都合が悪くなったら「あれはもらったものだった」と主張を撤回するようなことは許されない。このようにして、自己表出の整合性要求は当事者の役割行動を拘束する。

「整合性要求の拘束力」は、継続的なやり取りのなかでしだいに強まる。そこでは、それ以前のあらゆるやり取りの結果が「システム史」として積み重ねられていくからである。積み重ねられた「システム史」の成果を踏みにじるようなことは基本的に許されない。整合性要求の拘束力は、手続の進行とともに覆すことができないものとなる。しかもそれは、当事者の「自由な行動選択」の結果としてそうなるのである（Vgl. *LV,* S. 93f. 邦訳九八頁以下）。

2　「実体法規の適用」との適合化

原則として、終局判決は当該事案に対する「実体法規の適用」という形で出されなければならない。終局判決に対しては、法のコードとプログラムを全体社会レベルでシンボリックに貫徹するということへの役割期待があるからである。しかし、整合性要求の拘束力は、必ずしもそれに適合的な仕方で当事者を拘束しない。それが、「実体法規の適用」のために期待される方向とは無関係に当事者を拘束することも十分に考えられる。そこで、いかなる過程で「整合性要求の拘束力」が「実体法規の適用」に適合化されるか、なお検討しておかなければならない。こ

第六章　裁判の手続

の適合化の過程は、大別して「未構成の紛争を構成する過程」と「訴訟の審理における過程」に分けられる。

(a) 未構成の紛争を構成する過程

紛争は裁判手続の開始に先だって「未構成の紛争」に留まっており、なお裁判手続において取り扱いうるような規定性を獲得してはいない。そのようななかでの当事者のやり取りは、どのように進んでも、およそ「実体法規の適用」には適合しない。

そうした未構成の紛争に、端緒となる法的規定可能性をもたらすのが、弁護士による「事案構成」である。弁護士は、原告が日常的な言葉で必死に訴えかけてくる「思い」のなかから、法的考慮に値する要素（要件事実）をうにかして抽出しようと試みる。もちろん、そうした要素を見いだすことができず、訴えを起こすことが無理だとわかることもある。しかし、多くの場合、なんらかの要素を抽出して理屈を作り上げることは可能である。弁護士のそうした努力の結果、当該紛争は、なお不確定な要素を含みながらも、一応のところは「権利義務の争い」の外観を備えるにいたる。その後の当事者のやり取りは、この「事案構成」によって大枠を規定されることになる。

構成された事案について適法な訴状が裁判所に提出され、被告がそれに応訴すれば、実体法規を適用できる状態に達することとなり、まだこの段階でも、そのまま当事者がやり取りを進めたところで、訴訟係属がはじまる。しかし、まだこの段階でも、そのまま当事者がやり取りを進めたところで、訴訟係属がはじまる。そこで、よほど筋のいい事案でもないかぎり、「争点および証拠の整理」が行われることになる。この過程で、原告の法律上の主張がどのようなものであるか、とりわけどのような実体法規が検討の対象になるのか、被告はなにを争えばよいのか、そうした法的争点についてどのような証拠が用いられるのか、といったことが明らかにされる。当事者のなすべき手続上の役割行動はこの段階でほぼ明確に方向づけされる。ここに来てようやく、「整合性要求の拘束力」が「実体法規の適用」に適合化される見通しが立つようになる。

137

第Ⅱ部　裁判の法理論

(b) 訴訟の審理における過程

つぎに、訴訟の審理における適合化の過程を見よう。訴訟の審理における適合化の当事者の役割行動は、先に簡単にふれた「証明責任分配ルール」（要件事実論）によって、「実体法規の適用」に適合するよう誘導される。このルールは、実体法上の法律要件要素ごとに原告と被告のいずれが主張・立証の責任を負い、それができなければ敗訴のリスクを負うのかを決するものである。権利発生の要件事実は原告が証明責任を負い、逆にそれを妨げたり阻止したりする要件事実は被告が証明責任を負うというのが原則である。裁判官はその訴訟指揮を通じて、当事者が証明責任分配ルールにもとづいて攻撃防御を展開するよう促す。当事者もまた、そうしなければ敗訴するというのだから、否応なくそれにしたがって行動する。

たとえば、当該事案について「不法行為による損害賠償」（民法第七〇九条以下）が問題になっているとすれば、原告（被害者）は、①被告（加害者）の「故意・過失」、②「権利侵害」、③「因果関係」について主張・立証しなければならない。かりに、原告が③の法律要件について十分に立証できないなら、そのままでは原告が敗訴する。他方、①②③すべての法律要件が満たされていることについて裁判官の心証が固まりそうになっていれば、被告の方でそれを反証によって突き崩すなり、抗弁を出して自ら立証するなりしなければ、被告が敗訴することになる。

このようにして当事者の自己表出の積み重ねは、もっぱら法律要件事実をめぐって行われるようになる。当事者の手続上の形勢は、そのまま「実体法規の適用」へと適合化される。そうした手続上の形勢が動かしがたいまでに固まれば、すでに行使可能な攻撃防御方法を使い尽くした当事者は、たとえ主観的にどう感じていようとも、「実体法規の適用」の形をとる終局判決の受容をもはや排することはできない。

3　判決受容の可能性

1　判決受容のあり方

(a)　二つの判決受容

終局判決の受け入れを強いられる当事者の抵抗感は非常に大きい。敗訴当事者はもちろん、勝訴当事者にとっても、その抵抗感は決して小さくはない。実際、勝訴当事者にとっても、その期待と乖離した判決が下されるのであれば、判決を受け入れる抵抗感はかなり大きいはずである。

たとえば、ある人が自分を侮辱した相手に対してなんら謝罪を命ずることはなく、そのかわりにわずかの慰謝料の支払いを命じたとする。現行法の建前によればこれが原則である。しかし、彼（女）が素朴に「誠意ある謝罪」を目的として訴えを提起したのに、判決は相手になんら謝罪を命ずることはなく、そのかわりにわずかの慰謝料の支払いを命じたとする。現行法の建前によればこれが原則である。しかし、彼（女）が素朴に「誠意ある謝罪が判示されること」に期待を抱き続けていたとすれば、たとえ勝訴判決であっても、そのような判決を素直に受け入れることができるとは思えない。このようなことでは、いずれの当事者も判決を受け入れるにあたってなんらかの反発を感じざるをえないはずである（Vgl. LV, S. 107ff. 邦訳一二三頁以下）。

ところで、判決の受け入れには、大きくわけて、①判決の意外な結論を大きな失望をともないつつ受け入れる場合と、②当事者が当該紛争について学習し、納得づくでその結論を受け入れる場合とがありうる。①の場合における敗訴当事者の抵抗感は甚大である。そうしたことが頻繁に繰り返されれば、裁判制度全体に対する不信感が急速

第Ⅱ部　裁判の法理論

に拡大していくおそれさえある。しかし他方、②のような仕方で当事者が判決を受け入れられるよう努力しても、裁判手続が「実体法規の適用」のいずれを目標にするかによって、手続において配慮されるべき事柄が大きく異なってくるからである。ことに、「実体法規の枠」に当事者を追い込んでいくのか、それとも「開かれた状況」のなかで当該紛争について学習するよう当事者を促していくのかという「志向性の違い」を看過することはできない（Vgl. LV, S. 111ff. 邦訳一一六頁以下）。

(b)　「埋められない溝」を埋める

裁判手続が「実体法規の適用」にこだわり続けるかぎり、多かれ少なかれ、①のような仕方で当事者に判決が受容されることになる。当事者の思いは、よほど例外的な場合を除いて、そのままでは「実体法規の枠」と離れたところにある。だから判決は、当事者にこの乖離を押しつける「悪者」になってしまうのである。そこで、なんらかの方法で「埋められない溝」を埋め、①を②に近づけていくような工夫が必要だということになる。ここで取り組まなければならない問題は、当事者が①ではなく②のような仕方で判決を受け入れることができるためにはなにが条件となるのかということである（Vgl. LV, S. 114ff. 邦訳一一九頁以下）。さしあたりそのためには、判決の受容についての当事者の「マイナスのインセンティブ」を取り除くとともに、当事者が「プラスのインセンティブ」をもてるようにする必要があると言える。

マイナスのインセンティブの主たるものは、敗訴判決の受け入れによって、様々な波及的影響が敗訴当事者の人格に及んでくるおそれがあることである。とりわけ、敗訴判決を受け入れることで「道徳的非難」が敗訴当事者の全人格に破壊的な仕方で波及することが危惧される。それでは当事者は黙って判決を受け入れるわけにはいかないだろう。①を②に接近させるためには、そうしたマイナスのインセンティブを最小化することが、まず必要である。

140

他方、当事者がプラスのインセンティブをもてるようにするには、当事者が様々なパースペクティブを比較参照しながら当該紛争自体について学習するよう促すことが重要である。こうした学習促進が、「実体法規の枠」によってある程度制約を受けることは仕方がない。しかし、「実体法規の枠」の範囲は意外に広い。解釈作業を通じて法規が具体化される以前であれば、当該法規の法律要件それぞれについて「ふくらみある対応」の余地は十分にある。そもそも手続が開始されてしばらくは、どの実体法規が検討の対象となるのかさえ、なお不確定である。選択の余地はかなり大きい。少なくとも最初の段階に限って言えば、「実体法規の枠」の範囲でも手続は相当に多様な方向で展開しうる。この「展開可能性」を利用して、当該紛争についての当事者の積極的な学習を促すことはなお可能である。

2 判決受容のインセンティブ

(a) 道徳的非難の切り離し

マイナスのインセンティブの除去については、すでに述べた「道徳的パッションの切り離し」が重要な役割を果たしている。それは判決を下す裁判所に対してメリットをもたらすだけではない。この切り離しが、敗訴当事者に対して「道徳的非難が全人格に波及することを阻止する」というメリットをもたらすことに注目する必要がある。

繰り返し述べてきたように、手続は、そのなかでの道徳的パッションの表出、とりわけ道徳的非難の積み重ねを可及的に排除する。当事者の手続上の形勢の有利／不利は、もっぱら「中立的」な役割行動(訴訟行為)の積み重ねの結果である。そこでは、かりに一方当事者の手続上の形勢が不利になっても、役割行動の不手際の結果でしかない。その結果によって、彼(女)が「悪である」と見なされたり、彼(女)には道徳的非難が直接向けられることはない。敗訴当事者は、その「道徳的非難の切り離し」という成果を、「全人格を否定」されたりすることはない。

携えて全体社会へと戻っていく。それは、つぎのような仕方で道徳的非難が全人格に波及することを阻止する。たとえば、ある医者が医療過誤訴訟で敗訴したとする。もちろん彼(女)は、判決によって命じられた損害賠償責任をきちんと果たさなければならない。しかし、この損害賠償責任を通じて、彼(女)の負うべき責任の範囲は、道徳的非難とは中立の「損害賠償責任」に限定されてしまっている。裁判所は、被害者をはじめとする周囲の人々がなんと言おうと、それ以上の道義的非難には協力しない。損害賠償責任は彼(女)にとってまさに道徳的非難からの防波堤である。裁判所は、こうした道徳的非難の切断作用を無意味化しないように十分に配慮する必要がある。

以上のような仕方で、敗訴当事者が判決を受け入れることに対して感じるであろう拒絶感はかなり弱められる。よって、判決受容のマイナスのインセンティブはかなり軽減されることになろう(15)(Vgl. LV, S. 117f. 邦訳一二二頁)。

(b) 紛争の学習促進

つぎに、「紛争の学習促進」について述べよう。一般に、学習を促すためには、学習者が様々なパースペクティブを参照することによって、自らの置かれている状況に定義を与え、それを対処可能なものに転化することができる。ここに「学習」と言っているのは、人が自分の置かれている状況になんらかの定義を与え、それを受け入れるようになることである。では、手続は当事者が紛争について学習するように促すのだろうか。

手続は一種の「相互作用システム」であり、手続上の一つの役割行動は他の役割行動と相互補完的な関係にある。手続のなかには、当事者から見て、少なくとも当事者自身、相手方当事者、そして裁判官という三つの役割パースペクティブが存在している。手続上のやり取りにおいて、当事者は、自らの役割パースペクティブと相手方パースペクティブ、さらに裁判官の役割パースペクティブを往復的に考慮しながら行動しなければならない。

第六章　裁判の手続

その際、当事者たちは、この三つの役割パースペクティブに照らして、目下の紛争状況をどう定義すればよいのか考えることになる。すなわち、この紛争はなにがきっかけだったのか、だれがそれをここまでこじれさせたのか、自分は紛争をこじれさせるにあたってどのような役割を果たしたのか、そうした問いについて複数のパースペクティブを参照しつつ自分で答えを出すことが必要となる。そのようななかで、当事者は当該紛争についての自分なりの「状況定義」を見いだすであろうし、当該紛争を「対象化」できるようになるだろう。また、当該手続をステップとして今後なにをするかについても考えるだろう。その結果として、彼（女）は、終局判決に対して「期待過剰」にも「期待過小」にも陥らずにすむようになるかもしれない。このようにして、彼（女）は終局判決の受容についてある程度前向きになれる。

4　小括

本章では、裁判手続の機能が、時間を利用して決定パラドックスを当面無害化するとともに、その間に紛争ポテンシャルを対処可能なものに転じ、当事者に判決を受け入れさせることにあるということを明らかにしてきた。そうした問題設定を機軸として、判決に対する道徳的非難はどのようにして回避可能になるのか、当事者はどのようにして判決へ向けて拘束されていくのか、手続上の形勢と実体法規の適用とはどのようにして適合化されるのか、当事者はどのようにして手続の結果（終局判決）を前向きに受け入れることができるようになるのかといった個別テーマについて検討してきた。

第Ⅱ部　裁判の法理論

　以上に関して、のちの議論との関係で一点だけ取り上げておくことにしよう。それは「手続は実体法規の適用にどこまで適合化されなければならないのか」という問いである。ルーマン自身は、当事者の勝敗は「実体法規の枠」にきっちり収まるべきだと考えているようである（Vgl. z. B. LV, S. 115ff. 邦訳一一九頁以下）。当事者の期待は、実体法規の適用の要請に劣後する。そうであってはじめて、法のコードとプログラムを全体社会レベルでシンボリックに貫徹するという裁判の役割期待が全うされるというのが理由である。しかし、訴訟の実際を見ていると、実体法規の適用というのは見かけだけで、当事者は「実体法規の枠」のなかに厳格に追い込まれているとは言えない場合の方が多い。また、「訴訟上の和解」のような仕方で、当事者のイニシアティブで訴訟が終了される場合がむしろ多いことを考えあわせると、実体法規の適用と手続の結びつきはかなりゆるやかであってよいように思われる。重要なテーマなので、これについては、本書の結語でもう一度立ち戻って検討することにしたい。

144

第Ⅲ部　法とその外側

第七章　法の構造的カップリング

第四章から第六章まで、「法的決定」、「法的論証」、そして「裁判手続」といった、法システムの自己観察の中心拠点の作動について論じてきた。これに対して、本章で問題にするのは、法システムとその外側との結合のあり方である。ここでのテーマはどちらかと言えば、法システムの「周辺」に関わっている。法システムの周辺における、つまり「決定の強制」を課されることのない「ふつうの法的やり取り」に対して、法システムの分出がいかなる意味をもつのかについては、なお検討しておく必要がある。

1　構造的カップリングについて

あえてルーマンに指摘されるまでもなく、私たちは日常、法の論理とその他の社会的論理を「使い分け」ている。そうした論理を使い分けることによって、私たちは社会的なやり取りを複合的に組み立てることができる。かりにそうした論理を不用意に「ごちゃ混ぜ」に用いるとすれば、目的実現のためのコストがかさむばかりである。現代

第Ⅲ部　法とその外側

社会の高度の複雑性を念頭に置けばなおさらそうであろう。現代社会においては、社会的論理の使い分けは不可避である。

この点、ある特定の社会システムの論理に準拠しながら、特別の装置を用いることで他のシステム（社会システムのみならず心理システムをも含む）の論理を自らの固有の論理と接合し、利用するやり方がある。これが「構造的カップリング」である。第Ⅰ部で述べたように、構造的カップリングとは、システム相互が相手の構造を利用して一時的に結合することである (Vgl. RG, S. 440ff.; GG, S. 776ff.)。それは、二つのシステムが境界を選択的に利用することで、システム単体で処理できる以上に高度の複雑性に対処しうるような、システムの相互依存形態である。細かく見ていけば、そうした相互依存形態は、あらゆる社会的やり取りに張りめぐらされているはずである。しかし、そのような相互依存形態のすべてをここで論ずることは実際上不可能である。ここでは「憲法」を用いた法と政治との構造的カップリング、「所有権」と「契約」を用いた法と経済との構造的カップリング、さらに、かなり性格を異にするが、「（主観的）権利」を用いた法と心理との構造的カップリングについて検討するに留める。

2　法と政治との構造的カップリング

1　法と政治の分化

法システムと政治システムとの構造的カップリングを扱う前提として、まず「法と政治の分化」について論じておかなければならない。というのも、歴史上法と政治を別々の論理にわけることは、必ずしも自明だったわけでは

148

第七章 法の構造的カップリング

ないからである。ルーマンによれば、それは社会の機能分化によってはじめて達成されたのである(Vgl. RG, S. 150ff.)。

(a) 主権の自己言及

法と政治の分化を論ずるには、法と政治のいずれの論理においても最終的にたどり着く一つの「自己言及」に取り組まなければならない。それは、「主権によって主権を基礎づける」という形でしばしば問題にされてきた「主権の自己言及」である。この自己言及は、裁判権と統治権が一体視されていた近代初期の政治状況によって生じたものである。当時は、法と政治は統一体と見なされ、法と政治に関するそのような自己記述(国家理論)が一般に通用していたのである(Vgl. RG, S. 409f.)。この自己記述は法的ゼマンティクとして人々のやり取りの基本的方向を規定していた。

この自己言及は、とりわけ「抵抗権」の根拠づけをめぐってしばしば問題にされた(Vgl. RG, S. 411)。というのも、その根拠づけに際しては、主権が自らを否定するような事態まで、主権によって基礎づけてしまうという自己言及パラドックスに取り組まざるをえなかったからである。つまり「恣意的な主権」(本当にそれが「恣意的」であるかどうかは問題ではない)はもはや主権ではないというのである。そして、(現行の)主権は(別様に解釈された)主権の名の下に正当に破壊される。こうなってしまうと、「法による平和」の実現はもはや困難となる。近代初期のヨーロッパが百年以上にわたって混迷に陥れられたのは、そうした「主権のパラドックス」の問題であった。

(b) 主権のパラドックスの脱パラドックス化

抵抗権の根拠づけの問題にも現れているように、あらゆることを(法的＝政治的)主権によって基礎づけなければならないとすると、自己言及パラドックスを避けることはできない。そこで、このパラドックスを脱パラドック

ス化し、取り扱い可能なものへと転化する手立てが必要となる。そのような手立てとしてさしあたり有効な方策は、「法（的主権）と政治（的主権）の区別」である。その区別とは、主権のパラドックスを脱パラドックス化するためには、法と政治の区別が貫かれなければならない。その区別とは、主権のパラドックスを脱パラドックス化するためには、法と政治の区別が貫かれなければならない。

法システムの側から眺めた場合、主権のパラドックスはつぎのような仕方で脱パラドックス化される。この区別の貫徹は、法が政治を自らの「他者」（外側）と見なすことを可能にする。そうすると、政治はまさに他者であるから、法がこれに（法的）主権の根拠を求めたとしても自己言及パラドックスには陥らないことになる。そこで、法は「国法の最終根拠は政治的主権である」と言い張ればよいことになる。もちろん、「なにゆえにそうなのか」と問えば、「それは法が決めたことだ」という答えを誘発することになり、自己言及パラドックスがあいかわらず回避されていないことがすぐに明らかになる。しかし、実際上それが問われることはない。すぐ述べるように、憲法によってそうした問いが回避される仕掛けになっているからである。だから、これによって法は、（少なくとも外観上）自らの根源に関わるパラドックスを回避できることになる (Vgl. RG, S. 418)。以上の結果、法は、（少なくとも最終根拠の問い（無限に遡行する「なにゆえに」という問い）を問題にすることなく（少なくともそれをカッコに括ってしまって）、自らの内部ではもっぱら「法的に理由のある／法的に理由のない」という区別のみにもとづいて問題を処理できるようになる。つまり、法は安心して紛争の法的解決に専念できるというわけである。

他方、政治システムの側から眺めた場合、主権のパラドックスはつぎのようにして脱パラドックス化される。政治は、法と政治の区別が貫徹されていることを前提として、「主権（政治権力）は法に依拠している」（正当 recht である）と言い張ることができる。この区別が貫徹されているかぎり、政治にとって法は他者である。だから、こ れに自らの正当性を依拠せしめたとしても、（少なくとも外観上は）自己言及に陥らない。かくして脱パラドック

第七章　法の構造的カップリング

ス化が達成される。このようにして、政治は自らの正当性に関わる問題を法にゆだねてしまって、（「違法だ」との嫌疑が浮上してこない範囲で）自由に主権をめぐる闘争を展開することができるようになる。これに加えて、政治は、この区別を用いることで、「（法的に）正当な／（法的に）正当でない」という区別を政治的やり取りの道具として用いうるようになる (Vgl. RG, S. 424f)。それは、政治闘争を全面化させずに、一定の範囲に政治的につなぎ止めておくことを可能にする。それによって、既述の抵抗権の問題さえ、（法的な）正当性をめぐる争いとして取り扱うことができるようになるのである。

法と政治の区別の貫徹は、このようにして主権の基礎づけに関わる自己言及パラドックスを脱パラドックス化する。それにともなって、この区別を選択的に利用した法システムと政治システムの間の手の込んだ相互依存も可能になる。もっとも、それによって法と政治の区別が掘り崩されてしまっては、もとの木阿弥である。そこで、法と政治の二つの論理が混同されることを防止する特別の装置が必要となってくる。

2　憲法という装置

（a）法システムと政治システムの相互依存と憲法

法システム（法的コミュニケーション）と政治システム（政治的コミュニケーション）が互いにそれぞれの作動上の固有性を損なうことなく手の込んだ相互依存を発展させるためには、両者の関わりにいわば「緩衝帯」を設けるところの特別の装置が発達してこなければならない。というのも、法システムと政治システムはそのままではお混同に陥りやすい性質を持ち合わせているからである。そうした装置のうちで最も主要なものが「憲法 Verfassung」である (Vgl. RG, S. 470ff.; GG, S. 782f.)。憲法は、法システムと政治システムの両方の側で、接触領域を「制限する」ことを可能にする。憲法の認める手続手段と表現手段だけが、両者の接触領域となる。パラドクシ

151

(b) 憲法の機能

　憲法は、「最高法規」として、（法的＝政治的）主権の規律に関わる。それは、つぎのような仕方での関与となる。憲法は、政治システムの側で行われる主権（政治権力）をめぐる闘争を、自らの定めた選挙や立法のための「民主的手続」や「憲法改正手続」によって水路づけする (Vgl. *RG*, S. 470)。「表現の自由」もまた、水路づけのための重要な手段である。それ以外の政治的実践は（法的）正当性がないと見なされるわけだから、事実上排除されてしまう（少なくとも見えないところに追いやられてしまう）ことになる。

　法的な手続を踏んでいるかぎりで、法システムは政治的実践を「法的実践」と見なすことができ、また、それに依拠することができる。法システムは、自らの最終根拠問題に自ら答える必要はない。憲法にそのように規定されているからである。法システムは、政治システムにおける政治的実践が最終根拠問題についてなにがしかの解答をもたらしてくれることを大いに期待し、その成果を享受する。そのようにして、法システムにおける政治的実践を自らの安定化のための道具として用いることができるようになる。しかも、それによって法システムの自律性が損なわれることはないのである。

　もちろん、法システムが自らの最終根拠に関わるパラドックスに対処するために、憲法を効果的に用いて、「主権（政治権力）が主権（政治権力）を基礎づける」という自己言及を見えなくしている。まず、憲法が規定す

ルだが、法システムと政治システムはこれによって相互に刺激しあう可能性を「膨大に高める」ことができる。特定の刺激に対する感度が大幅に向上するからである。このようにして、法システムには政治的決定を法という形で記録するためのより多くの可能性がもたらされ、政治システムには政治を転換するために法を用いるためのより多くの可能性がもたらされるのである (Vgl. *RG*, S. 471)。

第七章　法の構造的カップリング

る選挙や立法のための民主的手続は、裸の権力闘争に「（法的）正当性のまとい」をもたらしてくれる。正当性のまといを帯びた政治的コミュニケーションは社会全体に波及しやすい。だからこそ、政治システムは民主的手続に依拠して行われる政治的コミュニケーションに敏感になる。それだけではない。民主的「手続」は、主権（政治権力）問題の解決の「時間的引き延ばし」を可能にする。政治システムは、主権（政治権力）問題の解決をあわてて行う必要はない。それどころか、そのつどの主権（政治権力）は暫定的なものであってもかまわない。それは「いずれ」（そのつどの将来において）確定されればよい。

3　憲法によってなにがもたらされるのか

繰り返すが、憲法は、法システムと政治システムの可能な接触領域をその両方の側で制限することで、相互刺激の可能性を大きく高める装置である。それは、法システムと政治システムの両方が、固有のシステムの作動を損なうことなく、高度に相互依存できるようにする。憲法が（法的＝政治的）主権の規律に関わり、法システムと政治システムのいずれもが、それぞれ独自の仕方でメリットを享受していることについてはすでに述べた。

（a）　憲法による政治システムの活性化

以上のほか、とくに注目しなければならないのは、政治システムが憲法の定める民主的「立法」手続によって法システムの構造に変化を引き起こし、それを自らの目的達成のために利用することができるという点である。しかも、これによって双方のシステム固有の作動は損なわれないのである。憲法の変更は法システムの作動に属する。しかし、民主的立法手続は、政治に対して法の変更にイニシアティブを発揮する手段を与える。(8) 政治が立法手続を通じて法テクストに変更を加えれば、法システムは変更された法テクストに整合するように、自らの構造を変動させなければならない。このようにしてもたらされる法システムの構

153

第Ⅲ部　法とその外側

造変動をめぐって、政治システムのコミュニケーションは大いに触発される。そこで、政治システムは、民主的立法手続をめぐって、自らに属するコミュニケーション類型を高度に発展させる。立法をめぐるインフルエンス活動やロビー活動、マスメディアを用いたキャンペーンなどは、それによって発展してきた政治的コミュニケーション類型であろう。また、法システムの構造変動をめぐる様々の政治的コンフリクトも、そうしたコミュニケーション類型に含まれよう。いずれにしろ、政治が憲法によって自らのポテンシャルを飛躍的に増大させていることは明らかであろう。[9]

(b) 憲法解釈による法システムの動態化

今度は、同じ事態を法システムの方から眺めてみよう。法システムは、民主的立法手続のもとで、法の変更についての政治的イニシアティブに直面することになる。そうしたイニシアティブに対処するために、法システムは自らの構造の可変性を高度化する必要に迫られる。法システムは、そうしたイニシアティブに対して、立法、行政、そして司法（裁判）の営みにおいて、たえず対処していかなければならない。

これに関連して大きく変化するのは、法教義学に依拠して法的根拠の一貫性コントロールを図っていくという法的論証の伝統的なあり方そのものである。ここでも憲法は独自の役割を果たすことになる。すなわち、法的根拠の一貫性コントロールは、最高法規たる憲法の解釈と整合的であるよう配慮しつつ行われるようになる（Vgl. *RG*, *S*. 479f.）。「当該法規は違憲である」との判断をできるかぎり回避するためである。もっとも、憲法解釈は多かれ少なかれ「価値（利益）衡量的」に行われる。憲法はなんらかの法テクストの形をとっているにしても、それを具体的に解釈するにはその背後にひかえている法的価値を比較衡量しなければならない。そうした法的価値相互の関係は多分に流動的である。そこで憲法解釈は、問題となる事案ごとに、かなり多様なものとなりうる。この結果、流動的かつ暫定的な価値衡量を行う憲法「法規の解釈体系」は、それがどんなにタイトに見える場合であっても、原理的に不確定なものによって裁判によって方向づけされることになる。つまり、相対的に安定して見えるものが、原理的に不確定なものによっ[10]

第七章　法の構造的カップリング

て制御されることになる。他方、そうした変動は受動的にのみもたらされるわけではない。視点を変えれば、それは法システムに「法規の解釈体系」を変化させるための口実を与えるものだと言ってもよい。ときとして、法システムは違憲判断を効果的に用いることで、政治システムに対して立法へのイニシアティブをとるよう要求しさえする。それゆえ、憲法裁判は多かれ少なかれ「政治的意味合い」を帯びることになる (Vgl. RG, S. 481)。

これに誘発されて、一般の人々が憲法裁判を通じて自らの主張を「権利化する」という動きも活発化する。「環境権」や「プライバシー」といった「新しい人権」が主張され、ある程度実際に認められるにいたっている。憲法解釈はそうした主張を比較的に無害な仕方で法システムに取り込むのに適している。それは、人々の法的実践が破壊的影響を及ぼすことなく、ワンクッションおいた形で「法規の解釈体系」に介入することを可能にする。

こうして法的コミュニケーションの激増は、その量について見ても、また種類について見ても激増することができるという、憲法を用いた法と政治との構造的カップリングがかなり円滑になされていることの表れである。

3　法と経済との構造カップリング

1　法と経済の分化

（a）法と経済の未分化

法と政治の場合と同様、法と経済もまた、歴史上端的に別々のものであったわけではない。周知のように、貨幣

経済が未発達な時代には、むしろ法と経済を一体視する見方が一般的だったと言える。

たとえば古代ヨーロッパにおいては、財産保持と財産移転は、もっぱら「家政 oikos/familia」と「互酬的関係 Reziprozitätsverhältnisse」において保障され、法と経済は渾然一体のものと考えられてきた（Vgl. RG, S. 446f.）。まず、財産保持は「家」を単位に保障され、その構成員が「家」への所属を失うことは、生活利益の享受とを切り離して問題にする必要性に乏しかった。財産保持がそのような仕方で保障されているかぎり、権利と生活利益の享受とを切りた。他方、財産移転は主として「互酬的関係のルール」のなかで実現されていた。それが相手方で、なにが反対給付であるかは、より広い社会的文脈のなかでのみ確定できた。取引自体のなかでただちに財産移転が実現され、その後は取引相手とのなんらの義務も残さないような場合もあれば、自発的な給付を受領したのち、それに対応して内容の不特定な「感謝義務」を生ずるような場合もあった（Vgl. RS, S. 155f. 邦訳一七二頁）。互酬的関係のルールに対価関係が一方的に規定されているかぎりで、ここでもまた法的契機と経済的契機とを明瞭に区別することは困難であった。

(b) 貨幣経済の発達という条件

しかし、「貨幣経済の発達」という条件のもとで、家政と互酬的関係の基礎は掘り崩されることになる（Vgl. RG, S. 448ff.）。周知のとおり、中世後期に生じた貨幣経済の急速な発展は、貨幣による取引対象の領域を飛躍的に拡大させた。それまでは「恒財」と考えられ、貨幣による取引の対象になるとは考えられなかった「土地」までもが、貨幣によって売買され、評価されるようになった。この結果として、家政はその基盤を危うくし、しだいに規模を小さくしていく。収穫物を切り売りして貨幣を稼ぎ出さないかぎり、必要な生活物資を十分に調達できなくなったからである。互酬的関係も、貨幣を媒介にした取引にとってかわられるようになる。こうした傾向は、貨幣が「シンボルによって一般化されたコミュニケーション・メディア」として全体社会レベルで流通するようになると、

第七章　法の構造的カップリング

いっそう加速されることになる。貨幣は「商品価値」以外のあらゆる価値に中立的なメディアであり、あらゆる物（サービスも貨幣自体も含む）が取引の対象となりうるようになる。

(c)　「法と不法の同一」という破壊的パラドックス

しかし、これと同時並行的に「法の実定化」が進行している。それにともなって、法システムもまた独自の論理を展開するようになる。そこで、法システム（法的コミュニケーション）の論理と経済システム（経済的コミュニケーション）の論理とが区別されることなく不用意に用いられる場合には、両者の間で頻繁に葛藤を生じるようになる。しかも、その葛藤は、法システムの固有の論理にもとづいて、間接的にのみ経済システムの作動条件を構成するようになる。

たとえば、法システムは、しばしば「法と不法の同一」という破壊的パラドックスにまで到達してしまう。法システムの論理においては、それに値段をつけることが可能だからといって「公務の中立性を損なう」という理由で違法とされる。「経済は公職に勝手に値段をつけるが法はそれを禁止する」と言いうる必要があり、そのためには両者が峻別されていなければならない。

いずれにしろ、法システムと経済システムとを峻別しないままでいれば、法システムは繰り返し発生する破壊的パラドックスのために崩壊してしまう。そこで、法／不法コードの配分が価格によって決せられることがないよう に、法システムと経済システムとの間で厳重な線引きが行われるようになる。以上の結果、法システムは、自らの固有の論理（のみ）にもとづいて作動するようになる（法の自律化）。経済システムにおけるやり取りが、もっぱら貨幣に換算されうる利益をめぐって行われるようになるのに対して、法システムは同一の問題をあくまで権利／義務の問題として処理しようと （Vgl. RG, S. 453）。

(d)　自律性の強化と構造的カップリング

法システムは、経済的取引に一定の作動条件を提供しているとはいえ、経済的取引が

する。

こうして法システムの論理と経済システムの論理とが別々のものとして展開されるようになると、二つのシステムの論理を使い分けることが可能となる。とりわけ、一方の論理を前提として競争相手の動きを封じておいて、他方におけるやり取りを戦略的に進めることが可能になる。たとえば、「契約の拘束力」によって競争相手の動きを封じておいて、彼〔女〕は契約に違反すれば損害賠償を払わなければならない〕、自らに有利に取引を進めるといったことが可能になる。もっとも、こうした使い分けが実効性を発揮するためには、法システムと経済システムとが接触領域を大幅に制限し、相互に阻害しあうことなく結合されうることが必要である。ここでも、そのような結合を可能にする特別の装置が問題になる。そうした装置のうちで最も基本的なものが、「所有（権）」と「契約」である（Vgl. RG, S. 453ff.; GG, S. 783f.）。それぞれについて、以下順次述べる。

2　所有（権）

（a）　所有（権）という**観察形式**

経済システムにおいては、物（サービスも貨幣自体も含む）に関して、だれが処分能力をもっており、だれがそれをもっていないのかをそのつど確定することが重要である。それを確定するための前提条件として法システムが用意しているのが、特殊な差異にもとづいて対象を観察するの観察形式は、「（正当に）所有している／（正当に）所有していない」という差異にもとづいて、所有者とそうではない者とを区別するのである（Vgl. RG, S. 454）。それは物の支配（使用、収益、処分）可能性が問題になる場合に、そのつど引き合いに出される観察形式である。この形式を通してある人がある物を「（正当に）所有している」というように観察されれば、彼（女）が当該物

第七章　法の構造的カップリング

に対して行っている使用、収益、処分は、法的に特別の保障を受けることになる。すなわち、当該物の支配に対する妨害行為は「妨害排除請求」の対象となるほか、妨害の可能性が生じているときには彼（女）はその相手に対し「妨害予防請求」ができ、さらに当該物の支配が奪われた場合には相手方に対して「返還請求」をすることができる。しかも、それらの保障は強制力をともなっている。
(Vgl. *RG, ebenda*)。所有（権）保障は、もっぱら民法（および一般的制約法規）のみによって規定されるのである[15]。
近代的な所有（権）にとりわけ特徴的であることは、その「価値支配」性である。所有（権）保障が威力を発揮するのであって、所有者の現実の支配が侵害される場合もさることながら、その価値支配が侵害される場合に、所有（権）保障は、所有者が当該物を直接に所持しているかどうかとは無関係である。ある会社のオーナーは、当該会社の経営に直接乗り出さなくとも、その収益を自らに排他的に帰属させることができる。所有（権）は当該物から生じてくる利益、そしてそれを転売する場合に生じてくる利益の排他的帰属を保障する。その保障のすべてを自らに排他的に帰属させることができる[16]。

（b）　経済システムによる異なる定式化

経済システムの側から眺めた場合、所有（権）は、法システムにおけるのとは別様の仕方で定式化される (Vgl. *RG, S. 455*)。所有（権）は、商品たる対象物の範囲を確定するとともに、その相応額の商品価値がだれに帰属するかを決する枠である。このかぎりでは、経済システムにおける定式化も法システムにおけるそれと基本的に異ならない。
しかし、経済システムにおいては、所有（権）を貨幣に結びつけて、もっぱら「価格」の観点からのみ評価することが許される。というよりむしろ、まさにそれが経済システムにおける所有（権）の意味である。そこでは所有（権）は、投下された資本が一時的に貨幣ならざる形（たとえば「不動産」）に固定されたものと見なされる（Vgl.

第Ⅲ部　法とその外側

RG, S. 456)。たとえば、土地と建物を所有しているということは、もっぱら当該不動産から年間いくらの収益が上がり、またそれを転売する場合の評価額がいくらであるかという観点から評価される。それが高額であれば経済的に意味が大きく、逆に二束三文であれば、経済的には当該所有には意味がない。それが負債を生じさせるだけでなら当該所有は否定される。だが、経済的に「負」である所有も、法システムの側では所有（権）として保障されなければならない。そうした評価がなし崩しに法システムの側に流れ込んでくると、「法と不法の同一」という破壊的パラドックスを招来しかねないゆえ、法システムは価格評価の論理が法的評価に混入しないように厳重に排除している。それは所有（権）についての経済独自の評価としてのみ許容されている。

経済システムと法システムとの間で所有（権）が異なる仕方で定式化されるといっても、両者が無関係になるわけではない。所有（権）を介して、経済システム独自のやり取り（所有「権」）をめぐるやり取り）を触発する。もっとも、こうした相互触発の過程が十全に作動するうえで、所有（権）は出発点となる観察形式にすぎない。というのも、物が「交換過程」に乗せられなければならないからである。

3　契約

（a）時間的観察形式としての契約

繰り返すが、商品価値が実現されるためには、経済システムにおいて、所有対象たる物が交換過程に乗せられなければならない。交換過程とは、所有対象たる物が、相応な価額において貨幣に置きかえられる過程である。それは「物の値段」を明らかにする過程である。経済システムは、「支払いが連鎖的に行われ続ける」[17]ことによって存立しており、その意味で交換過程は経済システムの「基本的過程」である。

160

第七章　法の構造的カップリング

ところで、交換過程が可能であるためには、取引が行われる前と後とで、だれが所有者になりだれが所有者でなくなるのか明らかにできなければならないという意味で、時間次元に属する区別である (Vgl. RG, S. 456)。ここでの区別は、「時間的な前後に関する区別」であり、単に所有状態の変動を時間的に区別しうるのみならず、そうした区別が流動化したからといって区別が流動化してはならない時が流れたからといって区別が流動化してはならないのである。

法システムにおいては、「所有状態の時間的な前後に関する区別は、「（売買）契約 Vertrag」なる観察形式を通じて確定される。それは、「契約締結者の〈売買〉意思の一致」に所有状態の変動をゆだねてしまう制度のことであり、契約当事者たちがその意思にもとづいて作り出した所有関係の差異」だけに人々の関心を集中させる。契約は、「契約締結時における意思の一致」に所有状態の変動をゆだねてしまう制度のことであり、契約当事者たちがその意思にもとづいて作り出したあらゆる事柄は、原則として契約の法的妥当に影響を及ぼさない (Vgl. RG, S. 459)。契約当事者以外の者たちが当該契約の内容を見て当惑したり、不愉快に思ったとしても、考慮の対象にはならない。また、いったん契約が締結された以上、のちに状況が変わり契約当事者のいずれかがその内容に不満をもつようになっても、それも考慮の対象にはならない（契約の切断機能）。経済的に見れば、契約を締結した以上は、当該契約内容の実現が一方当事者に予想外の損失を生じてしまうことは頻繁にある。しかし、契約当事者はその内容に拘束される。経済の論理からすれば、そのような損失を生ずる場合には当該当事者が契約から手を引くことができないというのが理にかなっている。しかし、だからといってそのたびに当該当事者が契約を破ってよいということになるのであれば、法システムは「法と不法の同一」という破壊的パラドックスを避けることができないことになる。ちなみに、ここで述べたことは、近代私法の大原則たる「契約自由の原則」の基本内容を成している。目下、「契約自由の原則」について様々な修正原理が登場しているが、その機能的核心を完

161

(b) 契約の機能

経済システムは、法システムに対して「契約当事者たちがその意思にもとづいて作り出した所有関係の差異」の貫徹のみを期待する。それ以外の事柄は、経済システム固有の規律にゆだねられる。それゆえ、経済システムの側では取引活動の広範な自由が確保されることになる。もはや、互酬的関係における「しがらみ」は存在しない。とりわけ重要なことは、契約当事者間の「所有における不等性」が法システムによって妨げられないということである (Vgl. RG, S. 459)。というのも、経済システムにおいては、「所有における不等性」とはまさしく財の希少性（需要）のことであり、それは商品価値の源泉だからである。「契約自由の原則」は、法システムが「所有における不等性」に介入してこないようにするための「法的防壘」である。だからこそ、契約のもとで高度の取引自由が図られうることになる。契約による交換過程の保障は、同一の生活共同体の範囲をはるかに超えた、「顔の見えないパートナー」の取り込みによる経済システムの爆発的拡張をもたらすにいたる (Vgl. GG, S. 784)。

経済システムの期待が「契約当事者たちがその意思にもとづいて作り出した所有関係の差異」に限られるということの裏返しとして、法システムもまた広範な活動の自由を得る (Vgl. RG, S. 464)。なぜなら、経済によって法が貫徹するよう期待されている事項を、基本的なところで動揺させさえしなければよいからである。とくに注目されるのは、それによって法システムが契約当事者の意思を「事後的に」解釈する自由を得るということである。たとえば、裁判官が契約締結者の意思を解釈によって補充したり、あくまで「例外」に留まっているかぎりにおいてではあるが、公序良俗違反等を理由として当該契約内容の一部を排除したりすることができるようになる。

第七章　法の構造的カップリング

4　その結果なにがもたらされるのか

ここで、本節の主旨を再確認しておく。法システムと経済システムは、所有（権）と契約とを接点として相互に強度に依存しあう。所有（権）は「（正当に）所有している／（正当に）所有していない」という差異にもとづく観察形式である。所有（権）は、法システムにおいては物の使用、収益、処分に特別の保障を与える一方、経済システムにおいては商品たる対象物の範囲を画定するとともに、その相応額の商品価値がだれに帰属するかを決する枠であり、それを前提として価格（商品価値）が決せられることになる。他方、そのような所有（権）が商品価値を実現するためには、それが交換過程の側に置かれなければならない。交換過程を法的に規律する観察形式が（売買）契約である。それは所有関係の変動にともなう前後の差異を抗時間的に安定化させる。契約は、経済システムの側ではもっぱら取引活動の前提条件の一部としてのみ考慮され、他の規律はすべて経済システム自身にゆだねられる。このように、二つのシステムの接点が所有（権）と契約とに限定されているゆえに、強度の相互依存にもかかわらず、それぞれの固有の作動が縛られたり混乱したりすることなく、むしろ両者の作動能力が強化されるのである。

さて、法システムと経済システムとのこのような構造的カップリングは、それぞれのシステムにおいて、構造変動と内部分化に対する圧力を増大させてきた。この圧力は、法システムの側で著作権や特許権をはじめとする様々な財産権の発展を促し、また、様々な契約類型を分化させる誘因となってきた。他方、経済システムはそうした財産権や契約類型を取引活動の条件として活用することで、様々な取引形態を生み出してきた。たとえば、「先物取引」は、ある商品を一定期日（または一定期間内）に受け渡すべきことを、現在の一定の条件にしたがって前もって約定しておく売買取引形態である。それは、相場の騰貴を見込んでのちに高く売る目的で買いに投機すること

および相場の下落を見込んでのちに安く買う目的で売りに投機することを可能にする。こうした取引形態は、契約が厳格に未来を拘束する場合にのみ可能である。[20] ちなみに「先物取引」の発展は、様々な「金融派生商品」(デリバティブ)を登場させ、世界金融市場の存立を脅かすまでにいたっている。いずれにしろ、相互触発的な発展にもかかわらず、法システムも経済システムも自らの固有の作動を損なうことはなく、むしろそれを高度化させている。結局、所有(権)、契約といった特別の装置を介した法システムと経済システムとの構造的カップリングは、法的オプションと経済的オプションの量的かつ質的向上をもたらしているのである。

4 法と心理との構造的カップリング

1 法システムと心理システムとの関係

(a) 社会システムと心理システム

ここまで、政治システム、あるいは経済システムといった、全体社会の内側にある他の社会システムと法システムとの構造的カップリングを扱ってきた。しかし、全体社会もその外側をもつ。全体社会にとって特別な意味のある外部連関は「心理システム」である (Vgl. SS, S. 367ff. 邦訳五〇九頁以下)。心理システムもまた、固有の創発メカニズムを備えた独自のオートポイエシス・システムである。そこで、法システムは心理システムとどのような仕方で関わりをもつのかという問題が浮上してくる。心理システムは「意識」を要素とするシステムであり、それは「意味Sinn」を用いて分節化されているという

164

第七章　法の構造的カップリング

点で社会システムと共通している。しかし、それは、コミュニケーションを要素としないという点で、社会システムとはまったく異なっている。意味を用いて分節化されているという共通性ゆえに、社会システムは心理システムに大きく依存している（Vgl. RG, S. 482, SS, S. 141ff. 邦訳一四九頁以下）。心理システムにおける意識は、それが社会を構成するコミュニケーションを触発する以上、コミュニケーションにとって必要不可欠な環境なのである。[22]

心理システムと社会システムとの結びつきはもちろん必要不可欠なのだが、それがある種の「危うさ」をともなっていることもたしかである。その危うさは、二つのシステムの「創発性 Emergenz」の発揮の仕方に関わっている。意識は、連想が連想を触発することで創発性を発揮する。これに対して、コミュニケーションは、それを構成する情報／伝達／理解という三つの過程それぞれにおいて生じてくるズレ（選択性）[23] と、自我と他我との間で不可避的に生ずるダブル・コンティンジェンシーとによって創発性を発揮する。異なる原理にもとづいて創発性が発揮される以上、いずれのシステムにとっても他方は「恣意的なもの」（あるいは「理不尽なもの」）として立ち現れてくる。そうした危うさは、二つのシステムが「相互浸透」によってある程度安定化されている。社会システムは、心理システムと相互浸透しあうことで、自らにとって破壊的にならないような仕方で心理システムの複雑性を利用できるようにしている。その際、主要な媒体となってきたのは「言語」である。

(b) 社会システムへの意識の包摂

社会システムは、言語を媒介とする相互浸透のメカニズムを発達させてきた。社会システムは、その接触領域を大幅に制限することで、自らの作動のために心理システムの構造を安全に利用できるし、心理システムもまた社会システムの構造を円滑に利用できる。機能分化したそれぞれの社会システムは、自らの作動のなかで意識を一つの対象として扱うように、意識が自らの内部で取り扱う「条件」を定める。言うまでもなく、社会システムにおけるコミュニケーション過程に意識

を直接に接続することはできない。なぜなら、意識はコミュニケーションではないからである。それゆえ、その「条件」とは、それぞれの社会システム内部における意識についての「定義」以上のものではありえない。(24)

ここで、議論を拡散させないために、法システムと心理システムとの関係に話を限定する。法システムもまた、意識を自らの内部で取り扱うことができないように、意識に対して独自の定義を与えている。その定義こそが「(主観的)権利 subjektive Rechte」(以下では、必要のある場合を除いて単に〈権利〉と表記する)である。〈権利〉は法教義学によって詳細に類型化され、特殊な名称を付され、それぞれ機能を異にしている。憲法における「基本的人権」も〈権利〉(いわゆる「免除」)である。「所有の自由」も「契約の自由」も〈権利〉(いわゆる「自由」)である。他方「契約締結」の結果としても〈権利〉(いわゆる「請求権」)が発生する。(25) 要するに、〈権利〉とは個々の意識が「主体 Subjekt」として法システムにはたらきかけるための「法的根拠」の総称である。それは法システムと心理システムの構造的カップリングのための特別の装置として用いられる。

2 〈権利〉

(a) 互酬的関係と機能分化

〈権利〉なる法的ゼマンティクの原点について敷衍しておく。法システムが未発達の段階では、(法＝社会)秩序を包摂するための条件は、共同体の互酬的関係のなかで規定されていた(Vgl. RG, S. 482f.)。意識が(法＝社会)秩序に対してなんらかのはたらきかけを行う資格(権利)には、それに対応する義務が当然に課されていた。権利者は、まさに「権利者である」という理由で、つねに同時に「義務者」であった。たとえば「封土」を授封された者は、主君と領民とのそれぞれに対し、与えられた権利に応じた義務を当然に負っていた。権利は社会的な縛りと一体であり、基本的に(法＝社会)秩序と矛盾しえなかった。

第七章　法の構造的カップリング

しかし、社会の機能分化にともなって、状況は大きく異なってくる。機能分化は互酬的関係を支えてきた共同体的基盤を掘り崩してしまう。そこで、しだいに権利者であっても義務を負うとは限らなくなる。それがさらに進むと、権利はもっぱら権利として、義務はもっぱら義務として、別々に論じられるようになる。かくして権利は社会的な縛りから切り離される。このことに対応して、権利は〈法〉秩序（しばしばそれは「義務の体系」と見なされてきた）のなかに「恣意性」を持ち込みかねない危険物と見なされるようになる（Vgl. RG, S. 483f.）。

(b)　「主観的権利の客観的妥当」という定式

ところで、恣意性は不法として観念される。それは〈法〉秩序を撹乱するからである。そうした観念のもとでは、しばしば「権利（＝法）＝恣意性＝不法」というループが生じる。法システムは、ここでもまた「法と不法の同一」という破壊的パラドックスに直面することになる。法システムとしては、このパラドックスをなんとしても回避しなければならない。

法システムがここで用いる脱パラドックス化の方策は、「権利＝恣意性」という等値関係を、「権利＝主観（的）subjekt(-iv)」という別の等値関係に置きかえることである。さらに、「法＝客観（的）objekt(-iv)」という等値関係を置く。かくして「主観的権利の客観的妥当 objektive Geltung subjektiver Rechte」という歴史的に有名な定式が登場してくる。ここに「〈主観的〉法」対「〈主観的〉法」という一見パラドクシカルなゼマンティクが誕生する。なるほど、この定式も一見パラドクシカルである。そこには「主観＝客観」というパラドックスが潜んでいるからである。もっとも、「主観＝客観」というパラドックスは、「〈主観的〉権利は〈客観的〉法の定める条件を満たすことではじめて法的に妥当する」と解されることによって、非問題化される（Vgl. RG, S. 485）。なぜなら、〔26〕〔27〕（客観的）法の定める条件を満たさなければならないのであれば、〈権利〉が恣意的であることはできないからである。

第Ⅲ部　法とその外側

(c)〈権利〉を介した構造的カップリング

ある個人（個々の意識）が〈権利〉を行使するにあたっては、（客観的）法の定める条件（法律要件）を満たさなければならない。しかも、個人が〈権利〉の行使が法律要件を満たしていないかぎり、法システムの方ではそれを無視することができる。しかも、個人が他人に法的に求めることができる「実現手段」は、〈権利〉の性質に応じて自ずと制限される。たとえば、ある個人が他人によって不当にプライバシーの侵害を受けたと主張して法的救済を求めてきたとしても、その相手方が争うかぎり、彼（女）は裁判に訴えて加害者の「故意過失」「権利侵害（違法性）」「因果関係」といった「不法行為の成立要件」（民法第七〇九条以下）を証明しなければならない。〈権利〉は法システムと心理システムとの構造的カップリングのメカニズムとして十分な役割を果たしている。〈権利〉は、法システムのなかで法的コミュニケーションの分化を促し、法システムの構造の質的・量的豊穣化をもたらしている。個人を基点とする法律関係の大部分が〈権利〉を介して形成されている。現代社会においては、法システムの全域にわたって、きわめて細分化された仕方で〈権利〉の編み目が張りめぐらされているのであり、それなくして法的コミュニケーションの〈質と量との両面における〉十分な再生産は望むべくもないだろう。

このように、心理システムにおける意識は、〈権利〉を介して様々な仕方で法システムを触発する。しかも、それによって法システム固有の作動は損なわれない。〈権利〉は法システムと心理システムとの構造的カップリングのメカニズムとして十分な役割を果たしている。〈権利〉は、法システムのなかで法的コミュニケーション類型の分化を促し、法システムの構造の質的・量的豊穣化をもたらしている。個人を基点とする法律関係の大部分が〈権利〉を介して形成されている。現代社会においては、法システムの全域にわたって、きわめて細分化された仕方で〈権利〉の編み目が張りめぐらされているのであり、それなくして法的コミュニケーションの〈質と量との両面における〉十分な再生産は望むべくもないだろう。

第七章　法の構造的カップリング

3　〈権利〉がもたらすもの

〈権利〉が法システムに対してなにをもたらすかについては述べた。それでは、〈権利〉は、心理システムにおけるそれぞれの意識（個人）に対してはなにをもたらすのか。〈権利〉の種類に応じて、それがもたらすものは異なっている。典型的な類型に応じて見ていこう。

(a)　請求権と「義務者の自由」

〈権利〉の典型は「請求権 Anspruch」である。請求権は、A（権利者）がB（義務者）に対してある行為を請求する「正当な権利」を有する一方、BがAに対してその「履行義務」を負っている場合に成立する。そこでは「Aの権利」と「Bの義務」は表裏一体の関係に立つのであり、「Aの権利」は「Bの義務」を論理必然的に含意する。（客観的）法は、基本的に「私的活動」の結果として、とりわけ契約の結果として、あるいは不法行為の結果として発生する。（客観的）法は、一定の要件を満たす「合意」もしくは「帰責性ある権利侵害」を原因として個人が相手方に「請求」を行う場合に、それに対して〈権利〉としての法的拘束力を付与する。すでに法システムと経済システムとの構造的カップリングに関して述べたが、契約は請求権を発生させる原因としてとくに重要である。契約の拘束力によって、取引活動を中心とするきわめて多くの社会的なやり取りが、法に依拠して方向づけされるようになるからである。

契約と不法行為とのいずれについても、一面から見れば、請求権に付与される法的拘束力は義務者を「義務へと縛り付ける」ものである。しかしその反面、この拘束力は原則として「義務者に与因のある範囲以上に及ばない」（過失責任の原則）。つまり、義務者は自分自身に「与因のある範囲」で責任を果たせば、それ以上の責任を追及されることはない（責任限定機能）。請求権は、権利者に行動の自由をもたらすばかりでなく、義務者をも「予見で

169

第Ⅲ部　法とその外側

きない波及的責任」から自由にするのである。

現在、契約責任と不法行為責任とのいずれもが拡張される傾向にある。様々の「付随的義務」が付け加えられることで、義務者に「与因のある範囲」以上の責任が課されることがしばしば見られるようになっている。この責任拡張は、請求権の裏返しとしての責任限定機能を掘り崩してしまう危険性をはらんでいる。ただし、請求権は依然として責任限定機能をまったくないがしろにするまで責任拡張が図られているとは言えないだろう。

「義務者の自由」に相関するものとして理解すべきである。

(b)「切り札」としての基本的人権

憲法上の「基本的人権」のように、それぞれの個人（個々の意識）に対する社会的介入を免除するものとして〈権利〉が問題にされることがある。この場合には、個人は〈権利〉のもとで社会的介入から距離をとり、固有の自由（ないし利益）を確保することができる。かりに正当な理由もなく個人領域に対し社会的介入が行われる場合には、個人は基本的人権を根拠としてそれを排除できる。しかも、その行使によって当該個人の社会的地位に不利益な影響が及ぼされることはない (Vgl. RG, S. 487)。

今日では、立法への政治的イニシアティブを通じて、個人領域に様々な政策的介入が行われている。たとえば、「交通渋滞の緩和」や「流通の促進」といった理由で、該当地区住民たちのあずかり知らぬところで道路建設が決定され、彼（女）らが突然立ち退きを迫られるということもまれではない。こうした介入は、「弱者たる個人」の存立を脅かすものである。そして、彼（女）らがこれに対してなんらの対抗手段をも有しないというのでは酷であ[29]る。そこで、法システムは一定の要件のもとに、個人が固有の自由（ないし利益）を守ることができる「切り札」を用意する。それが基本的人権である。基本的人権には思想・良心の自由、信教の自由、表現の自由といった「精神的自由権」、また所有の自由、営業の自由といった「経済的自由権」、さらに人身に対する公権力の不当な介入を

170

第七章 法の構造的カップリング

阻止する「人身の自由」といった〈権利〉が広く包含される。これに加え、「平等権」や、一般的な人格尊重原理から導き出されるいくつかの「新しい人権」（たとえば「プライバシーの権利」など）も、独自の役割を果たす。ここに、現代正義論の文脈で「権利基底的政治理論 right-based political theory」が説得力をもつ理由が見いだされる。もちろんそのような保障にどこまで実効性があるかについては問題がないわけではない。だが実効性に問題があるからといって、「切り札を行使する可能性」が保障されていることの意味がなくなってしまうわけではない。

（c）リスクをはらんだ活動からの自由

現代社会に特徴的なことは、社会の高度の不確実性に由来する対処困難な社会的リスクが生じているということである。たとえば「遺伝子操作」や「情報技術」、そして「核エネルギー」といったハイ・テクノロジーの開発利用が、他の個人（場合によっては社会全体）に破壊的な波及効果を及ぼさないという保証はない。にもかかわらず、そのような高度のリスクをはらんだ活動が社会のいたるところで行われている。そうした状況のもとでは、人々はきわめて限られた範囲でしか、無関係の個人（ないし機関）によるリスクをはらんだ活動の影響から自らを防御できない。なぜなら、危害はまったく予測不可能な仕方で突発し、波及してくるからである（リスク社会）。こうした背景のもとで注目されるのが、「権利による資格制限」である。

法システムは、高度の社会的リスクをはらんだ活動を一般的に禁止したうえで、適切な個人（ないし機関）だけがそれを行いうるようにする。それは、リスクをともなっているとはいえ、なおやめてしまうわけにはいかない活動の必要性と、それによって被害を受けるかもしれない一般第三者の自由（ないし利益）との間で利害調整するための方策である。もちろん、そうした活動をとくにゆだねられた個人（ないし機関）が、高度の社会的リスクを十分にコントロールできるわけではない。そのようなリスクは、しばしばそうした個人（ないし機関）の手にあまるものである。それでもなお「特許」や「許認可」による資格制限には、あらゆる

第Ⅲ部　法とその外側

(d)　「権利からの自由」というアポリア

最後に、〈権利〉が個人に対して「権利からの自由」をも保障してしまうというアポリアについて述べておこう。

〈権利〉の行使は任意的なのであり、それを行使するかどうかは、個人（個々の意識）の自由にゆだねられる（Vgl. RG, S. 489f.）。個人は、当該〈権利〉をいつどこでどのような仕方で行使するかという自由だけではなく、そもそもそれを行使しない自由をも保障されている。たとえ〈権利〉を侵害されたからといって、個人がその回復のために努力する必要はない。それが面倒であれば、法システムへのアクセスという方法を選択することなく、政治的手段を用いたり、経済的手段を用いて、自らの目的を達成すればよいのである。「泣き寝入り」さえ、一つの選択肢としてはありうることである。実際上、裁判を通じた法へのアクセスが個人に対してかなりの消耗を強いるために、そもそもこれを選ばないということへのインセンティブは大きい。

だが、「権利からの自由」について、別の面からも検討してみる必要がある。かりに個々の意識のあらゆる欲求が〈権利〉に化体されて法システムに持ち込まれるのであれば、法システムはパニックに陥ってしまう。つねに〈権利〉が任意に実現されるとは限らない。そうである以上、その事案処理能力の限界を越えて〈権利〉をめぐる争いが裁判所に持ち込まれるということは十分に考えられる。すでに現在の状況は多かれ少なかれそうだと言える。

172

第七章　法の構造的カップリング

それでは裁判による事案処理は滞ってしまう。しかし他方、〈権利〉が過度に行使され裁判による事案処理が滞った場合には、個人が裁判を利用しようとするインセンティブは薄れる。裁判によってもたらされる効用に比して、事案処理にあまりにも時間と労力とがかかりすぎるからである。これに対応して、裁判の利用はしだいに減少することになろう。それゆえ、「権利からの自由」は、裁判所の事案処理能力と心理システムからのアクセス要求を均衡させるための「安全弁」のようなはたらきをすると言える。これによって法システムが心理システムによる過剰なアクセス要求にさらされることは可及的に防止される。もちろん、これが個人（個々の意識）の欲求の多くの圧殺を意味しかねないことが看過されてはならない。

5　小括

本章では、主として法システムの「周辺」において行われる、憲法を通じた法と政治との構造的カップリング、〈権利〉を通じた法と心理との構造的カップリング、所有（権）と契約を通じた法と経済との構造的カップリングについて見てきた。ここでは、それぞれのシステムが相互の接点を限定し、特定の刺激に対してのみ大きく反応できるように条件づけあうことで、それぞれのシステムが固有の作動を損なうことなく相互依存し、その内容を豊穣化しているということが明らかになった。

本書の結語との関連で確認しておく必要があるのは、そうした構造的カップリングのいずれの場合にも、法システムの論理と他のシステムの論理が自覚的に区別されていなければならないこと、とりわけ法システムの側で、法のコードとプログラムが貫徹されていることが前提になっているということである。これを貫徹するのは法システ

173

ムの自己観察の中心拠点たる裁判（所）の役割である。この役割が果たされていてはじめて、周辺における構造的カップリングが十分に機能するのである。

まず、法と政治との構造的カップリングは、まさに憲法が最高法規として尊重され、そのようなものとして裁判（所）を通じて（少なくともシンボリックに）貫徹される場合にはじめて可能になる。憲法が最高法規として尊重されず、また貫徹もされない場合には、法システムと政治システムのいずれにおいても、それによって「見えないところ」に追いやられていたはずの「主権のパラドックス」の問題が再浮上してくることになる。そうなると、法システムは自らの最終根拠問題において無限遡行に陥り、政治システムは正当性の危機に陥ることになる。つぎに、法と経済の構造的カップリングであるが、これは所有権が厳格に保障されるとともに、契約がきちんと履行されること、しかもそうしたことが裁判（所）による法的サンクションを通じて裏づけられていることではじめて可能になる。これが欠ける場合には、経済システムにおいては「支払いの連続」という破壊的パラドックスを招きをきたして、その固有の作動が大きく損なわれるだろうし、法システムにおいては「法と不法の同一」という破壊的パラドックスを招来することにもなりかねない。さらに、〈権利〉を介した法と心理の構造的カップリングもまた、〈権利〉行使の大半は裁判（所）の成立要件による審査が裁判（所）によって行われることを前提にしている。しかし、個々の意識（個人）による法システムへのアクセスが法システムが法律要件によるコントロールと無関係に行われているけの「可能性」すら失ってしまったとすれば、そのアクセスは単なる恣意でしかなく、法システムにとって撹乱要因にしかならない。そして、それは「法と不法の同一」という破壊的パラドックスを招きよせる結果となり、法システムへの意識のアクセス手段をいたずらに損なうことになろう。

＊

第七章　法の構造的カップリング

最後に、誤解のないように強調しておく。ここで述べていることは「強大な司法権」を念頭に置くものではない。詳細は後述するが、法のコードとプログラムの裁判（所）による貫徹は「シンボリックな場面」に限定されていてよい。つまり、司法権が本領を発揮する場面は可及的に絞り込まれていてよい。人々はあらゆる場面で法的関心を持ち続けることはできないし、その必要もない。ただ「そこに区別があること」について、象徴的な場面で自覚が促されれば十分である。

結語：オートポイエシスの法理論の可能性

本書では、私の「創造的解釈」を交えながら、ルーマンの「システムの法理論」を概観してきた。この概観を通じて、ルーマンの法理論を私なりに魅力的に描き出すことができたと考えている。ここでは、本書の締めくくりとして、ルーマン自身による「オートポイエシス・システムの法理論」の限界点を明らかにし、それを超克するための私の持論を示す。

1 裁判とルーマンの法理論

1 法システムのオートポイエシスと裁判

本書の主たる関心は、「法システムの中心的観察拠点」たる裁判（所）に向けられている。ここで、裁判に関心を集中させてきた理由について再確認しておく。

結語：オートポイエシスの法理論の可能性

人々が行う法的やり取り、つまり法/不法の二分コードの配分をめぐるやり取りの大半は、実際には法システムの「周辺」で行われている。それは、裁判とは関わりのない「ふつうのやり取り」である。人々は、自覚しているのと無自覚であるとを問わず、たとえば「私が所有者だ」という主張に対しては、その肯定ないし否定という仕方で「法的」に応じていく。ある人が生じさせた法的なきっかけは、相手方の法的な応答を呼び起こし、それが他の第三者の法的応答を呼び起こし……といった具合に連綿と接続されていく。「法システムのオートポイエシス」とは、基本的にこれ以上のことを述べるものではない。

しかしながら、そうした法的やり取りのスムーズな接続、それも全体社会レベルでのその実現は、なんらの制度的補助なしに保証されうるものではない。法的きっかけが法的ならざる応答へと接続される可能性は十分に開かれている。なぜなら、そうしたやり取りの背後にはダブル・コンティンジェンシーがひかえているからである。法的やり取りの全体社会レベルでのスムーズな接続は、いかにも「ありそうにないこと」を可能にするものが、法システムの中心的観察拠点たる裁判（所）である。法的やり取りのスムーズな接続は、法のコードとプログラムを全体社会レベルで貫徹するという裁判（所）の機能を前提にする。そのような意味で、裁判（所）は法システムのオートポイエシスを完結させている。本書において裁判（所）の位置づけとその機能、そしてそれを実現するメカニズムについて問い続けてきたのは、まさにこの理由による。同時にまた、ルーマンの「オートポイエシス・システムの法理論」の限界点を明らかにするための鍵も、この問いに関わっていると言えよう。

2　裁判手続のはらむ問題性

この点、裁判（所）が法的決定（終局判決）を通じて法のコードとプログラムを貫徹しうるためには、法システ

178

結語：オートポイエシスの法理論の可能性

ムの自己言及から派生してくる決定パラドックスを脱パラドックス化できなければならない。見てきたように、そこで重要な役割を果たすのが「法的論証」と「裁判手続」とである。法的論証は、「なにゆえにそうなのか」という問い（根拠の問い）の「無限遡行」に終止符を打つための社会的メカニズムである。法教義学が主として焦点を合わせているのはこのメカニズムである。これに対して、裁判手続は、決定パラドックスの社会的表現とも言うべき「紛争解決の不可能性」への対処に向けられた社会的メカニズムである。そこでは、紛争ポテンシャルを対処可能なものに転化する操作が行われる。これは、まさに紛争当事者（および周囲の関係者）たちの間で生起する「社会的実体としての紛争」の創発性に直接に関わってくる過程である。伝統的に、法教義学は、この過程を「陰の側」に置いてきた。というのも、それは法的論証に比してより大きな問題性をはらんでいるからである。

ここに問題性というのは、すでにわかるように、裁判手続に関わった紛争当事者たちが、多かれ少なかれその強引さに辟易し、幻滅させられるということである。当事者たちが期待している救済と、裁判手続において実現されるものとが乖離せざるをえないからである。裁判手続は「社会的実体としての紛争」を収束させるようなものでもない。せいぜいのところ当事者たちが紛争過程から距離をとることを可能にするだけである。ケアしたりするものでもない。過中にある当事者を援助したり、ケアしたりするものでもない。せいぜいのところ当事者たちが紛争過程から距離をとることを可能にするだけである。裁判手続において、判決を通して「社会を規律するルールとしての実体法規」（法のコードとプログラム）を全体社会レベルで貫徹することである。当事者たちの期待する救済の優先順位は相対的に低いと言わざるをえない。だから、裁判手続による紛争ポテンシャルへの対処可能性は、「実体法規の枠」によって否応なく制約されることになる。

なるほど、法のコードとプログラムの全体社会レベルでの貫徹という裁判（所）の機能をそのまま杓子定規に捉えれば、当事者たちの期待と裁判手続がもたらすものとの間の乖離を埋める余地はほとんどないように思える。可

179

結語：オートポイエシスの法理論の可能性

能なことと言えば、せいぜい「実体法規の枠」が備えている柔軟性の範囲において、紛争当事者の期待に応えるだけということになりそうである。ちなみに、ルーマンは晩年にいたるまでそうした考えを崩していなかった（Vgl. RG, S. 332. Anm. 73）。しかし、本当にそのようにしか考えられないかはかなり疑わしい。なぜなら、法のコードとプログラムはあらゆる場面で現実に強行されなければならないものではなく、むしろ、必要な場面でシンボリックに貫徹されさえすればよいとも思われるからである。

以下では、ルーマンの踏み留まっていた地点から一歩踏み出して、法のコードとプログラムの全体社会レベルでの貫徹という裁判（所）の機能と、当事者たちが期待している救済との間の乖離を埋めるための私の持論を展開しよう。

2　法のコードとプログラムの貫徹

ここでは、議論を拡散させないために、検討対象を基本的に「現代日本の民事裁判」とその関連領域に限定する。先ほど、私は法のコードとプログラム（実体法規）はシンボリックに貫徹されさえすればよいと問題提起した。この問いに答えるためには、法的やり取りの担い手である一般の人々が法のコードとプログラムに対してなにを期待しているのか明らかにしなければならない。そして、それは「法遵守」と「法適用」という二つの局面にわけて検討する必要がある。まず法遵守についてだが、一般の人々が法のコードとプログラムをどのような意味で行動前提としているのか、つまり、かつて「順法精神」との関連で語られたように、「かく行為すべし／してはならない」と命ずる「行為規範」としてそれを遵守しているのかという問いが検討されなければならないだろう。なぜなら、

結語：オートポイエシスの法理論の可能性

1 「行為規範」としての意味を疑う

まず、法のコードとプログラムが一般の人々にとってどのような意味で行動前提になっているかについて考えてみる。なるほど、人々が他の人々とやり取りする場合、とりわけトラブルを生ずる可能性を要するやり取りを行う場合、実体法規は行動の指針として重要な役割を果たしている。取り締まりを極力回避するために熱心に法令を調べたりもする。しかし、人々は、自らの利害に関わってくるかぎりで新たな立法内容に十分関心を払っているし、関連法規について知ることで、日常生活のなかで他人にクレームをつけられたり、監督機関による指導を受けたり、氏名を公表されたりといった面倒事に近づかないですむことを重視している。そうすることによって、日常生活上の無駄な労力や時間的コストをできるだけ少なくできるからである。ではない。むしろ人々は、様々な思惑から「遠巻きに」当該法規を参考にしているだけだと言った方がよい。人々は、関連法規を「かく行為すべし／してはならない」と命ずる行為規範として遵守しているわけではない。

たとえば「製造物責任法」は、メーカーが紛争に巻き込まれることをあらかじめ回避するための指針以上のものではない。メーカーがこれを参照することが「行為規範の遵守」と異なるものであることは、紛争が実際に生じてしまった場合を考えれば明らかである。その場合、メーカーにとって当該法規の遵守いかんは二次的である。むし

そうでないとすれば、法のコードとプログラムがあらゆる場面で現実に強行される必要はないからである。つぎに法適用についてだが、法のコードとプログラムが、一般の人々に「適用基準」としての役割をどこまで期待されているのかという問いが検討されなければならないだろう。それが厳密な意味において適用される必要がない（あるいは適用されるべき場面が限定されている）のであれば、法のコードとプログラムを柔軟に動かす余地は相当に大きいということになるからである。それぞれについて順次見ていくことにしよう。

結語：オートポイエシスの法理論の可能性

ろ、メーカーにとっては当事者間での交渉の方が重要であると言える。当該法規は主として「和解による紛争処理」のための手がかりとして用いられる。メーカーは、ときとして過剰なまでに法規を意識するが、それはもっぱらトラブルに巻き込まれることなく営業活動を行い続けるためであると考えてよい。

類似の例だが、同様のことは「契約」についても言える。なんらかの取引を行うにあたって、企業はきわめて詳細な契約条項を盛り込んだ約款を作成するが、これも主たる目的は取引活動の円滑とトラブルの予防である。実際に紛争が生じてしまった場合には別のプロセスが動き出す。企業は、契約条項に盛り込まれた事柄であれば自らに有利な判決を得ることができるだろうという「見込み」を背景に、自らに有利に交渉を進めようとする。そして、そうした企業が実際に訴訟にいたるのはまれである。重ねて言うが、ここでも交渉の方が重要である。契約が実際に当該契約条項が自らに不利に援用されそうな場合には、企業は自らそれを無視しようとさえする。その証拠に、貫徹されること以上に、その貫徹の見込みが交渉に影響力を及ぼすことの方が重要なのである。

2　法道具主義

ここに挙げたサンプルは必ずしも「ふつうの市民」の例ではない。むしろ「準専門家」の例であるとの批判があろう。では、ふつうの市民の場合はどうなのか。ふつうの市民はもっと純粋に法規を遵守しようとしているなどと考えるのは早計である。ふつうの市民こそ、本来的意味で法規を遵守するという意識は希薄である。そもそも法規を知らないことが多いのだが、かりに法規を知っている場合であっても、彼（女）らにそれを遵守するという意識はあまりない。たとえば、ふつうの市民の間にも「法道具主義」と呼ばれる傾向が十分に見いだされる(8)。法道具主義とは、人々が法規範から距離をとり、もっぱらそれを道具として、便宜主義的に用いる傾向のことである。マンション建設をめぐる「コミュニティー紛争」を例とすれば、周辺住民にとって相手方たる土地所有者や建設会社

182

結語：オートポイエシスの法理論の可能性

法規を遵守しているかどうかは二次的問題である。むしろ、交渉戦術上のカードとして当該法規が有用であるかどうかが主問題である。その意味では、相手の法規の遵守に不備があってくれた方が好都合でさえある。周辺住民たちにとって、土地所有者や建設会社の法的不備は、交渉の形勢が不利になってきたときにそれを逆転させるための切り札になる。そうした切り札を用いることで、経済的な力関係からすればほとんど達成困難な条件で、周辺住民側が和解を取りつけるなどということがしばしば見られる。このように、ふつうの市民もその行動目標を実現するのに有用な場合にのみ法規を引き合いに出し、不利な場合には黙殺する。都合に応じて法規を用いたり用いなかったりするわけだから、そこには純然たる「行為規範の遵守」は見いだせない。

このような傾向がかなり多くの場面で見られるとするなら、法のコードとプログラムはあらゆる場面で現実に強行されるより、むしろ人々にアピールするような仕方でシンボリックに貫徹される方が、人々の期待にかなうということにならないだろうか。少なくともそのように推測することは許されるだろう。

3　「適用基準」としての意味を疑う

もう一つの問いの検討に移ろう。一般の人々は、法のコードとプログラム（実体法規）に「適用基準」としての役割をどこまで期待しているのだろうか。もちろん、これについての答えは、その立場によって異なるだろう。大きくわけて、当事者として裁判を起こしている（または起こしたことがある）人々と、裁判と無関係に日常生活を送ってきた（今後もそうあり続けるであろう）人々とで答えが異なりうるのは当然である。

まず、当事者として裁判を起こしている（または起こしたことがある）人々の場合であるが、彼（女）らは法的事案がコンティンジェント（偶発的）な構成物にすぎないことにも、法規があいまいでつねに補充を必要とするものであることにも気づいてしまっている。そうである以上、彼（女）らが問題にするのは確固たる事案事実に確立

183

結語：オートポイエシスの法理論の可能性

された法規が適用されることではありえない。むしろ彼（女）らが期待するのは、自分たちが渦中に置かれている当該紛争について適切な定義を与え、それにふさわしく（個別的）法規が「作り上げられること」である。そうであってはじめて、彼（女）らは判決に意味を見いだすことができる。彼（女）らは、そのような「創造作業」をこそ法適用と見なすのであり、厳密な意味でそれが法「適用」であるかどうかには関心をもたない。それが当該紛争に対処するうえで意味があるなら、「訴訟上の和解」によって手続が終了することにも抵抗を感じないだろう。むしろ、それを望ましいとさえ考えるに違いない。彼（女）らにとって重要なことは厳密な意味での法適用ではない。

それでは、裁判と無関係に日常生活を送ってきた（今後もそうあり続けるであろう）人々の場合はどうか。この点、適用される法規に彼（女）らが「法的基準」としての意味を見いだしていることは否定できない。まったくこの適用されない法規であれば、それは行動前提にはならないからである。しかし、そもそも人は、事態の一部だけを大幅に単純化したうえでしか受容できない。現実の事態はあまりに多様だからである。かりにそんなことをしようとすれば、彼（女）の処理可能な情報量をはるかに上回ってしまうだろう。この理は当然裁判についてもあてはまる。人は、裁判所におけるあらゆる手続過程に関心を払うことなどできない。それが自分に無関係ならばなおさらそうである。それゆえ、裁判と無関係に日常生活を送ってきた（今後もそうあり続けるであろう）人々が関心を払うのは、裁判所における紛争処理過程の「ひときわ目につく場面」に限定されると言えよう。彼（女）らにとっては、そうした場面において法規が正しく適用されている（ように見える）ことこそが重要なのではないか。

ここでは、当事者として裁判を起こしている（または起こしたことがある）人々の二者について、法規の適用がどのように期待されているかを検討した。そして、前者については今後もそうあり続けるであろう）人々の二者について、法規の適用は二次的な意味しかなく、後者については裁判所における紛争処理過程の「ひときわ目につく場面」において法規の適用が正しく適用されている（ように見える）ことが重要であると述べた。

⑩

184

結語：オートポイエシスの法理論の可能性

これが正しいとすれば、前者との関係では法規に過度にとらわれず柔軟な対処が行われる方がよく、後者との関係でも、法規は必要な場面でシンボリックな仕方で貫徹されておればよいということになるはずである。

4 実体法規の貫徹の要請と紛争処理との両立は可能か

以上の検討によって、法のコードとプログラムの全体社会レベルでの貫徹という裁判（所）の機能を杓子定規に捉える必要のないことを明らかにした。法のコードとプログラム（実体法規）はあらゆる場面で現実に強行されなければならないものではなく、むしろ必要な場面でシンボリックに貫かれてさえすればよい。それに対応して、裁判手続が「実体法規の枠」によって受ける制約は可及的に少なくできる。

思うに、法のコードとプログラムが貫徹されるのは、判決（とくに本案判決）の場面に限られるべきである。その際、判決すべき事案は、「判決によって紛争状態を改善できる事案」、および「当事者が本案判決をあえて望んでいる事案」[11]に、早い段階で絞り込まれるべきだと考える。それ以外の事案については、「訴訟上の和解」[13]など「非判決的方法」によって対処する方が望ましい。[14][15]

なるほど、下級審判決であると[12]を問わず、より上級審の判決への関心が集中する。法教義学も「判例法理」に対して重大な関心を示す。[16]そこで、判決にはマス・メディア等を通じて人々当事者の期待にできるかぎり応えられるように、それを全体社会レベルでアピールすべきである。もちろん、その場合にも認定事実に実体法規を適用してみせ、それを全体社会レベルでアピールすべきである。もちろん、その場合にも他方、裁判所に持ち込まれてくるすべての事案に判決を下す必要はないし、下すべきだとも思われない。裁判所に持ち込まれる事案のうちのかなりは、判決を下すことによって紛争状態の改善を図ることができない事案である。かりに無理な事案構成を行ってそれに対して判決を下すことが可能であっても、そうしたことが有害な場合が多い。

結語：オートポイエシスの法理論の可能性

そのような事案に対しては、「非判決的方法」によって柔軟に対処する方が当事者の利益にかなっている。

そのような「非判決的方法」による柔軟な対処は、とりわけ第一審裁判所（地方裁判所もしくは簡易裁判所）に求められる。第一審裁判所は、「争点および証拠の整理手続」などを活用して、過度に「実体法規の枠」にとらわれることなく、早期の和解による手続終結をも視野に入れた柔軟な対処を行うべきである。第一審裁判所は、未構成の要素を多分に含んでいる紛争を処理する場であり、それに対する十分な配慮が欠かせない。実際、第一審裁判所に訴えが提起されてはじめて当事者の期待に応えることが難しいと判明することが多い。だからといって、そうした事案を「訴えの利益」を欠くなどとして簡単に切り捨ててしまうのは短絡にすぎる。第一審裁判所は、そうした場合にもなんらかの対処方法を模索し、当事者の期待に応えるように務めるべきである。

これに対して、控訴審裁判所もそうだが、とりわけ上告審裁判所（法律審）は、実体法規のシンボリックな貫徹という役割をより重視すべきである。ここでも当事者たちの自主的な紛争解決努力が尊重されなければならないのは当然である。当事者たちが「訴訟上の和解」等による手続終結を望んだ場合には、それを優先しなければならない（処分権主義）。しかし、第二審以降の上級裁判所が取り扱う事案には、未構成の要素が含まれていない。これに加え、第二審以降については、当事者たち自身で「事案が構成されていること」に自覚的になっていることが重視されなければならない。そこでは、あえて「判決」が求められている事案ほど「判決」に自覚的になっていることが重視されなければならない。そこでは、あえて「判決」が求められている事案ほど「司法拒絶の禁止」の潜脱行為であり、司法の自滅に通じるだろう。

さらに、裁判「内」紛争処理（それは多かれ少なかれ判決を考慮に入れざるをえない）にそもそもなじまないことがはじめから明らかな事案については、裁判「外」紛争処理方式を積極的に活用すべきである。(17)(18) そうした紛争も、渦中の当事者たちが苦しんでいる以上、そのまま放置しておいてよいわけではない。だからといって、当事者たち

186

結語：オートポイエシスの法理論の可能性

が無理矢理それを「法律上の争訟」に仕立て上げて訴えを提起してきたとしても、裁判所としてはただ困惑するばかりである。「社会的実体としての紛争」は様々である。そこで、紛争の特性に応じた裁判外紛争処理方式を発展させ、そのための基盤の充実化が進められるべきである。紛争のなかにはいかなる処理をも受けつけないような困難な紛争もある。しかし他方、調停や仲介・斡旋、または仲裁による処理に適した紛争も多い。そうした方法があるのであれば、当然のことながらそれを用いる方がよい。

この点、裁判外紛争処理の領域を広範に認める場合には法システムの自己観察の中心拠点たる裁判（所）の位置を損なうことにはならないかとしばしば問題にされる。しかし、すでに述べたように、法のコードとプログラムが現実のあらゆる場面で強行される必要がないということに留意すべきである。裁判外紛争処理は、あくまで法システムの「周辺」に属している。周辺でのやり取りによって、中心による法のコードとプログラムの「シンボリックな貫徹」が阻害されることはない。裁判外紛争処理は、むしろ裁判内紛争処理の負担を大きく軽減し、その機能を促進しさえする。それゆえ、これを否定しなければならない理由はないと考える。

3　開放性の法理論

ここでは、法のコードとプログラムの全体社会レベルでの貫徹という裁判（所）の機能と当事者たちが期待しているいる救済との間の乖離を埋めるための私の持論を示した。それは、「現代日本の民事裁判」を念頭に置いたうえでルーマンの法理論に修正を施し、彼の立ち止まっている地点から一歩踏み出そうと試みるものであった。しかし、なおそれは一般論に留まっており、さらなる具体的な検討は私に残された今後の課題である。

結語：オートポイエシスの法理論の可能性

すでに明らかなように、オートポイエシス・システムの法理論は、単なる「閉鎖性の法理論」ではない。それは、まず「法的なるもの／法的ならざるもの」を区別すること、そしてそれを前提に法システムの内部で法／不法の配分に関わる区別を貫くことが、人々の自由（コミュニケーション可能性）とどのように関わっているかを明らかにする理論であった。そうした区別を貫くことは、「手の込んだ法的やり取り」の可能性を拡大し、人々の自由に資するものである。したがって、それは断じて「閉鎖性の法理論」などではない。むしろ「開放性の法理論」とも言うべきものである。

オートポイエシス・システムの法理論は、個々人の端的な自由から出発するものではない。それは、社会的メカニズムによって条件づけられたコミュニケーションの可能性にもっぱら焦点を合わせている。しかし、だからといってそれが「非人間的」な理論だということにはならない。なんらかの可能性の拡大を図るためには、他の可能性を制約することが条件になるという単純な事実を素直に受け入れているだけである。私は、本書において、ルーマンの法理論の「創造的解釈」と持論の展開とを通じて、オートポイエシス・システムの法理論のもつ可能性を最大化しようと試みてきたつもりである。それに成功していると言えるかどうかの判断は読者にゆだねたい。

188

註

序論

(1) Jean-François Lyotard, *La condition postmoderne*, Paris 1979, p. 7. 小林康夫訳『ポストモダンの条件：知・社会・言語ゲーム』水声社（一九八六年）八―九頁を参照。

(2) Vgl. z. B. Max Weber, Die protestantische Ethik und der »Geist« des Kapitalismus, in: *Gesammelte Aufsätze zur Religionssoziologie*, Bd. 1, 1920, S. 17-206 (204). 大塚久雄訳『プロテスタンティズムの倫理と資本主義の精神』岩波文庫（一九八九年）三六六頁。

(3) たとえば、アンソニー・ギデンズ（Anthony Giddens, *The Consequences of Modernity*, Stanford / California 1991, pp. 7-10. 松尾精文／小幡正敏訳『近代とはいかなる時代か？：モダニティーの帰結』而立書房［一九九三年］一九―二三頁）は、モダニティーが、一方で人々が安心を享受することができ、また充実した生活を送ることができるより多くの機会を生み出しているが、他方で高度の不確実性とリスクを生み出していることは否定できないとする。

(4) 「リスク社会」論は、現代社会がつねにそうした「崩壊のリスク」にさらされているという問題意識から出発している。Vgl. N. Luhmann, *Soziologie des Risikos*, Berlin / New York 1991; U. Beck, *Risikogesellschaft, Auf dem Weg in eine andere Moderne*, Frankfurt a. M. 1986. 東廉／伊藤美登里訳『危険社会』法政大学出版局（一九九八年）。

(5) タルコット・パーソンズの「構造―機能主義」も、一定の社会構造の維持や変動（そして破壊）に機能を問題にするというかぎりで、こうした傾向のもとにあったと言える（Cf. Talcott Parsons, *The Social System*, New York 1951, pp. 19-22. 佐藤勉訳『社会体系論』青木書店［一九七四年］二五―二八頁）。ルーマンの社会理論は、そのような「構造の安定化」モデルを批判し、「機能こそが構造を規定する」という地平に立つことによって、「安定性」への過度の傾斜から離れるにいたっている。Vgl. N. Luhmann, *Gesellschaftsstruktur und Semantik*, Bd. 2. Frankfurt a. M. 1993, S. 258ff.; G. Kneer / A. Nassehi, *Niklas Luhmanns Theorie sozialer Systeme*, 3. Aufl., München 1997, S. 35ff. 館野受男／池田貞夫／野崎和義訳『ルーマン社会システム理論』新泉社（一九九五年）四一頁以下。なお、パーソンズの「構造―機能主義」の「構造―機能主義」については、高城和義『パーソンズの理論体系』日本評論

(6) リオタールによれば、自らの正当化のために「哲学」というメタ言説、つまり「大きな物語」に準拠するところの科学(ないし知)はモダンとして特徴づけられ、もはやそのような科学(ないし知)の時代は終わったと断ぜられる。これに対して自らの属する立場は、そのような科学(ないし知)が依拠している「メタ物語に対する不信感」として特徴づけされる。後者がポストモダンの立場である。Cf. *La condition postmoderne*, op. cit., pp. 7-9. 邦訳七一―一二頁。リオタールに対するルーマンの態度は本文中で述べた立場に符合している(Vgl. SS, S. 587f. 邦訳七八七頁以下)。なお、Giddens, op. cit., pp. 45-53 は、「モダンとポストモダン」という対立軸を立てることの不毛性を指摘している。

(7) 個々の取引や紛争のなかで、所有権はそのつど異なる規範的機能をもち、またそのつど別々の意味内容をもつ。いまや所有権の「一般性」は、権利についての「語り」のなかにしか存在しない。

(8) 本書で主として対象とするのは、いわゆる「オートポイエティック・ターン」以降のルーマンの社会理論・法理論である。もっとも、関連のあるかぎりで、それ以前の論著も適宜参照している。オートポイエティック・ターンについては、馬場靖雄「ルーマンの変貌――社会学的オートノミーのために」『社会学評論』第三九巻一号(一九八

社(一九八六年)六三頁以下。

(9) ある者が他の者になんらかのはたらきかけをしようとする場合には、相手が当該のはたらきかけを受け入れるか拒絶するかという不確実性にさらされる。しかし、相手の方も、当該のはたらきかけにどう応えたらよいか、つまり最初にはたらきかけてきた者によって拒絶されないにはどう反応したらよいか、知ることができない。これでは、一方と他方とが両すくみ状態となり、なんのやり取りもはじまらない。後述するが、やり取り(コミュニケーション連鎖)が成立し継続するためには、このような「二重の不確実性」(ダブル・コンティンジェンシー)に対処できることが必要となる(Vgl. z. B. SS, S. 148ff. 邦訳一五八頁以下)。

(10) 「見える部分」と「見えない部分」という区別は筆者が便宜上用いているものだが、基本的には「規定性 *Bestimmtheit*」と「非規定性 *Unbestimmtheit*」の区別に対応している。「見える部分」は必ずしもシステムではないし、「見えない部分」は必ずしも環境のことではない。システムの内部にも「見える部分」はあるし、また環境にも「見える部分」はある。

(11) たとえば、経済システムは「貨幣の受け渡し」の連続体のなかに組み込んでいけるような、自らにとって対処可能な事柄については高度に自己完結的である。他方、環境問題などの「外部不経済」は「見えない部分」に置かれる。そして、これに対処するために経済システムが自己完結的

註

(12)「システムの作動の自律化」は、かつて「物神化」(ないし「物象化」)という形で、もっぱら否定的に論じられた。「関係」が自律化し、独自の論理によってのみ作動するようになるということが、人間性に対する危機として受け取られたのである。この点については、Karl Marx, Das Kapital. Erster Band, Karl Marx-Friedrich Engels Werke. Bd. 23, Berlin 1962, S. 85ff. マルクス・エンゲルス全集版『資本論（1）』岡崎次郎訳 大月書店・国民文庫（一九七二年）一三三頁以下を参照。また、中野敏男「法秩序形成の社会学とその批判的潜在力——ウェーバー社会学」の問題構成と射程』『思想』第七六七号 岩波書店（一九八八年）八八頁も「ルーマンが法的手続によって正当化される「自己準拠システム」として捉えられた実定法システムのありようが「物象化」として捉えられてきた近代社会の病理現象のことではないのか」と疑問を呈している。しかし、「関係が自律化する」ということは負の側面しかもたらさないわけではない。それが社会の高度の情報処理能力を可能にすることは否定しえない。また、実際の行為の場面では、前提について問うことなしに自律化した関係（たとえば貨幣）に依拠することができるというのは、大きなメリットである。さらに、もろもろの関係の自律化は、行為前提の使い分けを可能にしてくれることで、行為のオプションを増やすという面もある。もちろん、だからといって、関係の自律化が人間性に対して破壊的な影響をもたらしうるということに変わりはない。そのような関係から距離をとりうることが重要である。

(13) Cf. H. R. Maturana / F. J. Varela, Autopoiesis and Cognition: The Realization of the Living, Dordrecht Holland 1980. 河本英夫訳『オートポイエシス』国文社（一九九一年）。

(14) ヴァレラはオートポイエシスの概念を社会に適用することに反対している。この点について、フランシスコ・ヴァレラ「オートポイエシスと現象学」『現代思想』第二七巻四号（一九九九年）八〇頁以下。Cf. Maturana / Varela, op. cit., p. xxiv. 邦訳三二頁。

(15) Vgl. N. Luhmann, Die Einheit des Rechtssystems, in: Rechtstheorie, Bd. 14, 1983, S. 129-154.

(16) たとえば裁判において、どちらの当事者が勝訴するかあらかじめ決まっているわけではない。法規はその不確実性をある程度少なくすることができるかもしれないが、それでも不確実性はなくならない。法／不法の配分は、「事実」の事後的な構成いかんでどのようにでも変わりうる。法システムにおいては「勝てば官軍」というのはあながち嘘とも言えないのである。

(17) 法的決定の不可能性については、ジャック・デリダの議論が興味深い。堅田研一訳『法の力』法政大学出版局（一九九九年）五四頁以下を参照。Vgl. Jacques Derrida,

註

(18) 肯定的であるにせよ、批判的であるにせよ、ルーマンの法理論に関心をもつ者は多い。ここでルーマンの法理論に関する日本での議論状況を明らかにするために、比較的最近の邦語の論著(一九九〇年以降)の主要と思われるものを年代順(連載の場合はまとめて記す)に挙げておこう。

大野純一「法のパラドックスとその克服——合法的な法的判断はいかにして合法たりうるのか」『明治大学大学院紀要』第二七集(一九九〇年)、安井基樹「法の政治からの分化はいかにして可能なのか?」 N. Luhmann, Rechtszwang und politische Gewalt]『JURISPRUDENTIA 国際比較法制研究(1)』(一九九〇年)、野崎和義「法の実定性と禁止の錯誤——社会システム論的視座からの一試論」ホセ=ヨンパルト・三島淑臣編『法の理論10』成文堂(一九九〇年)、江口厚仁「法システムの自己組織性」『九大法学』第六〇号(一九九〇年)、村上淳一「現代法分析の視角——西ドイツ法学におけるシステム理論の展開」『法学協会雑誌』第一〇七巻一号(一九九〇年)/大野純一「ニクラス・ルーマンはどう変貌したのか——現代のウェーバーはヘーゲルの亡霊なのか?」日本法哲学会年報・一九九〇:『法的思考の現在』有斐閣(一九九一年)、河上倫逸編『ルーマン・シンポジウム:社会システム論と法の歴史と現在』未来社(一九九一年)、服部高宏「シ

ステム理論と法・法的思考——『法の射程』研究序説(一)(二)」『國學院法学』第二九巻一号・同巻四号(一九九一年・一九九二年)(一)/江口厚仁「法的思考のアイデンティティーをめぐって(一)」『法政研究』第五八巻四号(一九九二年)、馬場靖雄「多様体としての法——ニクラス・ルーマンの法システム理論」日本法社会学会編『法社会学第四四号:法の社会理論と法社会学』有斐閣(一九九二年)、駒城鎮一「法規範の超越論的妥当根拠——非-根拠主義、あるいは非-正当化主義をめぐって」『法の理論12』弘文堂(一九九二年)、村上淳一「仮想の近代——西洋的理性とポストモダン」東京大学出版会(一九九二年)/中野敏男「近代法システムと批判——ウェーバーからルーマンを超えて』ポイエシス(一九九三年)、江口厚仁「法・自己言及・オート

ポイエシス」『法政研究』第五九巻第三・四合併号(一九九三年)『法政研究』第五九巻第三・四合併号(一九九三年)、駒城鎮一『普遍記号学と法哲学』ミネルヴァ書房(一九九三年)、村上淳一「ポストモダンの法理論」村上淳一他編『岩波講座・社会科学の方法Ⅵ:社会変動の中の法』岩波書店(一九九三年)/駒城鎮一「法哲学とポスト・モダン——村上淳一氏の所説に寄せて」『同志社法学』第四六巻三・四号(一九九四年)、駒城鎮一「社会防衛刑法とシステム理論」『阪大法学』第四四巻二・三号下(一九九四年)/江口厚仁「法システムと市場の論理」日本法哲学会編『法哲学年報・一九九四:市場の法哲学』有斐閣(一九九五年)、福井康太「ニクラス・ルーマンの法理論と裁判

Gesetzeskraft. Der »mystische Grund der Autorität«, Frankfurt a. M. 1991, S. 49ff.

――現代社会における『裁判』のリアリティー考」『九大法学』第七〇号（一九九五年、毛利康俊「福祉国家における法現象の分析枠組み（一）（二・完）」『法学論叢』第一三七巻四号、第一三九巻一号（一九九五年・一九九六年）／村上淳一『現代法の透視図』東京大学出版会（一九九六年）、駒城鎮一「社会システムと法の理論」世界思想社（一九九六年）、福井康太「リスクの社会理論と法――ニクラス・ルーマンの"Soziologie des Risikos"を手がかりとして」「九大法学」第七二号（一九九六年）、田中久智「ヤコブスの積極的一般予防論とルーマン社会システム理論」国士舘大学「比較法制研究」（一九九六年）／中野敏男「ルーマンにおける法理論の展開とその射程」佐藤勉編『コミュニケーションと社会システム――パーソンズ・ハーバーマス・ルーマン』恒星社厚生閣（一九九七年）、S・テンニエス「社会システム理論の狭知、あるいは疑似タオイズム」、中野敏男「法のシステム化と『主体』の責任」、野崎和義「「主体の権利」について」、都築廣巳「法における『主体・意思自由』の意味論」、池田貞夫「ルーマン理論の限界」（以上五論文は『法の理論16』一九九七年）に所収／濱野亮「日本の経済社会の法化」『立教法学』第四八号（一九九八年）、服部高宏「『私』という存在とシステム理論」、毛利康俊「人間と社会の相互浸透」、橋本正博「刑法理論」、青山治城「人間主体性の動態化と法システムの責任」、同前「ルーマン理論の社会理論的位置づけと法解釈学」（以上五論文は『法の理論17』一九九八年）に所収／福井康太「手続を通しての正統化」論再考」『法社会学第五一号：構造変容と法社会学』（一九九九年）、同「紛争処理と法の一般性は両立するか？」『法の科学28』有斐閣（一九九九年、毛利康俊「法的実践と理性の社会的条件（一）（二・完）」『法学論叢』第一四三巻三号・第一四四巻六号（一九九九年）、都築廣巳「個人のオートポイエシスとシンボルシステムとしての法カテゴリー」『法の理論18』（一九九九年）、仲正昌樹「ルーマンの法社会学における〈法〉と〈正義〉」『金沢法学』第四二巻一号（一九九九年）。

(19) Cf. Ronald Dworkin, Law's Empire, Cambridge / Massachusetts 1986, p. 52. 小林公訳『法の帝国』未来社（一九九五年）八九頁。

(20) 本書は、私が九州大学へ提出した博士学位請求論文（博士［法学］一九九八年）の主要部分を書き改めたものである。

第I部

第一章

(1) ここで述べるダブル・コンティンジェンシーの理解については、佐久間政広「社会システムの形成における意思自由論と責任論」、同前「ルーマン理論の社会システムの形成における自己

註

準拠の問題――ルーマンの社会システム概念について」前出佐藤勉編『コミュニケーションと社会システム』、および同「ルーマンの社会システム理論における行為概念をめぐって」日本評論社［一九六〇年］三一―四七頁［二五頁］）、ルーマンもこのパーソンズの問題意識を発展的に受け継いでいる（Vgl. z. B. SS, S. 148ff. 邦訳一五八頁以下）。Cf. Talcott Parsons, INTERACTION: Social Interaction, in: *International Encyclopedia of the Social Sciences*, Vol. 7, New York 1968, pp. 429-441 (436), N. Luhmann, *Soziologische Aufklärung 3*, 3. Aufl., Opladen 1993, S. 14f, ders., *Gesellschaftsstruktur und Semantik*, Bd. 2, Frankfurt a. M. 1981 (Suhrkamp Taschenbuch 1993), S. 258ff. 佐藤勉訳『社会システム理論の視座』木鐸社（一九八五年）一二〇頁以下、正村俊之「社会秩序はいかにして可能か？――パーソンズとルーマン」前出佐藤勉編『コミュニケーションと社会システム』二三六頁以下。

（2）ダブル・コンティンジェンシーは、当初タルコット・パーソンズによって「社会的行為 social action」の成立条件に関わる問題として論じられてきたが（Cf. Talcott Parsons / Edward A. Shils (ed.), *Toward a General Theory of Action*, Cambridge / Massachusetts 1951, pp. 3-29 (16). 永井道雄／作田啓一／橋本真訳『行為の総合理論をめざして』日本評論社［一九六〇年］三一―四七頁［二五頁］）、ルーマンもこのパーソンズの問題意識を発展的に

（1）『東北学院大学論集（人間・言語・情報）』第一〇二号（一九九二年）から示唆を受けた。

（3）ここに挙げたのはパーソンズの理解である。ちなみにパーソンズとの関連では、ダブル・コンティンジェンシーは「二重の条件依存性」と訳出されるのがふつうのようである。たとえば前出佐藤勉訳『社会体系論』一六頁、四三頁、五四頁を参照。

（4）パーソンズは、アクター同士の間で「規範的範型」のようなものが共有されていることによって、態度決定の不可能性が除去され、社会的なやり取りが成立しうるとしているが、この「社会的なるもの」は過度に硬直的となるだろう。というのも、社会的なやり取りが一元的な規範構造によって規定されることになってしまうからである（Vgl. *RS*, S. 20. 邦訳二三頁）。ルーマン自身は、ダブル・コンティンジェンシーについて、別様な解決方法を提示している。なお、ルーマンの『法社会学』におけるダブル・コンティンジェンシー論批判として、橋爪大三郎『言語ゲームと社会理論――ウィトゲンシュタイン・ハート・ルーマン』勁草書房（一九八五年）一六〇頁以下があるが、これは『社会システム理論』以降の議論にあてはまるものではない。

（5）比較的に初期のルーマンの議論においても、ダブル・コンティンジェンシーは自我と他我の間での相互の行動予期の困難さに関わる問題として理解されている。もっともこの段階では、ダブル・コンティンジェンシーは、それが

194

註

「予期の予期」「予期の予期……」を必要ならしめることで社会を著しく複雑化させる（だからこそ複雑性の縮減が必要なのだ）ということを説明するための道具概念として登場しているだけで、コミュニケーションが創発的に展開することの条件としては必ずしも理解されていないようである（Vgl. RS, S. 35f. 邦訳四一頁）。

(6) ルーマンは、社会システムを、「相互作用 Interaktionen」「組織 Organizationen」「全体社会 Gesellschaften」の三つに分類している（Vgl. SS, S. 16. 邦訳二頁以下）。「相互作用」はそこに居合わせている人々の間で行われるコミュニケーションから成る社会システムである（Vgl. SS, S. 560. 邦訳七五〇頁）。「組織」とは、成員であること、そして成員としての役割によって境界づけられるような社会システムである（Vgl. SS, S. 368f. 邦訳三一一頁）。これに対して、「全体社会」とは「包括的な社会的なものを包摂している（Vgl. SS, S. 555. 邦訳七四三頁）。なお、「包括的な社会システム」のことであり、あらゆる社会的なものを包摂している（Vgl. SS, S. 555. 邦訳七四三頁）。なお、「包括的な社会システム」は機能分化して複数の「部分システム Teilsystemen」を形成する。法や経済、政治といったものがそれに「部分システム」もまた「包括的な社会システム」である。ただそれぞれ相違なる観察パースペクティブから構成されているだけである（Vgl. SS, S. 37f. 邦訳二七頁）。詳しくは後述する。

(7) Vgl. N. Luhmann, Handlungstheorie und System-

theorie, in: Soziologische Aufklärung 3, a. a. O., S. 50-66, insbes, S. 54ff.

(8) 「未規定な複雑性」と「構成された複雑性」の区別は、「システム／環境」の区別にではなく、「要素と関係」の区別にもとづいている（Vgl. SS, S. 41. 邦訳三二頁）。関係は要素の結びつきによって成り立つ。そして、要素についてあらゆる関係が可能であると思われがちである。しかし、ある程度以上複雑な状況のもとでは、要素は（その性質上）すべての要素と関係することがもはやできない限界閾にすぐに到達する。関係も要素の結びつきを規定するからである。それゆえ、そのような限界閾が生じるのである（Vgl. SS, S. 46. 邦訳三七頁）。他方、かりにそのような関係の規定因子を考えない場合には、要素の結びつきは天文学的に複雑なものになりうる。ルーマンは、このこととの関連で複雑性を二つの種類にわけて概念規定しようとする。つまり、仮想的にすべての要素が結びつきあう場合に考えられる天文学的に高度な複雑性（ある意味でレアな複雑性）と、要素結合についての（関係によって規定された）限界閾に達している要素複合体との二種類の複雑性を別々のものとして概念規定するのである。これによって浮かび上がってくるのが「未規定な複雑性」と「構成された複雑性」の区別である。なお、ルーマンが、このように「未規定な複雑性」と「構成された複雑性」の区別、システム概念（システム／環境の区別の再生産）と複雑性概念を別々に論じようとするのは、システムが自らの外

(9) このような場合に Komplexität は「複合性」と訳される場合が多い。たとえば、N・ルーマン、長岡克行訳『権力』勁草書房（一九八六年）二〇一頁の訳注3によれば、「一般システム論では、システムを構築している要素の数（ないし異質性の程度）を複雑性と呼び、要素間の関係の数（ないしは種類）を複合性と呼んでいる」として、本文中に出てくるような意味での Komplexität は「複合性」と訳すべきであるとしている。また、村中知子『ルーマン理論の可能性』恒星社厚生閣（一九九六年）五四頁の註（1）も同様の立場を貫くことは困難にしている。思うに、このような区別を厳格に貫くことは困難であり、また「複合性の縮減」という言い方の不自然さもあるので、私としては文脈に応じて訳しわけることにする。

(10) Vgl. N. Luhmann, Haltlose Komplexität, in: *Soziologische Aufklärung* 5, 2. Aufl., Opladen 1993, S. 59-76; J. Habermas / N. Luhmann, *Theorie der Gesellschaft oder Sozialtechnologie. Was leistet die Systemforschung?*, Frankfurt a. M. 1971, S. 301. 佐藤嘉一／山口節郎／藤沢賢一郎訳『批判理論と社会システム理論』木鐸社（一九八七年）三八九頁。

(11) 複雑性の縮減は、より複雑なものの「切り詰め」（単部のコンティンジェンシーのみならず、自らの内部のコンティンジェンシーにも対処しなければならないということを明らかにするためである（Vgl. SS, S. 55ff. 邦訳四七頁）。

純化）という側面をもつために、それにともなってなんらかのリスクを生ずる（Vgl. SS, S. 47. 邦訳三八頁）。いったん単純化された関係も単純であり続けるという保証はない。単純さの背後にはより大きな複雑性がひかえているからである。

(12) たとえば、法システムの存立の基礎にはこのような「自己言及パラドックス」が潜んでいる。なるほど、法的なやり取りにおいては「法的なるもの」をそれ以外の要素から区別することに大きな関心が寄せられる。そうした区別は、法的なやり取りの内側から見てのみ成り立つ区別である。まったくの外部から見て、そうした区別が意味をもつわけではない。法律家がもっともらしい理屈を用意したところで、外部から「どうしてこの問題が法的なのですか」と問われた場合に、「法はとにかく法なのだ」というトートロジー以上に説得的な論拠は存在しないだろう。法のオリエンテーションは究極的には確定されない。「法的なるもの」は無根拠なのである。この点について、馬場靖雄「正義の門前——法のオートポイエシスと脱構築」『長崎大学教養部紀要（人文科学編）』第三七巻二号（一九九六年）参照。また、経済システムも同様に無根拠である。経済システムは、もっぱら貨幣が等価の貨幣として受け渡され続けているということにのみもとづいて存立している。その際、貨幣が等価の貨幣であるということを根拠づけるのは、当該受け渡し自体である。それゆえ、貨

196

註

幣が「貨幣である」ということは、それがそのようなものとして受け渡され続けているということを除いて、無根拠である。この点について、岩井克人『貨幣論』筑摩書房（一九九三年）九五頁以下を参照。

(13) ルーマンは「同語反復の切断」を「脱トートロジー化 Enttautologierung＝非対称化」と呼ぶ。そしてその非対称化のきわめて重要な実行手段が、時間の不可逆性を手がかりにすることだと言う。自己Aと自己A'の間に時間的なズレが生じていれば、時間の不可逆性のために、同語反復的な循環は回避されるということである（Vgl. SS. S. 632. 邦訳八五二頁）。なおここで述べたことは、後述する「要素の時間化」と重なっている。

(14) 法システムを例に脱パラドックス化のメカニズムについてわかりやすく解説する論文として、N. Luhmann, The Third Question: The Creative Use of Paradoxes in Law and Legal History, in: *Journal of Law and Society*, Vol. 15, 1988, pp. 153-165. および前出大野純一「法のパラドックスとその克服」を挙げることができる。

(15) システムが自己の内部に区別を設けるという戦略は、マクロなレベルで見れば、全体社会システムの機能分化に関わっている（Vgl. SS. S. 37f. 邦訳二七頁以下）。「機能分化」については、後述。

(16) ルーマンは、「システムが実在している es gibt Systeme」というところから彼の考察が出発していると明

言している（Vgl. SS. S. 30. 邦訳一七頁）。もっとも、その意義については、『社会システム理論』の日本語版への序文（邦訳 i 頁）に見られるように、慎重に留保が付してある。彼が「システムが実在している」と述べるのは、社会学者のような外部の観察者の任意な構成によって、対象たるシステムが勝手に規定されるわけではないということを強調する趣旨である。対象に観察者がたどり着けるかどうかの問題は措くとしても、対象には対象固有の実体があり、その実体を無視して理論構築することは無意味だという考察の第一次的主体は対象たるシステム自身でなければならない。そうでなければ、社会システム理論は「社会学」の理論ではありえない。

(17) ルーマンは、「人間」は社会システムの構成要素ではなく、社会システムの環境に属するものであるとする（Vgl. SS. S. 67f. 邦訳六一頁以下）。「人間」は意識（意識それ自体一元的とは言えない）のほか、個々の細胞、免疫といった様々の単位から成る多元的複合体で、これを端的に統一的な「主体」として把握することは困難である。そうした多元性を損なうことなく拾い上げるためには、「人間」を社会システムのそれ自体で統一的な構成要素（主体）と捉えるのではなく、むしろシステムの環境に属するものと解し、社会／意識、意識／生体、生体／免疫といった異なる統一体間の依存関係を問題とするべきである。人

註

(18) パーソンズの言う「単位行為 unit act」はそのような「単位要素」の性格を帯びる。Cf. Talcott Parsons, The Structure of Social Action. A Study in Social Theory with Special Reference to a Group of Recent European Writers, New York 1949, p. 43. 稲上毅／厚東洋輔訳『社会的行為の構造1』木鐸社（一九七六年）七七頁以下。

(19) 「原子」(アトム)を分解できない単位とすることは、そのような理論体系を前提とすれば、「単位要素」とする場合にも、人間の同一性はさらに分解可能であるのでは決してない。人間を「行為主体」として「単位要素」たりうるかどうかは、社会認識の仕方に依存している。現代の素粒子論を念頭に置いてはじめて成り立つ。人間を分解してはじめて成り立つ。「原子」は分解できないものではない。遺伝子の同一性もあれば、免疫の同一性もある。人間が行為主体として「単位要素」たりうるかどうかは、社会認識の仕方に依存している。

(20) 「要素の時間化」とは、諸要素が時間次元に結びつけられること、つまり諸要素が時点と関連づけられ、瞬間的な出来事として時間の不可逆性にゆだねられることである (Vgl. SS, S. 77. 邦訳七四頁)。これによって諸要素は、一瞬ごとに新たなものとして確認を受けることになる。システムは、「要素の時間化」を通じて、変化(時間の不可逆性)に抗して自己を保持する可能性を高める。変化に対抗

間を社会システムの要素としないからといって、ルーマンが「反人間主義」的立場をとっているということにはならない。

するためには、つねに新たに要素を取り替えることが有効であり、それによってはじめて、一定程度以上に複雑なシステムの存続が可能となる。「要素の時間化」は、すぐに後述するシステムの持続性の前提条件なのである。

(21) ルーマンは、構造変動の形態について、従来の「環境に対する適応」のみ強調するアプローチを批判し、むしろ自らの要素の結びつきに適応することを内容とする「自己適応」を重視する。さらに、構造変動の第三形態として「形態発生 Morphogenese」を挙げる (Vgl. SS, S. 478ff. 邦訳六四五頁以下)。構造変動のダイナミズムは、外部に適応することで収束してしまうほど低くはない。

(22) 広い意味での構造分化には様々の進化的成果が含まれている。とりわけシステム分化との関係で最も重要な進化的成果は「メディア」である。メディアには、まず人々の理解を可能にする「言語」があり、やり取りの範囲を拡張する文書や無線通信等の「拡張メディア」があり、さらに「シンボルによって一般化されたコミュニケーション・メディア」がある (Vgl. SS, S. 220ff. 邦訳一五二頁以下)。これには真理や愛、所有／貨幣、権力／法、信仰、芸術といったものが挙げられる。「シンボルによって一般化されたコミュニケーションメディア」はとりわけ重要な進化的成果で、機能分化した社会におけるコミュニケーションは主としてこのメディアによって整序されている。法システムや経済システムといった「機能システム」は「シンボルによ

って一般化されたメディア」にもとづいて分出している。もっとも、コミュニケーションを整序するものは、メディアだけではない。コミュニケーションはその「テーマ」によってもまた整序されている。そうしたテーマのストックがゼマンティクである(Vgl. SS, S. 224, 邦訳二五七頁)。ゼマンティクを通じてコミュニケーションはなんらかのシステムに帰属されうるようになり、「行為」の形をとるようになる。なお、ルーマンの社会理論が実証的な「社会学」であり得るとすれば、それはゼマンティクを記述することによって成り立つ「歴史記述の社会学」であると思われる。

(23) この「観察」概念は、ジョージ・スペンサー＝ブラウンの『形式の法則』に由来している。Vgl. N. Luhmann, *Die Wissenschaft der Gesellschaft*, 2. Aufl., Frankfurt a. M. 1991, S. 73f.; George Spencer-Brown, *Laws of Form*, London 1971, p. 3. 大澤真幸／宮台真司訳『形式の法則』朝日出版社(一九八七年)一頁を参照。G. Kneer / A. Nassehi, *Niklas Luhmanns Theorie sozialer Systeme*, a. a. O., S. 95ff. 邦訳一二頁以下。

(24) Beobachtungの訳語については、ここに挙げた「観察」なる訳語のほか、「監視」のようにコントロールの意味をより強く含めた訳語をつけることも考えられなくはない。たしかに、ルーマンが「構成主義的認識論」なる立場を明らかにしているところからすれば(Vgl. *RG*, S. 16)、

そうした訳語をあてることにもかなり説得力がある。しかしながら、「制御」に懐疑的なルーマン一般からすれば、Beobachtungにコントロールを含意する強い意味を込めるのは、多少の違和感がある。そこで、本書においては、一般的に用いられる訳語にしたがい「観察」としておく。

(25) ルーマンは、意識の主体性を認めようとする「主体性の形而上学」な立場を再三にわたって否定しようとしている。彼によればシステムの側を指示するシステム自身の作動(自己観察)に依拠してシステムがそのつど別しシステムの側を指示するシステム自身の作動(自己観察)に依拠して組み立てられる。システム帰属がそのつど行われることで、コミュニケーションは社会を構成するのである。Vgl. N. Luhmann, Das Erkenntnisprogramm des Konstruktivismus und die unbekannt bleibende Realität, in: *Soziologische Aufklärung* 5, a. a. O., S. 31-58.

(26) ルーマンは明らかに「構成主義的konstruktivistisch」な立場をとっている。社会はシステム／環境を区別しシステムの側を指示するシステム自身の作動(自己観察)に依拠して組み立てられる。システム帰属がそのつど行われることで、コミュニケーションは社会を構成するのである。Vgl. N. Luhmann, Das Erkenntnisprogramm des Konstruktivismus und die unbekannt bleibende Realität, in: *Soziologische Aufklärung* 5, a. a. O., S. 31-58.

(27) 後述するが、システムの自己観察はアクター同士の直接的な観察レベル(ファースト・オーダーの観察レベル)を起点として、そのような直接的な観察を観察するセカンド・オーダーの観察レベル、さらに、そうした「観察の観察」を観察するサード・オーダーの観察レベルというよう

註

に階層分化する。こうした階層は、社会の機能分化に際して特別の役割を果たしているとされる（Vgl. z. B. GG, S. 766ff.）。

(28) こうした見方は、パーソンズにも認められる。Cf. Talcott Parsons, SYSTEM ANALYSIS, in: *International Encyclopedia of the Social Sciences*, op. cit., Vol. 15, pp. 458-473 (470).

(29) ルーマンは社会システムの作動（オペレーション）そのものの構造と、作動についての観察をわけており、前者は「システム分化」に関わり、後者はゼマンティクに関わるものだとしている（Vgl. GG, S. 538）。この点については、高橋徹「機能的分化の諸条件——愛の関係を手がかりに」『社会学年報』第二七号（一九九八年）一二〇頁以下を参照。

(30) ルーマンは、「機能 Funktion」の概念を内容的な観点では用いていない。ルーマンが機能概念を引き合いに出すのは、機能を分析・比較することによって、システム内外の「機能的等価物」を析出し、システムに関する情報を獲得するための道具としてである（Vgl. SS, S. 83f. 邦訳八二頁以下）。ルーマンのこのやり方に対しては、機能的等価物の析出が観察者の視点（この場合には社会科学者の視点）に応じて恣意に流されてしまうのではないかという批判が繰り返しなされてきた。しかし、機能的等価物の析出は問題視角によって、つまり問題となっているシステム

の「境界」の概念がすでに含意されている。たとえば、免疫システムは自己と非自己を識別する境界を備えているが、当のシステムにとってはその境界は確定的な意味をもっている（Vgl. SS, S. 53f.）。

(31) 確認的に述べておくが、この「境界」はシステムに属する事象と環境に属する事象とを区別するはたらきに関する「境界」である。具体的な「壁」のようなものは必要ではない。区別するはたらきがあるところには、すでになんらかの「境界」がある。換言すれば、区別の機能のなかに「境界」の概念がすでに含意されている。たとえば、免疫システムは自己と非自己を識別する境界を備えているが、当のシステムにとってはその境界は具体的なものではない。にもかかわらず、当のシステムにとってはその境界は確定的な意味をもっている（Vgl. SS, S. 53f.）。

(32) 心理システムとは、端的に言えば人間の意識過程のことである（Vgl. SS, S. 355. 邦訳四九三頁）。先に用いた「ブラックボックスの内側」と言ってもよい。ルーマンは、心理システムもまた「意識」を基盤とするオートポイエシス・システムであるとする。社会システムと心理システムは、いずれも「意味」を用いるという点で共通しているが、前者はもっぱらコミュニケーションから成り、後者は意識から成っているという点で異なっている。心理システムがオートポイエシス・システムであるとは、当該意識過程を外部からのぞき込むことができないということ、つまり、当該意識には当該意識自身しかアクセスできないということの

200

註

(33) 言い換えである。人は、他者とのやり取りを通じて他者の意識過程について予期できるようにはなるが、決してそれを見通すことができるようになるわけではない。
浸透されるシステムにとって「構成された複雑性」であるところの複雑性も、浸透するシステムにとっては「未規定の複雑性」たるに留まっていることは看過されてはならない。相互浸透によって他のシステムが見通せるようになるわけではない (Vgl. SS, 291. 邦訳三三八頁)。

(34) 相互浸透概念は、とりわけ人間の意識と社会システムの関係について典型的にあてはまる概念だとされるが、この概念はその後あまり用いられなくなり、構造的カップリングの概念に発展的に解消されているようである (Vgl. GG, S. 108)。この点に関して、高橋徹「構造的カップリングの問題性」前出佐藤勉編『コミュニケーションと社会システム』三一〇—三三五頁。

(35) 構造的カップリングは、作動上のカップリングに対する概念で、システムがそのオペレーション (作動) のレベルでは閉鎖性を保ちながら、構造的には相互に結びつき、連携してそれぞれの対処可能な複雑性を増大させることである。これに対して、作動上のカップリングとは、システムが実質的に融合し、一つのオートポイエシス・システムとなってしまっているか、もしくは、システムと環境が瞬間の出来事としてシンクロすることを意味するにすぎない (Vgl. RG, S. 440f.)。

(36) ここでのルーマンの説明は、マトゥラーナの言葉を引用する形で行われている。「オートポイエシス・システムは可変的構造を有するシステムである。そうした構造はそこにおいてシステムが自らのオートポイエシスを実現しているところの、媒介を用いた相互作用 (他のシステムとの相互浸透) を通じて、システムとのあいだの道のりをたどる」。そしてその結果、「オートポイエシス・システムは、媒介を用いて (他のシステムとの間で) 継続して構造的カップリングの状態にあるか、そうでなければ崩壊するにいたる」(Vgl. SS, S. 298. 邦訳三四七頁) と。
Refer to H. R. Maturana, Man and Society, in: Frank Benseler / Peter M. Hejl / Wolfram K. Köck (ed.), *Autopoiesis, Communication, and Society: The Theory of Autopoietic System in the Social Sciences*, Frankfurt a. M. 1980, pp. 1-31 (12).

第二章

(1) 「オートポイエシス・システムとしての法」についてのルーマン自身による解説論文として、Die Einheit des Rechtssystems, *Rechtstheorie*, Bd. 14, 1983, S. 129-154, engl. The Unity of Legal System, in: Gunther Teubner (ed.), *Autopoietic Law: A New Approach to Law and Society*, Berlin / New York 1988, pp. 12-35. 中野敏男訳「法システムの統一性」河上倫逸責任編集『ゲルマニステ

註

(2) 存在と当為は別様のものであり、別々の方法で扱わなければならないとする見方（方法二元主義）は新カント主義法哲学以来の伝統であった。Vgl. z. B. Emil Lask, *Rechtsphilosophie*, in: *Gesammelte Schriften*, 1. Band, Tübingen 1923 (S. 275-332), S. 311f. 恒藤恭訳『法律哲学』大村書店（一九二一年）五七頁以下、Gustav Radbruch (hrsg. v. Ralf Dreier / Stanley L. Paulson), *Rechtsphilosophie*, Studienausgabe, Heidelberg 1999, S. 13ff. 田中耕太郎訳『ラートブルフ著作集Ｉ・法哲学』東京大学出版会（一九六一年）一一三頁以下、Hans Kelsen, *Reine Rechtslehre*, 2. Aufl., 1960, Nachdurck, Wien 1992, S. 5ff.

(3) 法システムは自らの意味や機能を反省的に理論化し、統一性として表現しようとする（Vgl. *RG*, S. 498f.）。まさにそのような仕方で「フィクション」たる自己像を語るのが法の「自己記述」の役割である。法的コミュニケーションは、そうした「自己記述」（法理論）にもとづいて整序される。法システムにおいて「理論」が果たす役割は、他のシステムに比べてきわめて大きい。

(4) Cf. N. Luhmann, Operational Closure and Structural Coupling: The Differentiation of the Legal System, in: *Cardozo Law Review*, Vol. 13, pp. 1419-1441 (pp. 1425ff). 土方透訳『法の社会学的観察』ミネルヴァ書房（二〇〇

(5) 年）九〇頁以下。このような仕方で法システムが閉じられ自律化することを、ルーマンは「法システムの作動上の閉鎖性 Operative Geschlossenheit des Rechtssystems」と呼ぶ（Vgl. *RG*, S. 41）。なお、自律性は作動上の閉鎖性の帰結であって、両者は同義ではない（Vgl. *RG*, S. 63）。

(6) 法システムの境界の意味について明らかにし、境界の多元性と動態性について扱う興味深い論考として、江口厚仁「法システムの境界と変動」宮澤節生・神長百合子編集代表『石村善助先生古稀記念論文集：法社会学コロキウム』日本評論社（一九九六年）を参照。

(7) Vgl. N. Luhmann, *Organisation und Entscheidung*, Opladen / Wiesbaden 2000, S. 123-151 (insbes. S. 127), ders., Die Paradoxie des Entscheidens, in: *Verwaltungs-Archiv*, Vol. 84, 1993, S. 287-310 (insbes. S. 289).

(8) ルーマンは、『法社会学』以来、意味の三次元（事象的次元、時間次元、社会次元）における「規範的予期の整合的一般化」として、法を定義している（Vgl. *RS*, S. 99, 邦訳一一二頁）。現在でもなお、法を定義するための道具立てに大きな違いはないが、ルーマンの分析の重心は時間次元に置かれている（Vgl. *RG*, S. 125）。

(9) ルーマンは、科学システムと法システムの分出は、認知的予期と規範的予期の区別に依拠して水路づけされるとしている（Vgl. *SS*, S. 440f. 邦訳五九九頁）。

(10)「信頼」は、その最も広い意味、つまり人が自ら抱いている、もろもろの予期を当てにするという意味においては、社会的生活の基本的な事態である。Vgl. hierzu N. Luhmann, Vertrauen. Ein Mechanismus der Reduktion sozialer Komplexität, 3., durchges. Aufl., Stuttgart 1989, S. 1. 大庭健／正村俊之訳『信頼：社会的な複雑性の縮減メカニズム』勁草書房（一九九〇年）一頁。信頼の問題は、（すでに顕在化されてしまっているがゆえに）より少ない「現在の可能性」を、一つの尺度として（より多くの潜在的可能性を含んでいる）未来に投影し、未来を単純化するという点にある（Vgl. ebenda, S. 12. 邦訳一九頁）。それは「単純化」をともなうという意味において、切り詰めのリスクを生ずる。しかし、それでもなお人は社会の複雑性のなかに投げ出されているがゆえに、なんらかの単純化された行動前提を選択することが強いられており、否が応でもそのような行動前提を受け入れざるをえない。さて、当該箇所で問題となる信頼は、ルーマンの言う「システム信頼」である（Vgl. ebenda, S. 50ff. 邦訳八七頁以下）。この信頼は、機能分化の進んだ社会においてはじめて可能となる信頼のあり方である。（社会的）世界がきわめて複雑で多くの可能性を含みながら、なおすでに規定されたものとして、あるいは規定可能なものとして構成され把握されうるのは、未来を単純化する負担が社会システムのなかでコントロールされ、配分されることによってである。そうしたことは世界の高度の複雑性を選択するメカニズムが社会システムに組み込まれていないかぎり不可能である。そして実際、社会システムにはそのようなメカニズムとして実在している。そのようなメカニズムとなるのは、一般化されたコミュニケーション・メディアである（Vgl. ebenda, S. 51. 邦訳八八頁）。ルーマンが『信頼』において挙げているのは、貨幣、愛、真理、権力といったメディアであるが、法もその一つである。それらは、あらゆる可能的なあり方を「貨幣価値の大小」「真理という権威の有無」「（正統化された）愛情の有無」「権力の大小」「法／不法」という形に単純化して取り扱うことを可能にし、予期を構造化することを可能にする。社会生活をする場合に高度の複雑性を引き受けることのできない個々人は、そのようにして構造化された予期を、多かれ少なかれ行動前提にせざるをえない。それゆえ、現代社会においては、「システム信頼」は不可欠である。法によって抗事実的に安定化された予期が、社会のなかのアクターにとって行動前提として受け入れられるということは、このようなコンテクストのもとではじめて理解できるであろう。

(11) 法システムは、その分シンボリックにもたらされた信頼危機に対しては脆弱である。裁判（所）の機能不全が社会全体に対して明白になるなど、法的予期の貫徹能力に関わるような信頼破壊はとりわけ致命的である。法システムは、自らに向けられた「システム信頼」に対して過剰な

註

でに敏感であり、「司法拒絶の禁止」など信頼保護のための様々の諸形式を発達させている (Vgl. RG, S. 132)。

(12) 法の機能が予期の安定化なのか、それとも行動制御なのかという論点について、N. Luhmann, Die Funktion des Rechts: Erwartungssicherung oder Verhaltenssicherung?, in: ders. Ausdifferenzierung des Rechts, Frankfurt a. M. 1981, S. 73-91.

(13) 法による行動制御が法社会学の中心テーマであり続けてきたことには、十分な理由がある。しかし、ルーマンは法による行動制御の可能性について、それほど高く評価していない。この点、ルーマンの影響を強く受けている法学者グンター・トイブナーは、オートポイエシス的システム理論にもとづいて、法の閉鎖性(自律性)と開放性のある相互依存的な関係を説明するとともに、再帰的な法 reflexives Recht による社会のコントロールを構想する。Vgl. hierzu Gunther Teubner, Recht als autopoietisches System, Frankfurt a. M. 1989, S. 81ff. 土方透／野崎和義訳『オートポイエシス・システムとしての法』未来社(一九九四年) 一〇八頁以下。これに対するルーマンの反論として、N. Luhmann, Steuerung durch Recht? Einige Klarstellende Bemerkungen, in: Zeitschrift für Rechtssoziologie, Jg. 12 1991, S. 142-146.

(14) 「コンフリクト」は、ダブル・コンティンジェンシーを土台として成立する一種の社会システムである。コンフリクトは、適度の不確実性を再生産し、人々の全体社会のなかのやり取りを活性化するとともに、構造を環境に適応するように変動させるきっかけをもたらす。コンフリクトは過度に増大すると社会を破壊するが、なくなってしまっても困るものなのである (Vgl. SS, S. 529ff. 邦訳七〇七頁以下)。Vgl. hierzu N. Luhmann, Konflikt und Recht, in: Ausdifferenzierung des Rechts, a. a. O., S. 92-112 (insbes., S. 99ff.)。なお、ルーマンのコンフリクト論について検討している論文として、村上淳一「争いと社会発展」前出『仮想の近代──西洋的理性とポストモダン』東京大学出版会(一九九二年) 四二一～七〇頁 (初出『平野龍一先生古稀祝賀論文集・下』有斐閣[一九九一年])。

(15) Siehe zur binären Codierung, N. Luhmann, Die Codierung des Rechtssystems, in: Rechtstheorie, Bd. 17, 1986, S. 171-203.

(16) ルーマンは、法のトートロジーの展開という観点から、二分コード化の論理的ステップについて興味深いモデルを立てている (Vgl. RG, S. 168f.)

(17) 法／不法の区別は実体的に捉えられるべきではない。実体的に見るから法と不法の「中間領域」なるものが問題化されるのである。この区別は他方の側にのみ相関しているある時には「不法」の側に重心が置かれ、不法でないやり取りはすべて「適法」として扱われる。これに対して、たとえば権利が争

(18) 実際、「六法全書」をひもとけばわかるように、法原理や法目的を述べる特殊な場合を除いて、法令は基本的に条件プログラムの形で規定されている。なお、法令は必ずしも条件プログラムの形をとらないが、それは裁判所の決定に向けて定められているわけではない。

(19) ルーマンは、「結果」を法/不法の判断基準として用いることについて、一貫して否定的である（Vgl. hierzu vor allem, Dog, S. 31ff. 邦訳三八頁以下）。

(20) 一見すると「目的プログラム」であるかのような「環境立法」も、ある作為・不作為が適法であるか否かについて、現在において（予想される範囲で）のみ決しうる。あらゆる予見の範囲を超えた事由のために、当該作為・不作為の所期の目的が達成されなかった（あるいはきわめて有害な結果が派生した）としても、のちになって当該作為・不作為が遡及的に違法になるわけではない。せいぜい政治システムで「政治責任」が問題となるにすぎない（Vgl. RG, S. 200)。

(21) 本書第一章第4節を参照。

(22) Vgl. hierzu vor allem N. Luhmann et al., Beobachter: Konvergenz der Erkenntnistheorien?, 2. Aufl., München 1992, S. 119-137 (insbes. S. 123).

(23) Vgl. hierzu N. Luhmann, Die Wissenschaft der Gesellschaft, a. a. O., S. 84f.

(24) Vgl. zur Entparadoxierung der Beobachtungsparadoxie, N. Luhmann, Organisation und Entscheidung, a. a. O., S. 129ff.

(25) もちろん、「当該観察とは区別された別の観察」も、自ら自身を観察できないという点では観察のパラドックスを免れてはいない。観察のパラドックスを別のパラドックスに置きかえる「脱パラドックス化」は、パラドックス回避のためにレベルを区別するという以上の意味はない。Vgl. hierzu N. Luhmann, Sthenographie, a. a. O., S. 123-124.

(26) コミュニケーションのパラドックス回避のためにレベルを区別するという発想は、グレゴリー・ベイトソンによる「コミュニケーションの論理階型理論」にすでに見られる。ちなみに、ベイトソンのこの着想は「精神分裂病」の研究として展開され、「ダブルバインド理論」として結実する。Cf. Gregory Bateson, Toward a Theory of Schizophrenia, in: Steps to an ecology of mind; with a new foreword by Mary Catherine Bateson, Chicago 2000, pp. 201-227. (reproduced from Behavioral Science, Vol. I, No. 4, 1956). 佐藤良明訳『精神の生態学』（改訂第二版）新思索社（二〇〇〇年）二八一―三一九頁。

(27) Vgl. Die Wissenschaft der Gesellschaft, a. a. O., S.

註

85-87.

(28) すぐに述べるが、法システムの場合も、その「閉じ」に関わる操作が行われるのは、もっぱらこのレベルにおいてである。「法的決定」も、また「法的論証」も、この観察レベルにおける操作である。さらに、このレベルで法システムの反省理論としての「法理論 Rechtstheorie」が立てられる。もちろん、法の理論は、科学システムによる法の外部観察によっても可能である。しかし、法システムにとってより重要なのは、自らの反省理論なのであり、そのようなものとしての「法理論」である (Vgl. *RG*, S. 11ff, 496ff)。

(29) たとえば『社会の法』において、サード・オーダーの観察レベルへの言及は、散見される程度に留まる (Vgl. z. B. *RG*, S. 80, 373)。

(30) Vgl. *Die Wissenschaft der Gesellschaft*, a. a. O., S. 87.

(31) 法的問題処理にあたって「中立の第三者」が求められるのは、観察レベルを区別するためにも「中立の第三者」を用いることがきわめて有用だからである (Vgl. *RS*, S. 67. 邦訳七七頁)。これは「観察拠点の形成」にとっても重要な意味をもつ。

(32) この図式はH・L・A・ハートによる「一次ルールと二次ルール」という区別図式とかなり類似している。一次ルール(責務のルール)にファースト・オーダーの観察レベルが対応し、二次ルール(承認のルール、変更のルール、裁決のルール)にセカンド・オーダーの観察レベルが対応するという見方は十分に可能であろう。Cf. H. L. A. Hart, *The Concept of Law*, 2nd ed., Oxford 1994, pp. 91ff. 矢崎光圀監訳『法の概念』みすず書房(一九七六年)一〇〇頁以下。推測の域を出ないが、ルーマンが早くからグレゴリー・ベイトソンの「コミュニケーションの論理階型理論」の影響を受けており、さらにベイトソンがラッセルの論理学から着想のヒントを得ていること、他方で、ハートがイギリス分析哲学の伝統のなかで研究を進めていることから、発想の原点は重なっているのではないか。Cf. Gregory Bateson, A Theory of Play and Fantasy, in: *Steps to an ecology of mind*, op. cit., pp. 177-193 (reprinted from A. P. A. Psychiatric Research Report, II [1955]). 邦訳二五八—二七九頁を参照。

(33) ルーマンが法システムに関して「セカンド・オーダー・サイバネティクス」を語るようになってきたのは、八〇年代の半ば以降である。Vgl. N. Luhmann, *Positivität als selbstbestimtheit des Rechts*, *Rechtstheorie*, Bd. 19, 1988, S. 11-27 (insbes. S. 19ff)。なお一九八五年の講演原稿を起こした著『法の社会学的観察』には、セカンド・オーダー・サイバネティクスへの明確な言及はない。Vgl. hierzu N. Luhmann, *Soziologische Beobachtung des Rechts*, Frankfurt a. M. 1986. 前出土方透訳『法の社会学的観察』一—七〇頁。

206

(34) ちなみに、グンター・トイプナーも、法システムの自己観察および自己記述をセカンド・オーダー・サイバネティクスとして捉え、法システムはセカンド・オーダーのオートポイエシス・システムであるとしている。Vgl. Gunther Teubner, Recht als autopoietisches System, a.a.O., S. 28f., 36. 邦訳三八頁以下および四八頁。

(35) ここに言う「立法と裁判」の原語は Parlamente (議会) と Gerichte (裁判所) であり、ルーマン自身が本文中のその直後で、権力分立論との関係では Legislative (立法) と Justiz (司法) であると言い換えている。後者は Gerichte の機能に着目した用法である。用語の使用に迷ったが、Gerichte と Rechtsprechung が互換的に用いられているようなところもあり、以後の論述との整合性を考慮して本書では「立法と裁判（所）」という用語を用いることにした。なお、ここでは裁判と司法を互換的に用いるが、歴史的沿革からすれば両者は異なるものである。両者がほぼ互換的に用いられるようになったのは比較的に最近である。いまなお両者は、一般につぎのように区別される。司法は具体的事実について法を宣言し、維持する作用であるが、裁判は対立する当事者間の紛争に裁決を下すという、より広い意味に理解される。司法は法の維持に主目的があるのに対し、裁判は紛争解決に主目的があると言ってもよい。この点に関して、たとえば佐藤幸治『現代国家と司法権』有斐閣（一九八八年）三一頁以下や兼子一／竹下守夫『裁判法』〔第四版〕有斐閣（一九九九年）七頁以下などを参照。

(36)「行政」も、命令などによって法規範創出の一翼を担うゆえ、法の自己観察の拠点としての意味をもつ。また、「契約」についても、ADRなどが法システムの観察拠点として一定の意味をもつことも否定できないであろう。

第Ⅱ部

第三章

(1) ここでの議論は『社会の法』第七章「法システムにおける裁判の位置」に基本的に依拠している (Vgl. RG, S. 297-337)。なお、同趣旨の論文として、N. Luhmann, Die Stellung der Gerichte im Rechtssystem, in: Rechtstheorie, Bd. 21, 1990, S. 459-473.

(2) 中国法はこの例によらないようである。この点に関し、季衛東『超近代の法――中国法秩序の深層構造』ミネルヴァ書房（一九九九年）二〇四頁以下を参照。

(3) 古代ローマ帝国の影響を受けて、中世期にも多くの法制において、法の専門家である「判決人」（本来的には

註

「執政官」に属する）が政治的実力の発動を条件づけるという形がとられた。その際、「判決人」も多くの場合「貴族身分」であり政治権力の側に属していると見られていた。国によってかなりの違いはあるも、近代前夜にいたるまで「裁判権」についてのこうした見解が通用し続けてきた。Vgl. Franz Wieacker, *Privatrechtsgeschichte der Neuzeit*, 2., neubearbeitete Aufl., Göttingen 1967, S. 103ff. 鈴木禄弥訳『近世私法史』〔初版訳〕創文社（一九六一年）九九頁以下。

（4）立法と裁判の間に「ヒエラルヒー的上下関係」があるとする定式化はいかにも一八世紀的である。たとえば、モンテスキューは、『法の精神』の「イギリスの国制について」と題する章（第一一編の第六章）において、裁判官は「法律の言葉を発する口」にすぎないものとするが、この観念は裁判権力が政治権力と一体化して過度に恣意的に行使されていた一八世紀当時のフランスの時代状況に大きく影響されている。Cf. Montesquieu, *De l'esprit des lois*: Edouard Laboulaye (ed.), *Œuvres completes de Montesquieu, avec les variantes des premières éd., un choix des meilleurs commentaires et des notes nouvelles*, Tome IV, Nendeln (Liechtenstein) 1972, p. 18. 野田良之他訳『法の精神（上）』岩波書店（一九八九年）二一九頁。

（5）法律による裁判の拘束は、一見あまりにも自明である。日本国憲法も、その第七六条三項において、裁判官の独立

とともに、「法律」への拘束を明らかにしている。もっとも、その拘束性の程度は、「法律」の理解の仕方によって異なってこよう。実際、裁判官が創造性を発揮する場面は広範に存在している。この点について、たとえば樋口陽一／栗城壽夫『現代憲法大系一一・憲法と裁判』法律文化社（一九八八年）三二頁以下を参照。

（6）この定式を用いる実質的理由は、「人民主権」的な観点からすれば、一見至極もっともである。裁判官は必ずしも民主的に選任されるわけではないため、専門性の陰に隠れて「人民意思」に沿わない判断を下すおそれが大きい。だから、法律によってその判断に厳格に縛りをかけることが求められるというのである。しかし、すぐ後述するように、裁判官が「解釈権」を握っているかぎり、法律によってその判断を拘束することには限界がある。そもそも、裁判官は一方的に縛られるべき存在ではない。ときとして、裁判官が共有する固有の「ゲームのルール」（これこそが「法教義学」である）にもとづいて、「立法と裁判のヒエラルヒー」定式の横暴を抑止するということも求められる。そうした可能性を封じるという意味でも、「人民意思」定式は限界を負っている。この点に関しては、長谷部恭男『比較不可能な価値の迷路──リベラル・デモクラシーの憲法理論』東京大学出版会（二〇〇〇年）一一九頁以下、樋口陽一『憲法〔改訂版〕』創文社（一九九八年）四一〇頁以下、および前掲『憲法と裁判』五三頁以下などを参照。

208

註

(7) たとえば、民法第一七五条は「物権法定主義」を定め、民法典に定める物権と、その他法律で定める物権以外に、物権の創設を認めないと規定している。しかし、判例は、同条に反するのみならず、第三四四条（質権の要物契約性）および第三四五条（質物の代理占有禁止）にまで反する「譲渡担保」を「非典型担保」として認めている（大審院大正三年一一月二日判決民録第二〇巻八六五頁以下）。こうした判例の態度を受けて、昭和五三年には「仮登記担保に関する法律」が定められ、「譲渡担保」の一部形態が立法的に認められることになった。

(8) 日本の場合には、日本国憲法第三二条の解釈上、裁判所は適法な訴えがなされた場合にそれを拒むことは認められないとされる。これについては、樋口陽一／佐藤幸治／中村睦男／浦部法穂『注解法律学全集2・憲法II　第二一条─第四〇条』青林書院（一九九七年）二八三頁以下を参照。

(9) たとえば、あらかじめ「法律上の争訟」（裁判所法第三条）にあたるか否かといったフィルターがかけられていて、実際にあらゆる訴えに対して裁判所が応じなければならないわけではない。

(10) 法解釈の柔軟性に加えて、裁判官は「事件構成」についても相当の自由を有している。裁判官は、事案処理について、端から見えるよりもはるかに自由である。この点を論ずる論文として、村上淳一「裁判官の事件『構成』『システムと自己観察──フィクションとしての〈法〉』東京大学出版会（二〇〇〇年）四一─七三頁（初出『桐蔭法学』第五巻一号［一九九八年］「ドイツにおける裁判官の事件処理」を改題）。

(11) 同様の指摘は、宗教の教義学についても見られる。Vgl. hierzu N. Luhmann, Funktion der Religion, 3. Aufl., Frankfurt a. M 1992, S. 86f. 土方昭／三瓶憲彦訳『宗教社会学──宗教の機能』（新版）新泉社（一九九九年）六七頁以下。

(12) 「拒否の禁止」が法解釈の自由を増大させるという点について、服部高宏「システム理論と法・法的思考（二）」『國學院法学』第二九巻四号（一九九二年）二〇頁以下を参照。

(13) ルーマンは、かなり早い段階から「拒否することの禁止」が法の創造性を生み出す条件になっていると指摘している。たとえば、『法システムと法教義学』では、法教義学は、「拒否することの禁止」によって、経験とテクストとを駆使しながら自由に判断を形成するための技法を発展させてきたのであり、まさに法教義学の本質的メルクマールが「拒否することの禁止」に見いだされるとしている（Vgl. Dog, S. 15ff. 邦訳一二頁以下）。この場を借りて、指摘された内容について少し敷衍しておく。法解釈者は、前提となるドグマ（教義）に拘束されることによって、ドグマについての疑問から解放される。もって、前提をとやかく問題にするために費やされる時間的コストを大いに節約

209

する。他方、法教義学の場合、前提となるドグマはきわめて抽象的かつ複合的である。それゆえ、法解釈者は、そうしたドグマを縦横に展開して自由に事案に取り組むということができる。法解釈者は、「文理解釈」を行うのみならず、「論理解釈」や「歴史的解釈」、「目的論的解釈」によって法規の意味を拡張したり縮小したりできる。それどころか、「類推解釈」によって異なる事態にも法規の趣旨を及ぼすことができる。こうした法解釈者の自由は、ドグマを否定する場合には得られないものである。ドグマを否定するなら、あらゆる処理にあたって、なにを出発点にするのか、それをどのように展開するのかについて、いちいちコンセンサスを形成しなければならない。なお、この点についてては、カール・ラレンツも注目しており、彼のルーマンに対する評価は比較的に肯定的である。Vgl. Karl Larenz, *Methodenlehre der Rechtswissenschaft*, 6., newbearb. Aufl., Berlin / Heidelberg / New York 1991, S. 229-234. 米山隆訳『法学方法論』[第六版]青山社(一九九八年)三五四頁以下。

(14) ロナルド・ドゥオーキンの「権利テーゼ」は、まさにこの問題に向けられている。もっとも彼は、そのような場合には裁判官によって「立法」が行われ、「法の欠缺」が補充されてよいという見解(法実証主義)に対しては、一貫して異を唱えている。法的論証にこっそりと「異質な要素」を持ち込むことになるからである。彼は、訴訟を裁決

しうる確立された法準則がまったくない場合でも、一方の当事者は勝訴する権利を有し、その場合、法原理による論証によって一つの回答が与えられなければならないとする。Cf. Ronald Dworkin, *Taking Rights Seriously*, Cambridge / Massachusetts 1977, p. 81. 木下毅/小林公/野坂泰司訳『権利論』木鐸社(一九八六年)九七―九八頁。彼のこの主張はのちに解釈学の方向で展開され、「インテグリティーとしての法」という形をとる。Cf. *Law's Empire*, op. cit., pp. 94-96, 224-228. 邦訳一六〇―一六三頁、三五三―三五七頁。「インテグリティーとしての法」というテーマについては、内田貴「探訪『法の帝国』(一)―(二)」『法学協会雑誌』第一〇五巻三号(一九八八年)二八頁以下、中山竜一「法理論における言語論的転回―J・ハーバマスによる批判を手がかりに」『法学論叢』一三五巻四号(一九九四年)七三頁以下などを参照。

(15) Vgl. hierzu Die Stellung der Gerichte im Rechtssystem, a. a. O., S. 466ff.

(16) この定式は、社会が機能分化する以前の、「環節分化」と「成層分化」の中間に位置する分化形式の再来ではない(Vgl. *GG*, S. 663ff.)。むしろ、近代社会における高度の機能分化を前提として、機能システム内部に登場してきたシ

第四章

(1) たとえば、兼子一『民事訴訟法体系』酒井書店（一九五四年）二五頁以下。前出の兼子一／竹下守夫『裁判法』一頁以下。

(2) 事象次元と社会次元の区別はしばしばあいまいにされるが、両者は異なる次元である。事象次元は、言ってみれば、ひとりの観察者の視点から見た対象の分節化に関わる次元である。ここでは、たとえば「これはコップである」（これはコップではない）といった指示が行われる。これに対して、社会次元では、それぞれ視点を異にする複数の「観察者」（それぞれの自我）同士が互いにどのように関わりをもつかが問題になる（Vgl. SS, S. 119. 邦訳一二三頁以下）。つまり、ルーマンは「パースペクティブの差異」を問題にしているのであり、後者は「観察対象の差異」を問題にする前者とは明らかに異なっている。

(3) 「否定」が実在するものに「規定性」をもたらすという理解については、ヘーゲル以来の伝統の影響をもうかがうことができる。Vgl. G. W. F. Hegel, Die Wissenschaft der Logik : mit den mündlichen Zusätzen, Georg Wilhelm Friedrich Hegel Werke in Zwanzig Bänden, Bd. 8. Enzyklopädie der philosophischen Wissenschaften im Grundrisse (1830), Erster Teil, Frankfurt a. M. (Suhrkamp) 1970, S. 196f. 宮下信一／宮本十蔵訳『ヘーゲル全集Ⅰ・小論理学』岩波書店（一九九六年）二五三頁以下。

(4) この点について検討している『社会の法』の該当箇所について、ルーマン自身の表現をそのまま訳出すればつぎのとおりである。「決定それ自体は、決定に対して提示される選択肢の一つでもない。そうではなく、決定によって開かれる道筋の一つでもない。決定に対する選択肢の選択性が構成するところの第三項である。言い換えれば、決定は選択肢の選択性が構成するところの差異である。詳しく言えば、その差異の統一性 Einheit である。だからそれはパラドックスなのである」（Vgl. RG, S. 308）。ここで書かれ

ステムの「内部分化」である（Vgl. RG, S. 333f.）。なお、ルーマンによれば、同様の分化は経済システムにも見られるとされる。そこでは「銀行」（とりわけ「中央銀行」）が中心を形作り、生産や取引、消費といった経済活動が周辺に位置することになる。銀行は、信用を保証し、通貨供給量をコントロールすることで、経済システムに中心なのであり周辺は「支払い」を断絶させないことで貨幣価値に実体をもたらす役割を担う（Vgl. RG, S. 334f.）。Vgl. hierzu N. Luhmann, Die Wirtschaft der Gesellschaft, 2. Aufl., Frankfurt a. M. 1989, S. 144ff. 春日淳一訳『社会の経済』文眞堂（一九九一年）一四一頁以下。

(17) Siehe hierzu Gunther Teubner, Recht als autopoietisches System, a. a. O., S. 149ff. 邦訳二〇二頁以下。

いることの意味は一読しただけではわかりにくい。もっとも、引用文の前段の意味を慎重に押さえたうえで後段を解釈すれば、「選択肢の選択性」が構成するところの差異〔選定〕（選ぶことができる）と「その否定」（選ぶことができない）との差異であると言うほかないかろう。だとすれば決定とは、「選ぶことができる／選ぶことができない」の否定であり、「選ぶことの統一性であるということになる。この「否定関係」に自己言及が含まれていることは明らかであることから、決定は一つの自己言及パラドックスだということになる。

(5) Vgl. N. Luhmann, *Organisation und Entscheidung*, a. a. O. S. 132f.

(6) このような言い方をすると、「紛争の実体いかんにかかわらず、法的根拠が一貫しているという外観さえ取り繕っていればよい」という裁判所の「開き直り」を肯定することになってしまうとの反論を呼びそうである。たしかにそういう問題がないとは言えない。しかし反対に、こうも言える。裁判所が社会の変化と個別具体的な紛争への対応を重視するあまり、法的根拠（判例）の一貫性を示すことについて責任を放棄するようになれば、法に対する社会一般の人々の「期待」が不用意に損なわれることになるのではないか。むしろ、重要なことは「一貫性」の要請と「変異」の要請のバランスを図ることではないのか。一般に、

最高裁判所は法解釈の統一に責任を負うとされるが、この「責任」はそうした意味でも肯定されよう。この点に関して、中野次雄編『判例とその読み方』有斐閣（一九八六年）一九頁以下を参照。もっとも、法解釈の統一への縛りが過大になれば、裁判官の職権の独立性との関係で問題が生じる。法解釈の統一にともなうこうした問題について、佐藤岩夫「司法の〈統一性〉と〈非統一性（Uneinheitlichkeit）〉──日独裁判所の司法観の比較と司法改革の課題」『法社会学第五三号：司法改革の視点』（二〇〇〇年）一四七頁以下。

(7) 法的根拠の「一貫性」は、相互に矛盾しないという意味での「整合性」以上のものではない。あらゆる事案は個別的なのだから、まったく同一の事案というものもありえなければ、それに対するまったく同一の基準適用ということもありえない。実態は、「概ね同様の事案」について、「概ね同様の基準」が適用されるにすぎない。「概ね同様の事案」「概ね同様の基準」とは、一般の人々がその「同様性」について疑義を提起しない程度に、相互に整合的であれば足りる。したがって、その範囲は相当にあいまいであ る。「整合性」と「一貫性」のより正確な意義について、亀本洋「法的議論における実践理性の役割と限界（二）」『判例タイムズ』第五五二号（一九八五年）六六頁以下。また、法創造の場面でもなお「整合性コントロール Stimmigkeitskontrolle」を無視することができないという点

(8) 先例拘束原則は、英米のコモン・ローのもとでは言うまでもなく基本原則であるが、日本を含む大陸法諸国では、当然には肯定されない。「判例が法をつくる」ということが、議会の専権たる立法権を侵すのではないかと危惧されるからである。しかし、前章でも見たとおり、「法創出連関の多様化」は否定しようのない趨勢であり、もはや議会のみが法規を定立するとも、またそうすべきだとも解することはできない。今日では、社会一般の人々の「法的安定性への期待」に応え、また当事者の「平等取り扱い」を考慮するといった理由から、大陸法諸国でも程度の差はあれ先例拘束原則は肯定されている。以上について、たとえば田中成明『法理学講義』有斐閣（一九九四年）六一頁以下。

なお、民事訴訟法第三一八条第一項は、最高裁判例等の「判例」違背を上告受理の申立理由とすることを認めている。だが、これによって日本でも先例拘束原則が認められたと解することは早計である。一般に、これは最高裁判所が法令解釈の統一について責任を負うことを承けた規定されている。そうだとすれば、同条項が先例拘束原則を認めたかどうかは無関係である。以上について、たとえば伊藤眞『民事訴訟法』有斐閣（一九九八年）六三四頁、新堂幸司『新民事訴訟法』弘文堂（一九九八年）七七頁。

について、Josef Esser, Vorverständnis und Methodenwahl in Rechtsfindung, Frankfurt a. M. 1970, S. 16.

(9) ルーマンの時間の捉え方、すなわち、それぞれの現在を中心とした、それぞれの現在にとっての過去／未来という捉え方は、フッサール現象学の時間論の影響を受けている。フッサールは、一九〇五年の段階ですでに、それぞれの「いま」を中心とした「過去把持」の連続的な変遷として「過去」を把えていた。Vgl. E. Husserl, Die Vorlesungen über das innere Zeitbewußtsein aus dem Jahre 1905, in: Zur Phänomenologie des inneren Zeitbewußtseins (1893-1917), hrsg. von R. Boehm, Husserliana Bd. X, Haag 1966, S. 29f. 立松弘孝訳『内的時間意識の現象学』みすず書房（一九六七年）四一頁以下。また、アルフレド・シュッツは、フッサールのこの時間論に早い段階（一九三二年）着目し、「〔意識の〕それぞれ自身の持続における有意的な体験構成」を論じている。ルーマンに対するシュッツの影響も否定できない。ただし、ルーマンの時間論は、心理システムよりも、社会システムに重心を置いている。Siehe dazu Alfred Schütz, Der sinnhafte Aufbau der sozialen Welt. Eine Einleitung in die verstehende Soziologie, 2. Aufl., Frankfurt a. M. (Suhrkamp) 1981 (erste Aufl.,1932), S. 62ff. 佐藤嘉一訳『社会的世界の意味構成――ヴェーバー社会学の現象学的分析』木鐸社（一九八八年）六一頁以下。

(10) 現在は現に存在している瞬間であり、そこにはあらゆる現存するものが含まれている。あらゆることは同時に存

註

在していて、時点を異にしないかぎりコントロールできない。このことをルーマンは「同時性 Gleichzeitigkeit」と呼んでいる。Vgl. N. Luhmann, Gleichzeitigkeit und Synchronisation, in: *Soziologische Aufklärung 5. Konstruktivistische Perspektiven*, 2. Aufl. Opladen 1993, S. 95-130 (insbes. S. 98ff.).

(11) 法的決定の不確実性は、「法規の不確実性」からもたらされるばかりではない。言うまでもなく「事実構成の不確実性」もまたその原因である。両者が合わさることで、決定の不確実性は著しく高められる。「事実構成の不確実性」があるかぎり、「法的決定の確実性」は「神話」以上のものになりえない。このことは「アメリカ・リアリズム法学」の流れのなかでは、比較的以前から議論されていた。Cf. Jerome Frank, *Law and the Modern Mind. With an Introduction by Judge Julian W. Mack*, New York 1930, pp. 3-13. 棚瀬孝雄／棚瀬一代訳『法と現代精神』弘文堂（一九七四年）三七—四九頁。

(12) 事実関係に関して時的観察のズレがあったとしても、上告審では原判決において適法に確定された事実が拘束力をもつとされることから、上告審ではもはやそうしたズレを是正できないのではないかという問題を生じる（民事訴訟法第三二一条第一項）。しかし、そのような場合にも、事実関係に関する時的観察のズレが「自由心証主義」の限界を超えるような経験則違背にあたると見られれば、「法

令の解釈に関する重要な事項」として上告受理申立理由（同法第三一八条第一項）となりうる（高等裁判所にする上告については上告理由となりうる［同法第三一二条第三項］）。なお、社会学的に見た場合、上告審にも原審認定事実の評価の重心を移すといった操作の余地がないわけではないが、裁判所がこれを正面から認めることはできない。

(13) 本書第二章第1節2（c）を参照。

(14) たとえば、平成一三年三月八日の東京地裁判決（同年八月二〇日東京高裁控訴審判決も同地裁判決を支持）は、被害当時小学六年生）の逸失利益算定について、「未就労の年少女子には多様な就労可能性があり、逸失利益に男女差を設けるのは適当でない」と明言している（同旨平成一二年七月四日奈良地裁葛城支部判決）。これらは、法的判断にあたって政策動向を考慮する典型例と言えよう。

(15) Vgl. dazu N. Luhmann, Kommunikation über Recht in Interaktionssystemen, in: *Ausdifferenzierung des Rechts*, a. a. O., S. 53-72 (insbes. S. 55ff.).

(16) ここでの例は、津地裁「隣人訴訟」の事例をアレンジした。「隣人訴訟」については、小島武司／アティアス／山口龍之『隣人訴訟の研究』日本評論社（一九八九年）、星野英一編『隣人訴訟と法の役割』有斐閣（一九八四年）などを参照。

(17) 本文中で述べている「社会的実体としての紛争」は

註

(18)「争点整理」が和解成立につながることが多いことが指摘されるが、事実が明らかとなり、当該事案について「見取り図」を描けるようになれば、自主的に紛争を終結させようとするインセンティブがはたらくのは理解できる。もっとも、こうした紛争の終結は訴訟手続に期待される本筋のあり方ではないとして、否定的に扱われることが多い。筆者は、裁判（所）の機能に対する一般の人々の期待を裏切らないかぎり、むしろこうした紛争終結の方が好ましいと考える。この点につき、萩原金美「和解兼弁論で危惧されるもの」「交渉と法」研究会編『裁判内交渉の論理――和解兼弁論を考える』社団法人商事法務研究会（一九九三年）八五頁以下。

(19)「法的言説」と「日常的言説」の乖離は、「法的事案」と「社会的実体としての紛争」の乖離として捉えることもできる。この点、和田仁孝「法廷における法言説と日常的言説の交錯――医療過誤をめぐる言説の構造とアレゴリー」棚瀬孝雄編『法の言説分析』ミネルヴァ書房（二〇〇一年）四三―七二頁（とくに六八頁以下）は、二つの言説の架橋を目指すべきだとしている。二つの言説を維持しつつ、法的言説に日常的言説がもたらす「アレゴリー

conflictの概念を明らかにするものである。これに対して「主張の対立」はdisputeに対応している。この点については、川島武宜「争いと裁判」『川島武宜著作集・第三巻』岩波書店（一九八二年）一九四頁以下。

喚起力」をもっと評価すべきだという見解である。基本的な方向については賛成であるが、当事者が満足するに十分なほど日常的言説と法的言説とが自然に融合しあうということは望めないだろう。両者が乖離していること自体に一定の社会的機能が備わっているからである。

(20) 実のところ、「法的解決」というものはもともとそのようなもので、裁判が「社会的実体としての紛争」を解決するとは考えられていないという反論が当然返ってくる。しかし、当事者的な視点からすれば、ややきつい言い方になるが、この見解は「不誠実」に見えるのではないか。紛争の渦中にある当事者が裁判（所）に見えしているということは、「当該紛争を解決すること」に対して端的に期待しているからこそ、公権的解決を求めてやってくるのである。「紛争解決なき終局判決」など期待されてはいない。「紛争にこじれた紛争の渦中にある当事者が、「権利義務の帰属が明らかではないから明確にしてほしい」と、公の法廷に冷静に議論を提起してくると考えるとすれば、それはどこか狂っている。参考として、藤田宙靖「現代裁判本質論雑考――所謂〝紛争の公権的解決〟なる視点を中心として」『社会科学の方法』第三四号（一九七二年）一―七頁。

(21) 一般の人々は、自らの権利を実現しようとして、つまり紛争を志向して法と関わるというより、できるかぎり争

註

いを避け平穏に社会生活を送るために、つまり「紛争回避」のために法と関わるのではないか。藤田宙靖教授は日本の法文化を「紛争回避文化」というように規定されるが、同様の傾向は、程度の違いはあるにしろ、どこの法文化においても見られる。藤田宙靖「行政指導の法的位置付けに関する一試論」『行政法学の現状分析――高柳信一先生古稀記念論集』勁草書房（一九九一年）一八四頁以下を参照。

第五章

(1) 本書第二章第4節2（c）を参照。

(2) すでに古典ではあるが、中村治朗『裁判の客観性をめぐって』有斐閣（一九七〇年）七九頁以下は、法的論証を「論理的説得」として捉える裁判官自身による興味深い検討である。

(3) 法的論証は「法的三段論法」という基本構造をとるものとされる。裁判官には、一方で適用規範（大前提）を確定し、他方で事実関係（小前提）を確定し、両者を「掛け合わせる」ことで演繹的に結論を導き出すことが期待される。便宜上本章では「適用規範の導出」という前者の過程に重心を置くが、「事実関係の確定」を軽視しているわけではない。Vgl. zum juristischen Syllogismus, Karl Larenz, Methodenlehre der Rechtswissenschaft, a. a. O. S. 271ff. 前出の米山隆訳『法学方法論』青山社（一九九八年）四二一頁以下。

(4) ルーマンは、早い段階からヨーゼフ・エッサーの法理論を強く意識しており（Vgl. z. B. Dog, S. 8. 邦訳viii頁）、法準則と法原理の理解についてもエッサーの影響がうかがえる。Siehe dazu Josef Esser, Grundsatz und Norm in der richterlichen Fortbildung des Privatrechts: rechtsvergleichende Beiträge zur Rechtsquellen-und Interpretationslehre, 4., unveränderte Aufl., Tübingen 1990 (erste Aufl., 1956) S. 49ff., 73ff., etc.

(5) 法原理には、「信義誠実の原則」（民法第一条第二項）のように明文で定められているものもあるが、明文の定めのない「不文の法原理」が圧倒的に多い。不文の法原理はテクストの背後にひかえていると解され、「立法者意思」や「客観的法目的」の探求によって見いだされるものとされる。

(6) ロナルド・ドゥオーキンは、当該事案について法準則（ルール）の適用によってなんらかの判決を下すことができない場合にも、法原理にまで遡って判決を下すことができるし、そうすることが裁判官の使命であるとする（正解テーゼ）。これは「法原理の基底性」を念頭に置く考えである。See Ronald Dworkin, Taking Rights Seriously, op. cit., pp. 279ff. 小林公訳『権利論II』木鐸社（二〇〇一年）七五頁以下。もっとも、彼の場合、様々の問題について裁判官や法律家が同一の解答を与えることを保証するものではないとしているが、はたしてそれで人々の抱く「なにゆ

216

（7）「えにそうなのか」という疑義を排することが可能なのか疑問である。この点について長谷部恭男『権力への懐疑』日本評論社（一九九一年）二三二頁以下を参照。

　もちろん、解釈を経ることなく法準則が文理からただちに明らかな場合もある。たとえば期間の定め（民法第一三八条以下）などがそうである。このような場合には、さしあたり当該法準則と法原理がどのような関係になるか問われることはない。しかし、それはただ「問われない」というだけのことである。明らかにそうした法準則が法原理に反するような場合であれば、文理に反する「反制定法的解釈」がなされることもありうる。しかし、それはきわめて例外的のである。

（8）法解釈方法論については、広中俊雄『民法解釈方法に関する十二講』有斐閣（一九九七年）を参照。

（9）「法的安定性」は、「形式的正義」および「実質的正義」と並ぶ、法理念 Rechtsidee（法的正義）の基本内容の一つであるとされる。Siehe dazu Gustav Radbruch, Rechtsphilosophie, 3. Aufl. 1932, in: Gustav Radbruch, Gesamtausgabe: Bd. 2. Rechtsphilosophie II, (hrsg. v. Arthur Kaufmann), Heidelberg 1993, S. 302ff. 田中耕太郎訳『法哲学』東京大学出版会（一九六一年）二〇七頁以下。

（10）ルーマンは「テクスト／コンテクスト」ないし「テクスト／解釈」という区別を実体視しているわけではない（Vgl. RG, S. 255f, 362f.）。そうした実体視は「スタティックな相互規定関係」を帰結することになろう。彼は、もともと解釈にすぎなかったものが記録されテクストへと組み入れられることも、また同様のやり方が法教義学の中核を成していると言ってよかろう。ところが法教義学の中核を成していると言ってよかろう。ところで、一九九九年以来の司法制度改革論議の一環として法曹養成制度にもメスが入れられようとしている。その際、司法試験受験の前提として「法科大学院」における幅広い法的素養の涵養が義務づけられることになりそうである。そうであっても司法試験合格後に司法研修所に入所することに違いはなく、そこでは「要件事実論」教育が集中的に行

（11）法律家の判断力の多くの部分は明示化されない経験知（暗黙知）によって支えられている。法律学が「科学」というよりも「術」に近いものだと言われるゆえんである。本来「テクスト／コンテクスト」の区別は、法を進化させる条件以上のものではない。Cf. Michael Polanyi, The Tacit Dimension, Gloucester / Massachusetts 1966, pp. 2ff. 佐藤敬三訳『暗黙知の次元：言語から非言語へ』紀伊國屋書店（一九八〇年）一三頁以下。

（12）日本の現行法曹養成制度のもとでは、司法試験合格者に対して司法研修所で「要件事実論」を中心とする法曹教育が行われる。現行制度上は、まさに「要件事実論」こそ

(13) これは伝統的な「概念法学」の理解である。「概念法学」は一九世紀後半のドイツで一世を風靡した。とりわけ「概念ピラミッド」と揶揄された形式論理的概念体系は後々まで批判の対象にされ続けてきた。Vgl. z. B. Rudolf von Jhering, Scherz und Ernst in der Jurisprudenz. Eine Weihnachtsgabe für das juristische Publikum, Darmstadt 1975 (erste Aufl., 1884), S. 337ff. Siehe dazu auch Karl Larenz, Methodenlehre der Rechtswissenschaft, a. a. O., S. 19ff. 前出の米山隆訳『法学方法論』一四頁以下。

(14) 一九七〇年代以降、法的論証のあり方そのものが変わってきているとされる。たとえばウルフリット・ノイマンは「法獲得についての認識批判論の観点からすれば、(正しい法認識への筋道と理解される)法学方法論と法的論証とが原理的に異なっているという点は譲りえない。法的論証の理論が関わるのは法発見の過程ではなく——それがどのように「発見される」かということとは無関係に——判決がどのように正当化されるのかという問題である。つまりそれは、裁判官が決定をどのように下すかということではなく、決定をどのように表示するかという点に関わっているのである。」と述べ、法的論証の理論が、法発見の方法としてはもはや維持できず、もっぱら発見された法(つまり判決)の正当化のためのものと考えられるべきだとする。Vgl. z. B. Ulfrid Neumann, Juristische Argumentationslehre, Darmstadt 1986, S. 4f. 亀本洋／山本顯治／服部高宏／平井亮輔訳『法的議論の理論』法律文化社（一九九七年）四頁。ルーマンもまた、法的論証について、一九七〇年代以降主流となっている「法発見モデル」ではなく、むしろ七〇年代以降主流となっている「法発見モデル」にしたがって理解している。だからこそ「根拠の無限遡行を切断する」ということが問題になるのである。以上について、山口聡「法学方法論の自己理解と法理論的変容——『法化』論前史としての戦後ドイツ法学方法論争史の一側面」『國學院法学』第三四巻四号（一九九七年）二一頁以下を参照。Siehe dazu Josef Esser, Juristisches Argumentieren im Wandel des Rechtsfindungskonzepts unseres Jahrhunderts, Heidelberg 1979.

(15) 日本でも、こうした法的論証プロセスについては、比較的に早くから自覚的に理解されていた。たとえば、星野英一「民法解釈論序説」同『民法論集・第一巻』有斐閣（一九七〇年）九頁以下（初出『法哲学年報・一九六七：法の解釈と運用』一九六八年）を参照。

(16) 「帰納法的論理」における法規の理論構成の役割については、加藤一郎「法解釈学における論理と利益衡量」同

なおであろうから、「要件事実論」の中核的位置に変化はないだろう。なお、法科大学院での「要件事実論」の基礎理論教育の意義について、伊藤滋夫『要件事実の基礎——裁判官による法的判断の構造』有斐閣（二〇〇〇年）二七七頁以下。

(17)『民法における論理と利益衡量』有斐閣（一九七四年）三一頁（初出『岩波講座・現代法15』岩波書店［一九六六年］）。

(17) 雇用契約における「安全配慮義務」についての解説は、内田貴『民法III』東京大学出版会（一九九六年）一二一頁以下、幾代通／広中俊雄編『新版・注釈民法（16）債権（7）』有斐閣（一九八九年）五三頁以下。

(18) 条件プログラムと目的プログラムについて、本書第二章第3節2を参照。

(19)「訴訟の政策形成機能」については、たとえば田中成明『現代社会と裁判——民事訴訟の位置と役割』弘文堂（一九九六年）一九〇頁以下を参照。

(20)「目的実現に向けての社会的圧力」は、しばしば司法審査をめぐって問題となる。この点、日本の裁判所は「司法消極主義」（正確に言うと「違憲判断消極主義」）に傾斜していると批判される。なるほど「判決の目的プログラム化」のリスクをできるだけ避けるために、司法判断にあまり消極的になる事情は推測できる。しかし、司法判断にあまりに消極的である場合にも、人々からの政治的批判は生じてこよう。なにもしなければ「政治責任の大波」にさらされないですむとも言えないのである。「政策的配慮」については、戸松秀典『憲法訴訟』有斐閣（二〇〇〇年）四二一頁以下を参照。

(21) 裁判（所）の政策形成機能に疑問を呈する見解として、

井上治典「紛争過程における裁判の役割」『手続保障論』有斐閣（一九九三年）二〇七頁以下（初出『講座民事訴訟法・第六巻』弘文堂［一九八四年］）。

(22)「利益法学」は、イェーリングの「目的法学」の影響のもとに、ヘックによって方法論的に確立された。利益法学については、たとえば小林直樹／尾高朝雄／峯村光郎／加藤新平編『法哲学講座・第四巻』有斐閣（一九五七年）二五九頁以下を参照。なお、利益法学は法的概念を軽視するものと誤解されがちであるが、彼らが排斥しようとしてきたのは生活から切り離された空疎な概念論理だけであり、そのかぎりで伝統的な法教義学と共存可能であった。Siehe dazu Philipp Heck, *Begriffsbildung und Interessenjurisprudenz*, Tübingen, 1932, S. 16ff.

(23) この例は、大阪国際空港公害訴訟判決（最大判昭和五六年一二月一六日民集第三五巻第一〇号一三六九頁以下）を参考にした。利益衡量による判断形成のやり方については、前出の加藤一郎「法解釈学における論理と利益衡量」二三頁以下。

第六章

(1) 要件事実論は、実際上民事訴訟における法的判断の基本構造を形成している。前出の伊藤滋夫『要件事実の基礎』九頁以下。

(2) 裁判官は、要件事実について自由に心証を形成して判

断してよい(自由心証主義)。もっとも、自由に心証形成してよいと言っても、論理則や経験則、常識等に照らして一定の制約があるのは当然である。同様に、証明が果たされたという裁判官の「確信」も、単なる主観的確信であってはならず、常識等に合致した「合理的確信」でなければならない。ただし、そうした「確信」を客観化することには事実上の限界がある。こうした点について、たとえば小林秀之『新証拠法』弘文堂(一九九八年)三六頁以下。

(3) 裁判官の事実認定の興味深い理論モデルとして、太田勝造『裁判における証明論の基礎』弘文堂(一九八二年)六五頁以下。

(4) 周囲の人々が訴訟当事者や裁判所に対して直接の影響をもたらした例として、ここでもまた津地裁「隣人訴訟」を挙げることができる。これについては、吉田勇「近隣紛争の社会的波紋——新聞報道に現れた津地裁『隣人訴訟』(一)(二・完)」『熊大法学』第八六号・八七号(一九九六年)を参照。

(5) 日本では、裁判官が特定の政党に所属したり地域社会と密接な結びつきをもつことは、裁判(所)の「中立性の外観」を損ねるという理由で極端に忌み嫌われる。それが実際に手続過程に影響を生ずるのはいかがなものかと思われるが、裁判官が市民としての立場を一切もってはならないとするのも行き過ぎであろう。これに対して、ドイツの裁判官は市民としての立場をもつことが当然だとされてい

るようである。この点について、たとえば木佐茂男『人間の尊厳と司法権——西ドイツ司法改革に学ぶ』日本評論社(一九九〇年)一三九頁以下。

(6) 裁判官による釈明権(民事訴訟法第一四九条第一項)の積極的な行使が「行き過ぎ」にいたる場合には、裁判官の忌避事由になりうる。この点について、たとえば前出の伊藤眞『民事訴訟法』二六一頁以下。

(7) 当事者の矛盾挙動は、「口頭弁論の全趣旨」として斟酌され、裁判官の心証形成の要素となる(民事訴訟法第二四七条)。

(8) 本文中の例は、単なる矛盾挙動についての例ではなく、「裁判上の自白」の例である。前者の被告陳述は「金銭授受」および「返還約束」があることを前提にしているので、それについては「裁判上の自白」が成立している(民事訴訟法第一七九条)。後者の陳述は「返還約束」についての自白を撤回するものであり、相手方の同意がある場合や、当該自白が錯誤にもとづく場合、もしくは当該自白が相手方による刑事上罰すべき行為にもとづく場合などの例外を除いて許されない。

(9) 民事訴訟法第一五六条、第一五七条第一項参照。

(10) 当事者間で十分に主張・立証が尽くされているときは、その判決は当事者の自己責任と見なされるう。このような場合には「既判力」も当事者の自己責任というこにうな場合には「既判力」も当事者の自己責任ということに判決を正当化するのが当事者の自己責任である

註

(11) 自己表出の整合性要求は、本来的には、当事者だけではなく裁判官をはじめとする職業上の関与者たちにも及ぶ。しかし、職業的関与者たちは整合性要求の負担から免れるために多くの制度によって守られている。たとえば、裁判官は「職務権限」にもとづいて適宜態度を変更することができる。そうした態度変更は「矛盾挙動」とは見なされない。これに対して、手続当事者たちには、原則として負担免除のためのすべはない。当事者のみ判決に向けて拘束されていくのである（Vgl. LV, S. 95f. 邦訳一〇〇頁以下）。

(12) Siehe dazu Leo Rosenberg, Die Beweislast, auf der Grundlage des bürgerlichen Gesetzbuchs und der Zivilprozessordnung, 5. Aufl., München 1965, S. 11ff. 倉田卓次訳『ローゼンベルク・証明責任論』判例タイムズ社（一九七二年）一九頁以下。

(13) こうした結果を避けるため、当事者のイニシアティブによる訴訟の終了が好まれる。比較的に裁判官が好むのは「訴訟上の和解」である。裁判官にとっても判決は「労多くして実りが少ない」ものなので、なるべく当事者が和解等の方法で自主的に訴訟を終わらせてくれた方が都合がよい。さらに、和解は柔軟な処理に適しているほか、合意による自主的な紛争処理なので、実効性を確保するのが容易であるという事情もある。従来、「和解判事になるなかれ」

と言われ、「訴訟上の和解」は軽視されていたが、最近では「和解判事」も十分に市民権を得ている。もっとも、裁判官が自らの業務実績となる事件処理数を水増しするために、じっくりと審理もせずにずさんな和解勧告を行い、当事者が納得できない解決を押しつけるという場合も見られないではない。以上について、たとえば草野芳郎『和解技術論』信山社（一九九五年）五頁以下、および萩原金美「いわゆる『弁論兼和解』に関する一管見──現在課題」判例タイムズ社（二〇〇〇年）三頁以下（初出『判例タイムズ』第七三四号［一九九〇年］）。

(14) 刑事事件の場合には、必ずしもそうではない。そこでは、「道徳的にも悪いことをやったからこそ敗訴したのだ」という一般人の意識が相対的に強いと思われる。しかし、中世ヨーロッパの裁判ならいざ知らず、今日ではこうした意識は極力排除されるべきものである。もっとも中世ヨーロッパには「敗訴の結果」と「道徳的な悪」を結びつける「合理的理由」が存在したものと思われる。こうした点について、たとえば山内進「同意は法律に勝る──中世ヨーロッパにおける紛争と訴訟」歴史学研究会編『紛争と社会の文化史』青木書店（二〇〇〇年）三頁以下。

(15) 馬場靖雄「正当性問題再考──アイロニーを越えて」土方透編『ルーマン／来るべき知』勁草書房（一九九〇年）一八五頁以下を参照。

う見解について、高橋宏志『重点講義民事訴訟法』（新版）有斐閣（二〇〇〇年）四九四頁以下。

(16) ルーマンはG・H・ミードの「役割引受 roll-taking」理論を援用して、訴訟当事者が法の期待する役割行動を引き受けるなかで、まさにその役割どおりの人格を自己同一性として学習し、役割と自己を一致させると説明している(Vgl. *LV*, S. 83ff. 邦訳九〇頁以下)。これは「実体法規の適用」という形で当事者が事態を学習するということの説明としては、よくできている。しかし、この説明は手続の実際における当事者の学習プロセスを捉えきっていない。ミード自身は、「人間の社会的なあり方一般」を引き受けるという、より広い意味で「役割引受」理論を捉えている。筆者には、それをそのまま手続理論に持ち込んだ方が生産的だと思われる。See G. H. Mead: *Mind, Self, and Society: from the Standpoint of Social Behaviorist*, 1st ed., Chicago 1934 (Paperback ed. 1967), pp. 253ff., 354-378. 河村望訳『デューイ=ミード著作集6：精神・自我・社会』人間の科学社 (一九九五年) 三〇九頁以下。

(17) 佐上善和「裁判の正当性についての一試論──ルーマンの『手続による正当性』をめぐって」『立命館法学』第一八三・一八四号 (一九八六年) 四一六頁以下は、ルーマンの裁判手続論をもっぱら「不満を特定化」し「反抗 (プロテスト) を分散・吸収する」という側面からのみ捉え、彼の裁判手続論を世界の複雑なありようを決断によって切り詰めてしまうカール・シュミット張りの「決断主義」であるとする (同論文四二三頁以下)。たしかに、ルーマンの見解に偏りがないとは言えないが、しかし佐上論文は、裁判手続が全人格にまで及びかねない道徳的非難から当事者が距離をとることを可能にしているという肯定的側面を看過している。本文中の立場によるかぎり、判決は単なる切り詰めではなく、ルーマンがそのような「決断主義」に陥っているとまでは言えない。なお、民事訴訟法学者が『手続を通しての正統化』を批判的に扱っているそのほかの論考として、山本克己「民事訴訟におけるいわゆる"Rechtsgespräch"について (二)」『法学論叢』第一一九巻第三号 (一九八六年) がある。

第Ⅲ部

第七章

(1) 「中心と周辺の分化」についての詳細は、本書第三章第3節を参照。

(2) ルーマンは、そのような特別の装置としてつぎのようなものを考えている (Vgl. *GG*, S. 781ff.)。以下すぐに検討するように、法と政治との構造的カップリングには「憲法」が用いられるとし、法と経済との構造的カップリングには「所有権」と「契約」が用いられるとし、法と心理との構造的カップリングには「(主観的) 権利」が用いられ、これに加えて、政治と経済との構造的カップリ

ングには「税金」が用いられるとする。科学と教育との構造的カップリングには「大学」という組織形態が用いられ、政治と科学との構造的カップリングは「専門家養成」によって図られるとする。教育と経済との構造的カップリングには「成績証明書」が用いられるとする。こういった具合である。いずれについても、なおあまり理論的に詰められているとは言えず、さらなる検討は私たち研究者にゆだねられているということであろう。

(3) Siehe dazu N. Luhmann, *Die Politik der Gesellschaft*, Frankfurt a. M. 2000, S. 388ff.

(4) このような国家理論は一八世紀以来「国法学」の系譜のなかで受け継がれていく。そうした理論は当初「君主権力のための学問」であったが、しだいに近代立憲主義における「人権の学問」へと変化していく。この点に関して、たとえば栗城壽夫「一八世紀末のドイツ一般憲法学」三島淑臣/阿南成一/栗城壽夫/高見勝利編『法と国家の基礎に在るもの』創文社（一九八九年）三六九頁以下。

(5) 第一章第4節2でも述べたが、「ゼマンティク」とはコミュニケーションを容易ならしめるテーマのストックのことであり、それは社会システムの構造の一種である。

(6) 「抵抗権」がはらむアポリアについて、たとえば樋口陽一『近代立憲主義と現代国家』勁草書房（一九七三年）三〇四頁以下。このアポリアは伝統的自然法論以来連綿と議論され続けているものである。「国家の命令」と「良心

の命令」が矛盾する場合には「人よりもむしろ神に聴従しなければならぬ」というのである。これを認めるかぎり、現実の秩序に対する撹乱要因を排除することはできない。

Vgl. Johannes Messner, *Das Naturrecht: Handbuch der Gesellschaftsethik, Staatsethik und Wirtschaftsethik*, 7. Aufl., Berlin 1984, S. 796ff. 水波朗/栗城壽夫/野尻武敏共訳『自然法』創文社（一九九五年）八四四頁以下。

(7) 馬場靖雄『ルーマンの社会理論』勁草書房（二〇〇一年）一一九頁以下もまた、法システムも政治システムも自らの根拠に関わる「空虚な円環」（自己言及）をうち破る（つまり「根拠を捏造する」）ために相互に相手を参照しているとしており、基本的に同旨である。

(8) 政治が法の変更に対して全面的なイニシアティブをもつことができるというのは、「法の実定化」の偉大な成果である。歴史上、政治が法の変更に対してイニシアティブを発揮できる場面はかなり限定されていた。たとえば、中世自然法論によれば「神法」、「永久法」、「自然法」、「実定法」（人定法）というヒエラルヒーのなかで、政治のイニシアティブによって変更できるのは最後のものだけであった。政治権力の集中化が不十分だったこともあるが、「変わらぬもの」という法観念が動かしがたいものであったこともその理由であろう。

(9) その他、政治的に加熱しがちな問題（地域格差に絡む問題や人種問題など）を、たとえば法廷での弁論における

主張・立証負担の分配の問題に置きかえ、いわば裁判手続上の要件をめぐる闘争に転化してしまうということも、こうした例の一つとして挙げうる。As to the problems of the political conflicts under the conditions of the legal system, for example, Emilios A. Christodoulidis, *Law and Reflexive Politics*, Dordrecht / Boston / London 1998, pp. 136ff.

(10) ドイツで法的根拠の一貫性コントロールが憲法解釈にもとづく仕方で行われるようになったのは、一九七〇年代以降である。この点について、山口聡「法学方法論の自己理解とその法理論的変容──『法化』論前史としての戦後ドイツ法学方法論争史の一側面」『國學院法学』第三四号（一九九七年）三二一頁を参照。

(11) それだけに、裁判所が法令審査について「司法消極主義」を前面に出すのである。たとえば日本の場合については、戸松秀典「日本の司法審査」芦部信喜編『講座憲法訴訟・第一巻』有斐閣（一九八七年）一六六頁以下。司法消極主義は、裁判所が法令審査の場面で立法部門と行政部門の政策決定に最大限の謙譲と敬意を払うべきものとする建前であり、違憲判決はできうるかぎり回避しなければならないとする。憲法裁判のような「原理的に不安定なもの」にはこのような仕方で縛りをかけておかなければ、一貫的であることが期待される「法規の解釈体系」に、変化へ向けての過剰負担がかかってくることが考慮されている。司法消極主義のもつ、法的根拠の一貫性コントロールの負担を緩和する「安全弁」としての意義は否定できない。とはいえ、過度の安全志向は「法規の解釈体系」と社会の間の乖離を拡大するだけであろう。

(12) もともと oikos / familia という語は、「全き家 das ganze Haus」という社会的実体を指示するものであり、「一つの家」ないしそこに所属する人々の総体を意味していた。Vgl. Otto Brunner, *Neue Wege der Verfassungs- und Sozialgeschichte*, 2., vermehrte Aufl., Göttingen 1968, S. 103ff. 石井紫郎／石川武／小倉欣一／成瀬治／平城照介／村上淳一訳『ヨーロッパ──その歴史と精神』岩波書店（一九七四年）一五二頁以下（Vgl. *RG*, S. 447, Anm. 15）。一八世紀にいたるまで、経済学 Ökonomik は経済循環を念頭に置くものではまったくなく、「家についての教説」の域を超えるものではなかった。このことはまさに法と経済の未分化に対応している。

(13) 貨幣メディアのこのような「悪魔的性格」についてはしばしば指摘されてきたところである。中世末期には「公職」のみならず「貴族の称号」や「徴税権」、さらには「魂の救済」にいたるまで、あらゆるものが取引の対象となりえた。Siehe ausführlich dazu N. Luhmann, *Die Wirtschaft der Gesellschaft*, a. a. O., S. 236ff. 前出春日淳一訳『社会の経済』二三九頁以下。

(14) 法の実定化とは、言うまでもなく、法がもっぱら「実

註

定法」としてのみ妥当するようになることである。法は、現代社会の高度の複雑性に対処するために、自らを動的に妥当せしめるようになる。すなわち、法は、法的決定(およびそれを念頭に置く法的コミュニケーション)を通じてつねに新たに「創出」され続けるかぎりで妥当するのである。これは、法が法固有の条件によってのみ妥当するようになることを意味しており、法の機能的特定化と基本的に同義である。Vgl. N. Luhmann, Positivität als Selbstbestimmtheit des Rechts, in: *Rechtstheorie*, Bd. 19 (1988) S. 11-27 (insbes. S. 19ff.).

(15) たとえば、民法第二〇六条は「所有者ハ法令ノ制限内ニ於テ自由ニ其所有物ノ使用、収益及ヒ処分ヲ為ス権利ヲ有ス」と定めるが、これは物の使用・収益・処分について、(法令の制限がないかぎり)所有者以外の者のコンセンサスを遮断するという意味を含んでいる。

(16) すでに古典ではあるが、近代的所有権の法構造については、川島武宜『所有権法の理論』『川島武宜著作集・第七巻』岩波書店(一九八一年)二五頁以下を参照。

(17) 経済システムは、機能分化した現代社会において「支払い」の連続を要素として存立する社会システムである。そこでは「支払いのあること/支払いのないこと」という区別が二分コードの役割を果たす。貨幣は、支払いの連続を可能にするための「シンボルによって一般化されたコミュニケーション・メディア」である。Vgl. N. Luh-

mann, *Die Wirtschaft der Gesellschaft*, a. a. O., S. 14f. 邦訳二頁以下。

(18) たとえば、近時盛んに議論されている「関係的契約」理論や「契約における再交渉義務」の理論は、「契約当事者たちが意思によって作り出した権利関係の差異のみに人々の関心を集中する」という「契約自由の原則」の意思主義的前提を大幅に緩和するが、少なくとも「契約の切断機能」まで否定してしまうものではないように思われる。たとえば、内田貴『契約の再生』弘文堂(一九九〇年)二二三頁以下は、契約における「関係的ファクター」(外的要因)を重視しつつも、そうした「外的要因」から一定の距離をとる姿勢を崩していない。内田教授はあくまで「法解釈学としての関係的契約理論」の立場を堅持し、「契約の切断機能」を擁護している。なお、内田教授の「関係的契約」理論については、棚瀬孝雄「関係的契約論と法秩序観」同編『契約法理と契約慣行』弘文堂(一九九九年)一頁以下に対する内田教授のリプライが示唆に富んでいる。内田貴『契約の時代——日本社会と契約法』岩波書店(二〇〇〇年)一六二頁以下。他方、「契約における再交渉義務」については、山本顯治「再交渉義務論について(一)——交渉理論と契約法理論の交錯(一)」『法政研究』第六三巻第一号(一九九六年)がある。もっとも同論文はなお未完であり、その最終的なスタンスは明らかではない。同論文は、時間の変遷によって生じてくる契約内容と現実との齟齬を

(19) もっとも、福祉国家理念は、「所有における不等性」があまりに極端化することを避けるような法的介入を求める。法システムは「所有における不等性」にまったく無関心でいられるわけではない。しかし、法システムが法的介入がそうした不等性にどれほど関心を示したとしても、法的介入によってそれを無にすることはできない。というのも、それは経済システムが固有の作動のなかで生み出す不等性（希少性）だからである。経済システムは、「支払い」を連続させるために、つねにそうした希少性（需要）を産出し続けるのが最近の傾向であり、筆者自身もその例によっている。それを法システムによる外部的コントロールに服せしめることなど原理的に不可能なのである。Siehe dazu N. Luhmann, *Die Wirtschaft der Gesellschaft*, a. a. O., S. 177ff. 邦訳一七八頁以下。

(20) Siehe dazu Max Weber, Die Börse, in: *Gesammelte Aufsätze zur Soziologie und Sozialpolitik*, Tübingen 1924, S. 256-322. 中村貞二／柴田固弘訳『取引所』未来社（一九六八年）。

契約当事者の再交渉過程を通じて調整していくことを主る検討課題にしている。かりにそのとおりだとすれば、山本教授の主張は「契約の切断機能」を否定してしまうことになろう。しかし、これを完全に否定してしまっては契約を紛争処理の実体的基準として用いることはできなくなってしまう（おそらくそうではないであろう）。

(21) Vgl. N. Luhmann, Die Autopoiesis des Bewußtseins, in: A. Hahn / Volker Kapp (hrsg) *Selbstthematisierung und Selbstzeugnis: Bekenntnis und Geständnis*, Frankfurt a. M. 1987, S. 25-94.

(22) 心理システムと社会システムの構造的カップリングについて、高橋徹「構造的カップリングの問題性」前出佐藤勉編『コミュニケーションと社会システム』三一〇頁以下。

(23) ダブル・コンティンジェンシーについての詳細は、本書第一章第1節を参照。

(24) Siehe zum Beispiel der strukturellen Kopplung zwischen Bewußtsein und Politik, N. Luhmann, *Die Politik der Gesellschaft*, a. a. O., S. 375ff.

(25) ここでの権利の分類は、すでに古典となって久しいホーフェルドの分類に基本的に依拠している。彼は、権利を「請求権 claim」「特権 privilege（ないし自由 liberty）」「権能 power」「免除 immunity」に区別する。なお、自由（ないし自由）については、自由に力点を置いて議論されるのが最近の傾向であり、筆者自身もその例によっている。それぞれの意義であるが、請求権とは他人の作為（不作為）義務の裏返しとしての権利であり、自由とは、一般的な禁止規範の反射としてもたらされる法的保障であり、権能とは、一定の要件を満たす法律行為によって一方的に他人の権利義務状態に変更を加えることができる法的能力であり、免除とは「基本的人権」のように他人からの義務を

（26） 課されない法的保障である。「所有の自由」のように、免除と自由とのいずれの性格をも帯びる権利があることに注意が必要であろう。As to the classification of the rights, refer to Weslay Newcomb Hohfeld, *Fundamental Legal Conceptions: as applied in Judicial Reasoning*, third printing, Westport/Connecticut 1964 (first printing, 1919), pp. 35ff.；H. L. A. Hart, Legal Rights, in: *Essays on Bentham: Jurisprudence and Political Theory*, Oxford 1982, pp. 162ff. 小林公／森村進訳『権利・功利・自由』木鐸社（一九八七年）九九頁以下。

（27） Siehe dazu Max Weber, *Wirtschaft und Gesellschaft: Grundriss der verstehenden Soziologie*, 5. revidierte Aufl., Tübingen 1985, S. 397ff. 世良晃志郎訳『法社会学』創文社（一九七四年）一〇八頁以下。

Siehe dazu N. Luhmann, Zur Funktion der "subjektiven Rechte", in: *Ausdifferenzierung des Rechts*, a. a. O. S. 360-373, ders., Subjektive Rechte: Zum Umbau des Rechtsbewußtseins für die moderne Gesellschaft, in: ders., *Gesellschafsstruktur und Semantik. Studien zur Wissenssoziologie der modernen Gesellschaft*, Bd. 2, Frankfurt a. M. 1981, S. 45-104.

（28） たしかに、「権利の濫用」という問題はしばしば生じうる。それは〈権利〉の背後に隠されている「権利（＝法）＝恣意性＝不法」（法と不法の同一）というパラドックスを再浮上させるのであり、（客観的）法は断じてこれを禁ずる（日本国憲法第一二条および民法第一条第三項）。法システム固有の作動を阻害しないためには、恣意性は少なくとも「不可視化」されている必要がある。

（29） Cf. Ronald Dworkin, *Law's Empire*, op. cit., p. 223. 邦訳三四五頁。

（30） Refer to Ronald Dworkin, *Taking Rights Seriously*, op. cit., pp. 171ff. 邦訳二二六頁以下。ドゥオーキン自身は「平等な尊重と配慮を受ける権利」を提唱している。See, ibid, pp. 272ff. 邦訳六五五頁以下。

（31） 本文中では、「自由権的基本権」を中心に「切り札」としての人権について論じた。しかし、言うまでもなく、民主主義原理のもとでは、個人（個々の意識）に対して政治システムへのアクセス手段を保障する「選挙権」が不可欠の役割を果たす。選挙権は諸個人が民意という形で政治システムに影響を及ぼすことを保障する（もっとも「民意」になにを盛り込むかは立法への政治システムのイニシアティブを通じて、法システムにも変化圧力をもたらすものである。他方また、今日では社会・経済的不平等の是正を媒介する「社会権的基本権」も重要な位置を占めている。民主主義原理のもとでは、多数決原理を採用するために、「多数者」と「少数者」とが分かれてしまうことは避けられない。そ

の際、両者の利害調整はかなりの程度、社会国家的・福祉国家的な施策によって図られることになる。ただし、そのような調整手段によって利害調整が不可能な「絶対的少数者」の存在を見過ごすことはできない。彼(女)らに対してこそ「切り札」としての人権が重要な役割を果たすのである。

(32) 後述するように個人は〈権利〉の行使を断念することができる。したがって、その行使を断念させないような社会的メカニズムが完備されていないかぎり、〈権利〉は個人の「自由の砦」としての役割を十分に果たすことができないように思われる。たとえば、会社の一般従業員は一週あたり四〇時間、休憩時間を除いて一日八時間という「労働時間」(労働基準法第三二条)を保障され、それを超えて労働を強いられない権利を有しているはずである。それなのに、会社共同体の「縛り」のようなものがその行使を妨げる。周りの従業員と一緒になって、会社のために「サービス残業」までしてはたらかなければ人事考課に響くのではないかという雰囲気が、個々の従業員の権利主張を躊躇させる。これではいくら権利保障が図られていても意味がない。以上について、井上達夫「個人権と共同性――『悩める経済大国』の倫理的再編」『現代の貧困』岩波書店(二〇〇一年)一一九頁以下(初出は加藤寛孝編『自由経済と倫理』成文堂[一九九五年])は示唆に富むが、会社共同体に見られるような「閉じた共同性」の圧力に対して

「切り札」としての権利を付与することでどこまで対抗できるのかについては疑問が残る。

(33) やや観点を異にするが、社会的リスクのコントロール不可能性については、福井康太「ニクラス・ルーマン"Soziologie des Risikos"──ニクラス・ルーマン「リスクの社会理論と法――」『九大法学』第七二号(一九九六年)一三頁以下を参照。

(34) 「権利による資格制限」による一般第三者の安全確保は、実のところ十分な実効性をもたないように思われる。たとえば、産業廃棄物処理の免許業者が適切に廃棄物の処理をしているかどうか疑わしい。この点に関して、高杉晋吾『産業廃棄物』岩波書店(一九九一年)四五頁以下および八五頁以下を参照のこと。

結語

(1) 本書第六章第3節を参照。
(2) 本書同章同節1(b)で指摘したように、「実体法規の枠」を柔軟に動かしうる範囲は意外に広い。私はその可能性を利用することを決して否定するものではない。
(3) 本書同章第4節。
(4) ルーマン自身も、「紛争解決 dispute settlement」という機能的観点から法システムと全体社会の関係について検討する方向性を排除してしまっているわけではない

（5） Vgl. *RG*, S. 160）。

（6） たとえば川島武宜「順法精神」『川島武宜著作集 第四巻』岩波書店（一九八二年）一二二頁以下などを参照。

（7） 製造物責任法第二条第二項の「欠陥」の定義規定は、同第四条第一号の「開発危険の抗弁」の規定と相俟って、典型的な「紛争回避条項」となっている。

（8） たとえば、内田貴「プロセスとしての契約」前出『契約の時代——日本社会と契約法』八九頁以下（初出『岩波講座・社会科学の方法 VI』［一九九三年］）を参照。

（9） たとえば阿部昌樹「コミュニティー紛争と法的処理」『法社会学第四九号：紛争処理と法社会学』（一九九七年）三四頁以下は、このような「道具主義的法意識」を「法に対する主体性の意識」として積極的に評価している。たしかに、そのような法意識を単に前近代性の表現としてのみ捉えるのは誤りであろう。なお阿部昌樹『ローカルな法秩序——法と交錯する共同性』勁草書房（二〇〇二年）も参照。

（10） 以上について、たとえば廣田尚久『紛争解決学』信山社（一九九三年）二九九頁以下を参照。

井上治典「民事裁判における制定法の役割」『民事手続論』有斐閣（一九九三年）二四九頁以下（初出『ジュリスト』八〇五号［一九八四年］）を参照。

（11） 必ずしも判決が紛争解決に結びつきそうになくとも、当該訴えが適法であるかぎり裁判所が判決を出すことを拒否することはできない。これは、日本国憲法第三二条の保障する「裁判を受ける権利」の基本的要請（司法拒絶の禁止）である。

（12） 判決すべき事案を早い段階で絞り込むということ自体について、「裁判を受ける権利」を侵害しないかが問題になる。この点、裁判を受ける権利を「公開の法廷における対審および判決を受ける権利」というように形式主義的に理解するなら、私の持論は日本国憲法第三二条に違反し許されない見解だということにもなりかねない。しかし、「公開」、「対審」、「判決」といった基本要請の意義は、問題となる事案の性格に応じて、当事者にとってなにが適切な手続保障かを考慮しながら、柔軟に理解されるべきである。このような見解について、笹田栄司『裁判制度——やわらかな司法の試み』信山社（一九九七年）八七頁以下を参照。

（13） 「訴訟上の和解」については、たとえば笹田栄司／亘理格／菅原郁夫編『司法制度の現在と未来』信山社（二〇〇〇年）二三五頁以下（勅使河原和彦執筆担当部分）を参照。

（14） 実務上、和解手続と弁論手続を相互乗り入れ的に行う「弁論兼和解」（和解兼弁論）という方法が広く実施されている。また、裁判手続の過程で和解勧試が積極的に行われ、大きな実績を上げている。この点に関して、民事訴訟実態調査研究会（代表・竹下守夫）編『民事訴訟の計量分析』

註

(15) 弁護士の視点から「訴訟上の和解」の問題点を指摘したうえで、和解について謙抑的姿勢を求める論考として、たとえば那須弘平「謙抑的和解論——和解の判決手続きに与える影響を中心にして」『民事訴訟と弁護士』信山社(二〇〇一年)一九三頁以下(初出『木川統一郎先生古稀記念論文集(上)』判例タイムズ社〔一九九四年〕)。

(16) 判決は法教義学の力を借りて「基準」として構成され、社会のなかを流通するようになる。たとえば交通事故の損害賠償額算定の場合における「過失相殺率」の認定基準などといったものはその好例である。東京地裁民事第二七部(交通部)編『民事交通訴訟における過失相殺率の認定基準』〔全訂第三版〕別冊判例タイムズ・第一五号)判例タイムズ社(一九九七年)を参照。

(17) 二〇〇一年六月一二日に出された『司法制度改革審議会意見書』においても、Ⅱの第一の8「裁判外の紛争解決手段(ADR)の拡充・活性化」なる箇所で「司法の中核たる裁判機能の充実に格別の努力を傾注すべきことに加えて、ADRが、国民にとって裁判と並ぶ魅力的な選択肢となるよう、その拡充、活性化を図るべきである」と述べられている。裁判外紛争処理制度が司法の範疇に含まれるか否かは今後理論的に検討すべき問題であるが、紛争処理制度としてその基盤の充実が図られるべきことは当然であろ

う。『司法制度改革審議会意見書——21世紀の日本を支える司法制度』(二〇〇一年)三五頁を参照。

(18) 調停等への事案の振り分けの基準については、たとえば小島武司『裁判外紛争処理と法の支配』有斐閣(二〇〇〇年)一三一頁以下を参照。

(19) 社会の複雑化は一般に紛争処理をより困難化させると考えられているが、多様な観点を組み合わせることで、かえって紛争処理が容易になるという場合も見られる。そうした場合にこそ裁判外紛争処理方法が威力を発揮する。この点について、たとえば廣田尚久『民事調停制度改革論』信山社(二〇〇一年)三五頁以下を参照。

あとがき

私が本書を執筆したのは、これまでの私のルーマン法理論研究の到達点を明らかにし、それに一区切りをつけるためである。本書は、私が九州大学に提出した博士学位論文「システムの法理論の現代的射程」(一九九八年)を数年がかりでリライトしたものである。同論文は、山形大学法学会で発行している『山形大学法政論叢』において、いずれも公表済みである。掲載号は、「システムの法理論の現代的射程（一）」第一八号（二〇〇〇年五月）、「同（二）」第二〇号（二〇〇〇年十二月）、「同（三）」第二一号（二〇〇一年五月）、「同（四・完）」第二二号（二〇〇一年九月）である。

＊

私がルーマンに関心を持つようになった八〇年代後半期においては、ちまたはユルゲン・ハーバーマスの社会理論の全盛期で、その理論上の好敵手としてルーマンの社会理論もまた（少なからず誤解されつつ）盛んに紹介されていた。私もその「流行」に乗るような形でルーマンの社会理論に引き込まれ、いつの間にかずるずると一〇年以上にわたってルーマンとつきあうことになった。

九〇年代には、ルーマンの社会理論の「流行」はしだいに去っていく。もっとも、この時期は私がルーマン法理

あとがき

論を研究するには決して悪い時代ではなかった。その際私に決定的な影響を与えたのは、一九九三年にルーマンが『社会の法』を出版し、そのおかげでオートポイエティック・ターン以降のルーマン法理論の全体像がようやく展望できるようになったことである。それまでのルーマン法理論研究には、『手続を通しての正統化』『法社会学』といった比較的初期の著作に基本的に依拠しながら、かなり無理をして最近の議論と接合するというようなやり方がしばしば見られた。その結果、ルーマン法理論について、時として大きな誤解が生じてしまったことは否定できないだろう。私自身について言えば、研究をはじめてさほど経たない早い段階で『社会の法』をルーマン法理論研究の中心に据えることができ、本当に幸いであった。『社会の法』の出版がなければ、本書の完成はとうていおぼつかなかったであろう。他方、同時期に佐藤勉監訳『社会システム理論（上）（下）』の翻訳が出たこともまた、私の研究を非常に容易にしてくれた。同訳書は東北大学（現・淑徳大学）の佐藤勉先生と彼のもとの研究グループの方々による努力の結晶であり、私がオートポイエシス・システム理論について大きな誤解に陥らないで済んだとすれば、それは同訳書のおかげである。

九州大学大学院では、直接にご指導いただいた三島淑臣先生、酒匂一郎先生、江口厚仁先生、和田仁孝先生、ラテン語の指導のかたわらヨーロッパ法哲学の奥行きの深さを教えてくださった水波朗先生、そのほか多くの先生方から恩恵を受けた。また、日々の議論を通じて多くの示唆を与えてくれた大学院時代の友人、先輩、後輩、とりわけ博士論文の校正等の労を厭わなかった吉岡剛彦氏に心から感謝したい。大学院時代に、江口先生の演習で馬場靖雄先生（当時は長崎大学に在職しておられ、現在は大東文化大学に在職）の手による『社会の法』の下訳の手直し作業を手伝わせていただいたこと、その折りに江口先生と議論したことが、研究を進めるうえで大いに役に立った。江口先生のブリリアントな切り返しによって、私の理論展開能力がどれほど向上したか、計り知れないものがある。

また、本書を完成するにあたっては、山形大学に赴任して以来お世話になった多くの方々にもお礼を言わなければ

232

あとがき

ばならない。赴任当初からいつも議論につきあってくれた小泉良幸氏をはじめとする同僚の先生方、とりわけ、日々の議論につきあい、私の原稿のすべてに目を通したうえで忌憚のない意見を述べ、校正作業にまで協力を惜しまなかった同僚の中川忠晃氏にはいくらお礼を述べ尽くせないほど恩を受けている。加えて、東北社会学会で知り合うことができた佐藤勉先生とその研究グループの方々にも負うところが大きい。彼らとの交流のなかで、理論的な緻密さを大きく向上させることができたことは言うまでもない。

さらに、日本法社会学会、日本法哲学会で知り合い、研究会での議論や抜刷の交換等の方法で、様々の示唆をいただいた多くの先生方にも心から感謝する。

最後になったが、本書を出版するにあたって勁草書房編集部の徳田慎一郎氏には大変お世話になった。徳田氏なくして本書の出版は実現しなかったであろう。心より感謝申し上げる次第である。

二〇〇一年八月

福井康太

索引

包括的な社会システム　19-24,39,42,77,195
法規範　3,42-3,112,182,207
法教義学　77,112-3,114,117-8,120,127,153,166,179,185,208,209-10,217,219,230
法原理　3,112-4,117,126,127,205,210,216,217
法システム　4,7-9,10,11,15,24,34,36,38,41-65,69-85,87,90,92,97,98,105,106,110,131,147-74,177,178,187,188,192,193,196,198,201,202,203,206,207,209,223,226,227,228
法準則　78,112-3,117,118,121,122,210,216,217
法的概念　117,118-20,124,125,219
法的決定（＝判決）　9,10,46,52,76,77,80,87,88,89,93,94,98,104,106,107,109,117,129,147,178,191,206,214,225
法的根拠　78,91,92,93,106,109,112,117,127,154,166,212,224
法的論証　10,93,107,109-27,147,154,179,206,210,216,218
法テクスト　93,110,112,113,114-7,127,153,154
法と不法の同一　157,160,161,167,174,227
法の構造　53
法律効果　57,62,121-2
法律要件　56,62,118,119,121-2,131,138,141,168,174
法理論（法システムの自己記述としての）3-4,7-9,10,11,15,41,69,70,84,177,178,187,188,190,192,193,202,206,210,216,224
法／不法（の二分コード）　8-9,44,45,54,55,57,58,61,62,63,64,75,81,83,90,97,103,104,109,112,130,135,157,178,188,191,203,204,205
ポテンシャル（紛争の）　10,100,101,104,107,129,132-3,143,179

ま行

マトゥラーナ，H.（Maturana, H.）　7,191,201
見える部分（／見えない部分）　6,8,23,44,190
未構成の紛争　103,137
民主的手続　152,153,154
村上淳一　192,193,204,209,224
目的プログラム　56,57-8,122-3,205,219

や行

役割期待　102,104,105,107,121,134-5,136,144
役割行動　134-6,137,141,142,222
要素の時間化　27,197,198

ら行

ラレンツ，K.（Larenz, K.）　210,216,218
利益衡量（価値衡量）　125-6,154,218,219
利益志向　121,124-7
リオタール，J. F.（Lyotard, J. F.）　189,190
リスク　2,22,57,123,138,171-2,189,193,196,203,219,228
立法（と裁判）　63,70-3,74,75,79,80,84,85,207,208
論理的演繹（推論）　118-21,124,125,126

iv

スペンサー＝ブラウン, G. (Spencer-Brown, G.)　199
政治システム　11, 34, 64, 148-55, 164, 174, 205, 223, 227
セカンド・オーダー（の観察レベル）　60, 62-4, 65, 69, 71, 109-11, 116, 199, 206-7
ゼマンティク　33, 55, 65, 72, 149, 166, 167, 199, 200, 223
全体社会　3, 5, 7, 9, 10, 33-4, 37, 38, 39, 42, 43, 44, 46, 48, 49, 50, 51, 52, 53, 63, 64, 69, 70, 74, 75, 76, 80, 82, 83, 84, 92, 97, 105, 107, 134, 135, 136, 142, 144, 157, 164, 178, 179, 180, 185, 187, 195, 197, 204, 228
相互作用（システム）　19, 50, 99, 100, 107, 131, 142, 195, 201
相互浸透　36-7, 38, 40, 165, 193, 201
創造的解釈　10, 177, 188
争点および証拠の整理　102, 137, 186
創発性　26, 39, 165, 179
創発的秩序　18
組織（システム）　49, 50, 63, 83, 99, 195, 205, 207
訴訟行為　133, 134-6, 141
訴訟上の和解　144, 184, 185, 186, 221, 230
訴訟要件　104, 131

た行

脱パラドックス化　6, 9, 10, 23, 46, 59, 76, 82, 90, 109, 111, 127, 149-51, 167, 179, 197, 205
ダブル・コンティンジェンシー　15-9, 165, 178, 190, 193-5, 204, 226
秩序　2, 18, 27, 40, 41, 166, 167, 194, 207, 223, 225
抵抗権　149, 151, 223
適応性　53, 54-5, 65, 93, 104
トイブナー, G. (Teubner, G.)　201, 204, 206-7, 211
統一体　3, 4, 8, 26, 39, 42, 149, 197
ドゥオーキン, R. (Dworkin, R.)　193, 210, 216, 227

同語反復（＝トートロジー）　9, 23, 45, 55, 64, 196-7, 204
道徳　44, 49, 133, 134, 135, 140, 141-2, 143, 222
動的安定性　30, 39

な行

二分コード化　53-5, 204
認知的予期　29, 30, 48-9, 202

は行

ハート, H. L. A. (Hart, H. L. A.)　206, 227
馬場靖雄　190, 192, 196, 221, 223
パーソンズ, T. (Parsons, T.)　189, 194, 198, 200
非対称性　17, 71-9, 150
ファースト・オーダー（の観察レベル）　60, 61, 62, 110, 116, 199, 206
不可逆性（時間の）　23, 29, 39, 197, 198
不確実性　16, 18, 47, 171, 189, 190, 191, 204, 214
不可能性　19, 89, 102, 104, 107, 117, 129, 130, 179, 191, 194, 228
複雑性（＝複雑さ）　1-2, 19-22, 24, 30, 36, 37, 38, 39, 40, 42, 44, 45, 49, 148, 165, 195, 196, 201, 203, 225
フッサール, E. (Husserl, E.)　213
不変性　30, 53, 55, 65, 93
紛争（コンフリクトの）解決　50, 51, 52, 98-105, 179, 186, 207, 215, 229, 230
紛争システム　99, 100, 101, 107
部分システム　7, 10, 33, 34-9, 40, 42, 46, 50, 75, 195
ブラックボックス　16-8, 200
分出　8, 34-6, 40, 42, 43, 44, 64, 70, 79, 99, 131, 133, 134, 147, 198, 202
閉鎖性　7, 35-6, 44, 53, 97-8, 121, 188, 202, 204
ベイトソン, G. (Bateson, G.)　205, 206

iii

索引

38,39,40,42,45,48,49,53-5,69,81,148,153,154,163,164,165,166,168,169,173,174,178,189,193,198,200,201,204,222-3,226
構造的カップリング　11,36-9,40,81,147-75,178,201,222-3,226
行動制御　50,51,52,204
互酬的関係　156,162,166-7
コミュニケーション　5,7,8,16-9,23,25-7,28,29,30,31,32,33,34,37,39,42,43,44,45,47,51,53,55,56,61,62,63,64,90,99,151,153,154,155,165,166,168,188,190,195,198-9,200,203,205,206,223,225
固有時間　93-6,106
根拠の問い　10,91,107,111-4,126,127,149-50,179
コンテクスト　93,113,115-7,125,217

さ行

再生産（コミュニケーションの／システムの／要素の）　5,6,16,19,23,27,28,30,37,39,44,53,55,58,72,168,195
裁判（所）　10,63,69-84,87,92,97,105,106,110,116,123-4,131,132,173-4,177,178,179,180,185,187,203,215,219,220
裁判手続　10,104,107,129-44,147,178-80,185,222,224,229
作動上の閉鎖性　44-5,53,97,98,202
サード・オーダー（の観察レベル）　60,199,206
恣意（性）　3,78,91,92,106,115,124,149,165,167-8,174,200,208,227
時間次元　88,93-8,106,161,198,202
自我（／他我）　16,89,98,165,194,211,222
事件（事案）構成　75,137,209
自己観察　31-2,34,35,39,42,58-64,65,70,71,72,74,87,92,97,106,110,147,173,187,199,206-7,209
自己記述　32,43,69,70,72,74,84,87,149,202,207

自己言及（パラドックス）　5-7,8-9,10,19,22-4,31,39,55,59,60,89-90,111,149-51,196,212
自己創出　5-6,7,15,16,39
自己（と非自己）　31,58,61,200
自己同一性　6,8,23,30-1,39,58,222
事象次元　88,89-93,102,106,107,109,202,211
システム分化　34,39,198,200
実体法規　134,136-8,140,143,144,179,180,181,183,185,186,222,228
時的観察（観察時点）　94-8,106,214
司法拒絶の禁止　74-9,80,83,84,92,186,203,229
社会システム　4-7,10,11,15-40,41,42,51,52,58,60,64,75,77,79,87,99,148,164-6,189,192,193,194,195,196,197,200,201,203,204,213,223,225,226
社会次元　88,89,98-105,106,107,129,202,211
社会的実体としての紛争　75,76,98-100,103,129,132,133,179,187,215
周辺（中心と／法システムの）　79-84,85,147,173,178,187,211,222
主権　149-51,152,174,208
シュッツ，A.（Schutz, A.）　213
条件プログラム　56-7,58,62,121,122,205,219
情報／伝達／理解　26-7,165
証明責任（分配ルール）　131,138,221
所有（権）　4,8,31,38,62,110,118,148,158-60,161,162,163,164,166,170,174,178,190,198,222,225,226,227
自律性　5,6-7,35,42-5,65,152,157,202,204
シンボルによって一般化されたメディア　32,34,198
信頼　3,49-50,53,76,91,92,105,106,114,124,202-3
心理システム　11,37,39,51,148,164-73,200,213,226
遂行（法の）　50-2

索　引

あ行

ありそうにない（こと）　2,3,10,27,54,
　178
安定化（性）　3,7,9,30,40,43,48-9,53,57,
　64,77,114,163,165,189,204,213,217
一般性　3-4,9,190,193
ウェーバー，M.（Weber, M.）　189,226,
　227
ヴァレラ，F.（Varela, F.）　7,191
エッサー，J.（Esser, J.）　212,216,218
オートポイエシス（システム）　4,7,10,11,
　15,33,37,40,41,42,164,177,178,188,
　192,193,196,201,204,207
オートポイエティック・ターン　190

か行

解釈（法解釈／法規の／法テクストの）
　72,78,104,110,112,113,114-8,127,141,
　154-5,162,179,209-10,212,213,214,217,
　219,224
開放性　7,35,81,121,126,188,204
科学システム　34,43,202,206
貨幣　32,36,38,43,156-7,159-60,191,196
　-7,198,203,211,224
川島武宜　215,225,229
環境（システム／）　20,21,22-3,31,34-5,
　195,197,199,200,201
観察拠点　10,63-4,69,72,74,75,76,79,80,
　84,92,111,116,177,178,206,207
観察パラドックス　59-62,64,71,72,74,81,
　84
外的結果　122-3
外的事象　36

外部性　6,8,22,35-6,44,97,121,125
機能的等価物　44,50,52,200
機能的特定化　43,46,50,225
機能分化　32,33-9,63,149,165,167,197,
　198,199,200,203,210,225
境界　34-5,36,40,44-5,148,200,202
ギデンズ，A.（Giddens, A.）　189
規範的予期　7,29,30,48-9,50,53,54,56,
　57,69,202
行政　57,73,80,81,83,85,154,207,224
経済システム　11,34,36,38,43,45,64,157
　-64,169,174,190,196,198,211,225,226
契約　38,45,73,80,81,83,84,85,118,120,
　148,158,160-2,163,164,166,169,174,
　182,207,209,219,222,225-6,229
契約自由の原則　81,161,162,225
結果志向　121-4,127
決定パラドックス　10,76,78,82,89-90,91,
　102,106,129,130,131,143,179
憲法　38,63,71,81,148,150,151-5,166,
　170,173,174,208,209,219,223,224,227,
　229
〈権利〉（＝［主観的］権利）　38,148,166-
　73,174,222,227,228
権力　32,70,150,152,153,170,198,203,
　208,223
コード（とプログラム）　53-85,63,65,69,
　70,75,76,82,83,84,92,105,107,136,144,
　173,175,178,179,180-7
行為規範　180,181-3
交換過程　160-2
抗事実的安定化　48-9,53,57,64,203
構成された複雑性　20-2,36,40,195,201
構成物　94,95,104,183
拘束性　134-6,208
構造（システムの）　11,27-30,32,34,37,

i

著者略歴
1967年　福岡県に生まれる
1998年　九州大学大学院法学研究科博士課程修了
現　在　大阪大学大学院法学研究科助教授，博士（法学）
論　文　「ニクラス・ルーマンの法理論と裁判——現代社会における『裁判』のリアリティー考」『九大法学』第70号（1995年），「リスクの社会理論と法——ニクラス・ルーマンの"*Soziologie des Risikos*"を手がかりにして」『九大法学』第72号（1996年），「システムの法理論の現代的射程（一）（二）（三）（四・完）」『山形大学法政論叢』第18号・第20号・第21号・第22号（2000年，2001年）ほか

法理論のルーマン

2002年2月20日　第1版第1刷発行
2004年1月20日　第1版第2刷発行

著　者　福　井　康　太

発行者　井　村　寿　人

発行所　株式会社　勁　草　書　房

112-0005 東京都文京区水道2-1-1 振替 00150-2-175253
（編集）電話 03-3815-5277／FAX 03-3814-6968
（営業）電話 03-3814-6861／FAX 03-3814-6854

三協美術印刷・鈴木製本

©FUKUI Kôta 2002

ISBN 4-326-10135-0　Printed in Japan

JCLS　<㈳日本著作出版権管理システム委託出版物>
本書の無断複写は著作権法上での例外を除き禁じられています。
複写される場合は、そのつど事前に㈳日本著作出版権管理システム（電話 03-3817-5670，FAX03-3815-8199）の許諾を得てください。

＊落丁本・乱丁本はお取替いたします。
http://www.keisoshobo.co.jp

中金 聡	政治の生理学 必要悪のアートと論理	四六判	三四六五円 35120-9
馬場靖雄	ルーマンの社会理論	四六判	二九四〇円 65255-1
春日淳一	貨幣論のルーマン 〈社会の経済〉講義	四六判	二五二〇円 65279-0
小松丈晃	リスク論のルーマン	A5判	三五七〇円 60161-2
小泉良幸	リベラルな共同体 ドゥオーキンの政治・道徳理論	A5判	三六七五円 10140-7

＊表示価格は二〇〇四年一月現在。消費税は含まれております。

勁草書房刊